BASTEI
LÜBBE

Von Ursula Krebs ist bei BASTEI LÜBBE TASCHENBÜCHER lieferbar:

61510 Mireille Makampé: Der Wille meines Vaters geschehe

Über den Autor:

Rosaline Massado lebt heute mit vier weiteren Witwen ihres verstorbenen zweiten Mannes in der Nähe von Bafoussam, Westkamerun.

Ursula Krebs, geboren 1941, Diplom-Sozialpädagogin, lebt seit 1988 in Kamerun, wo sie sich in verschiedenen Entwicklungshilfeprojekten engagiert hat, unter anderem bei der Förderung von Frauen im ländlichen Raum. Heute ist sie in einer Umweltschutzorganisation tätig.

Rosaline Massado

DIE VIERTE FRAU

Ein Leben in Polygamie

Aufgezeichnet von
Ursula Krebs

BASTEI LÜBBE

BASTEI LÜBBE TASCHENBUCH
Band 61 616

1. Auflage: Juni 2007

Vollständige Taschenbuchausgabe

Bastei Lübbe Taschenbücher in der Verlagsgruppe Lübbe

Titelbild: © ifa-Bilderteam/Pickford
Umschlaggestaltung: Marina Boda
Satz: UMP Utesch Processing GmbH, Hamburg
Druck und Verarbeitung: Ebner & Spiegel, Ulm
Printed in Germany
ISBN 978-3-404-61616-9

Sie finden uns im Internet unter
www.luebbe.de

Der Preis dieses Bandes versteht sich einschließlich
der gesetzlichen Mehrwertsteuer.

INHALT

VORWORT

Die Lebenswirklichkeit der Frauen in der afrikanischen Gesellschaft ist für Europäer schwer verständlich. Häufig erscheint die afrikanische Frau aus europäischer Perspektive als bemitleidenswertes Wesen, das unter der Willkür einer männlich dominierten Welt ein rechtloses Dasein führt. Das ist aber nur ein Teil der Wahrheit: Im vorkolonialen dörflichen Afrika war der polygame Lebensverbund eine überlebenswichtige soziale Einrichtung. Groteske Verzerrungen erfährt er erst heute, wo die Regeln dieses Zusammenlebens plötzlich auch unter den Bedingungen der großstädtischen Ballungsgebiete funktionieren sollen.

Die Autorin lässt als Ich-Erzählerin eine afrikanische Frau aus dem Kamerun vor allem der sechziger Jahre zu Wort kommen. Sie erzählt von der Geborgenheit in der polygamen dörflichen Familiengemeinschaft der Eltern, von ihrer väterlich bestimmten Zwangsehe, von ihrer Enttäuschung, als sie dem Ehemann in die Großstadt folgt und dort erleben muss, wie die dörflichen Fantasien vom reichen großstädtischen Leben eine Illusion sind: Der glorifizierte Ehemann besitzt nicht einmal eine Wohnung. Sie muss beengt und ohne eigenes Schlafzimmer in der polygamen Familie des Chefs ihres Mannes leben. Sie gebärt zwei Kinder, die beide schon früh sterben. Sie muss erleben, dass ihr diese Schicksalsschläge auch noch als Schuld angerechnet werden, als sie nach einem kurzen Gespräch mit einem fremden Mann eines unsittlichen Lebenswandels bezichtigt wird. Der auf ihrer Seite völlig harmlose Dialog wird von der Familie ihres Mannes zu einer schweren Verfehlung aufgebauscht. Unter dieser Anklage verliert sie ein weiteres Kind, ihre Ehe endet, und sie flüchtet sich zu ihrer Mutter. Später wird sie als vierte Frau von einem polygam lebenden Mann ausgewählt und geheiratet. Die drei anderen Frauen des Mannes ertragen die Bevorzugung der neuen Frau nicht und schließen sie aus der polygamen Gemeinschaft aus. Erst als der Ehemann allen Frauen die gleiche Aufmerksamkeit widmet, funktioniert der polygame Familienverband. Weitere hinzukommende Ehefrauen bringen ihn aber immer wieder aus dem Gleichgewicht.

Am Schicksal dieser Afrikanerin wird dem Leser deutlich, welche Vor- und Nachteile die polygame Ehe auch heute noch aufweist: die Vorzüge eines gemeinschaftlichen Lebens, die Sicherheit eines gemeinschaftlichen Wirtschaftens, die Versorgung im Alter und die relativ zur monogamen Ehe größere wirtschaftliche Unabhängigkeit der polygam lebenden Frau. Auf der anderen Seite entsteht für alle Ehefrauen des Familienverbands eine hohe Abhängigkeit von dem Gerechtigkeitssinn des Ehemannes: Die ungleiche Verteilung von Aufmerksamkeit und wirtschaftlichen Gütern führt zu heftigen Neidgefühlen und in der Folge zu einem Kampf der Frauen untereinander.

Als weiterer bedeutsamer Einfluss im Leben afrikanischer Frauen erweisen sich Gerüchte. Frauen sind ihnen weitgehend ausgeliefert. Allein der Umstand, dass eine Frau auf dem Nachhauseweg von einem Mann angesprochen wird, kann über ihr weiteres Schicksal entscheiden. Niemand prüft den Wahrheitsgehalt irgendwelcher Behauptungen. Am konkreten Beispiel des im Buch erzählten Gerüchts zeigt sich noch etwas von der patriarchalischen und sexistischen Grundstimmung der Gesellschaft. Der überwiegende Teil der Männer betrachtet die Frauen ausschließlich als Sexualobjekte: Wenn ein Mann

mit einer fremden Frau spricht, kann es dabei nur um sexuelle Inhalte gehen. Das männliche Verhalten wird hier unverändert auf die Frauen projiziert.
Das magische Denken als wesentlicher Teil der afrikanischen Tradition entfaltet auch im Leben dieser Frau eine besondere Bedeutung: Der Tod der ersten beiden Kinder wird zunächst nicht als Folge von Krankheiten gedeutet, sondern als Ergebnis magischer Einflüsse von neidischen Dorfbewohnern. Diese Interpretation der Zusammenhänge wirkt sich lähmend auf die Entwicklung zu einem modernen Weltverständnis aus und konserviert die Regeln des traditionellen Afrika.
Der Frau in Afrika wird eine widersprüchliche Rolle aufgezwungen: Einerseits ist sie allein verantwortlich für die Befriedigung der existenziellen Bedürfnisse der Familie, andererseits wird sie trotz dieser herausragenden Verantwortung als reines Verfügungsobjekt der Väter und Ehemänner behandelt. Ihr Leben wird durch Vorurteile und traditionelle Regeln entwertet. Sie büßt allein für all die Veränderungen, die durch den Weg in die Moderne verursacht werden.
Die in diesem Buch geschilderten Erfahrungen aus den sechziger und siebziger Jahren machen heute Frauen noch ebenso wie damals. Nur eine kleine Gruppe gut ausgebildeter Großstädterinnen hat sich bisher aus dieser Lage befreit.

Berlin, September 2003
Dr. med. Solange Nzimegne-Gölz
Gründerin und Geschäftsführerin der gemeinnützigen Gesellschaft für die Rechte Afrikanischer Frauen mbH, Berlin

PLÄNE DER VÄTER

Rosaline, im Jahr 1962:
»Papa will dich sehen«, rief mein kleiner Bruder, gleicher Vater, andere Mutter, ganz atemlos schon von weitem. Er kam eines Morgens angerannt. Ich kehrte gerade mit dem Reisigbesen unseren Vorplatz, auf dessen Sauberkeit wir großen Wert legen. »Was will er von dir?«, fragte er aufgeregt, neugierig, wobei er das »diiir« in die Länge zog, um seine ganze Verwunderung hineinzulegen. Weiß ich's.
Ja, warum lässt Vater mich rufen, grübelte ich auf dem Weg zu ihm. Soll ich eine Arbeit verrichten? Bin ich ungehorsam gewesen? Unhöflich? Nicht ihm gegenüber, darin war ich mir sicher. Zu einer seiner Frauen? Im Geiste ging ich sie alle durch, alle acht, Mutter inbegriffen, Haus für Haus. Nein, keine außerordentlichen Geschehnisse, keine ungewöhnlichen Vorkommnisse. Nicht einmal unter uns Kindern. Nur das übliche Gezänk.
Vater bewohnt ein Haus für sich allein. Durch seine Größe hebt es sich ab von den Häusern der Frauen, die um das seine gruppiert stehen. Bangen Herzens trat ich ein. Er erwartete mich in der Küche, sich die Hände über der verglimmenden Glut wärmend. Wortlos deutete er auf den Hocker ihm gegenüber. Nein, ich war mir sicher, sein Gesicht zeigte keinerlei Züge von Gereiztheit, von Unmut. Im Gegenteil, er lächelte mich freundlich an.
»Meine Tochter!« Er sprach zu sich selbst, traf eine Feststel-

lung. Es war keine an mich gerichtete Anrede. Schwang da etwa Stolz in der Stimme? Sein Blick ruhte auf mir, zeigte ungewöhnliche Milde. Nahm er mich bewusst, heute vielleicht zum ersten Mal, als sein Kind, seine Tochter wahr? Welche Offenbarung mit welcher Wichtigkeit hat er mir mitzuteilen? Ich fing an, mich zu ängstigen, wollte ihn drängen: Sprich endlich.
»Meine Tochter«, hob er erneut an. »Du bist dem Kindesalter entwachsen. Schaue ich dich an, sehe ich eine junge Frau vor mir, gut entwickelt, gesund. Ich frage mich, darf eine Tochter, die reif ist, eigene Kinder auf die Welt zu bringen, ewig bei der Mutter leben?« Herausfordernd schaute er mich an, eine Antwort erwartend. Ich schüttelte den Kopf, ohne nachzudenken, bestätigte somit: Wir sind einer Meinung.
»Du bist eine liebenswürdige Person, begegnest den Erwachsenen mit Respekt, bist gefällig, hilfst deiner Mutter bei allen Arbeiten im Haus und auf dem Feld, kümmerst dich fürsorglich um deine Geschwister. Nie hat eine der Frauen über dich geklagt ... eine anerkennenswerte Leistung übrigens bei deren lasterhaften Zungen.« Seine eigene Bemerkung ließ ihn schmunzeln.
»Du hast gute Seiten, einen verträglichen Charakter. Ich setze Vertrauen in dich, du wirst unsere Familie nicht in Unehre bringen.« Folgsam saß ich auf meinem Hocker. Verkrampft vor Anspannung und mit schwitzenden Händen wartete ich ungeduldig: Wann endlich lässt er mich wissen, welche Pläne er für mich hegt?
»Djuissi ...« (Frau Gottes, geboren an einem großen Markttag). Er nannte mich wie früher, gebrauchte nicht Rosaline, meinen christlichen Namen. »Dein Leben steht an einem Wendepunkt, es wird sich grundlegend verändern. Demnächst wirst du in die Erwachsenenwelt eintreten.« Aha, er will mich verheiraten, blitzte es in meinem Kopf auf, noch ehe er mich davon in Kenntnis setzte. »Ich habe einen Mann für dich gefunden, den Sohn eines Freundes. Er lebt in Yaoundé.« Mich

drängte es, Vater ins Wort zu fallen, ihn zu fragen, wofür einen Ehemann, der Tagesreisen von mir entfernt lebt. Meine von ihm so wohl gelobte Erziehung hielt mich zurück, voreilig zu reagieren.
Mit gleichmütiger Ruhe begann nun Vater, von der großen Stadt, die er noch nie betreten hatte, zu schwärmen. »Um diese Ansiedlung von Häusern zu durchqueren, geht man von Sonnenaufgang bis Sonnenuntergang. Leute, die dort waren, begeistern sich, sagen, es sei eine moderne Stadt, eine Wunderwelt. Häuser, gebaut aus knochenhartem Material, nicht aus Lehm geformten Quadern wie im Dorf. Einige sind so hoch – um bis zum Dach zu schauen, muss man den Kopf ganz in den Nacken legen. Ich weiß nicht, bauen sie Häuser übereinander? Wie können Menschen in diesen Lüften leben, wie Vögel in Baumkronen? Ich hörte auch, dass sie in der Stadt nachts ihre Häuser erleuchten, taghell, wie bei strahlendem Sonnenschein. Man dreht an einem Knopf an der Wand, und schon ereignet sich das Wunder. Legt man sich schlafen, dreht man wieder daran, dann wird es dunkel wie in einer mondlosen Nacht im Dorf. Hexerei der Weißen.
Leute aus dem Dorf, die schon in Bafoussam waren, einer Stadt, einen Tagesfußmarsch von hier entfernt, erzählen von Autos. Von Gebilden aus Blech, die Menschen aufnehmen, dicht zusammendrängen, um sie mit Getöse und Geknatter in schneller Fahrt von einem Ort zum anderen zu bringen. Ich habe ein solches Transportmittel noch nie gesehen, habe immer nur bei meiner Familie im Dorf gelebt. Auf den schmalen Fußwegen hat es bis jetzt noch kein Auto geschafft, bis zu uns durchzukommen.
In Yaoundé residiert der Präsident, wohnen die Reichen … Dein zukünftiger Ehemann arbeitet für einen solchen Geschäftsmann, verdient Geld. Sei nicht ungehorsam, verärgere ihn nie. Er wird dir begehrenswerte Dinge kaufen. Und«, er hob mahnend seinen Zeigefinger, »vergiss denjenigen nicht,

dem du dieses Glück zu verdanken hast: mich.« Mit diesen Worten klopfte er sich hörbar auf seine stolzgeschwellte Brust. Ganz allmählich, stockend, zögernd, schlich sich eine Erkenntnis ein, kroch wie ein Schreckgespenst durch alle Glieder. Vater hat entschieden, ich muss fort. Allein in eine Stadt, getrennt von meiner Mutter, den Geschwistern, unserer großen Familie, meinen Freundinnen, dem gewohnten dörflichen Leben. Nie wäre eine solche Vorstellung in meinem Kopf gereift, niemals. Ich lehne mich nicht auf gegen eine Heirat, Schicksal der Mädchen meiner Reife. Doch nicht unendlich weit weg, unerreichbar …

Und noch eine Überzeugung traf mich direkt ins Herz: Mutter! Sie muss einverstanden sein. Nein, nein, unmöglich. Ich bin die Erstgeborene, mehr Verbündete als Tochter im alltäglichen Behauptungskampf in der großen Gemeinschaft von Frauen und Kindern, geschart um einen einzigen Mann. Und all die anfallenden Arbeiten? Wir verrichteten sie gemeinsam. Wie will sie zurechtkommen? Nein, sie kann, sie darf nicht zustimmen, muss sich Vaters Plan widersetzen … Doch welche Hoffnungen habe ich, dachte ich verzweifelt. Die Wirklichkeit. Die kenne ich doch allzu gut. Als ob Mutter Vater unter Druck setzen, ihn beeinflussen könnte. Nie und nimmer! Männer besitzen Ehrgefühl. Vater hat seinen Stolz, erträgt weder Schwäche noch Machtverlust, fürchtet das Gespött seiner Freunde.

Allmählich drang es in mein Bewusstsein: Es ist untrüglich besiegeltes Schicksal. Vater ist beharrlich, mitleidslos, Bitten unzugänglich. Mutter muss ihm ergeben sein, Gehorsam leisten. Hoffnungslosigkeit überfiel mich, Verzweiflung. Gehe ich fort, daran glaube ich mit Gewissheit, kehre ich niemals mehr ins Dorf zurück, sehe ich Mutter, meine Geschwister nie wieder … ich werde dort in dieser Fremde sterben, vom Heimweh verzehrt. Tränen füllten meine Augen, verschleierten den Blick. Mein Herz war schwer. Ich fühlte mich elend, verraten, ausgestoßen, fragte mich: Warum trifft es mich? Mich interessieren weder die hohen Häuser noch das Wunder des Lichts. Fortbewegen möchte ich mich mit meinen zwei Beinen, in Sicherheit und Frieden, nicht mit höllischem Getöse und beängstigender Geschwindigkeit. Nein, ich will nichts wissen von der Hexerei der Weißen. Ich will nicht fort, ich will hier bleiben, wo ich die Menschen, die Umgebung kenne, in der Nähe meiner Mutter.

Zornige Gedanken ... Sie verschlimmerten mehr und mehr den Schmerz, der in meiner Brust wühlte, mich schwer atmen ließ. Ganz entfernt hörte ich Vaters gelassene Stimme: »Djuissi, vorerst habe ich dir nichts mehr zu sagen. Geh zu deiner Mutter.«

Der Mut einer Verzweifelten? Jedenfalls, ich vergaß Respekt, Höflichkeit, überwand sogar meine Schüchternheit. Trotzig schrie es aus mir heraus: »Ich will nicht fort, ich will hier bleiben, hier bei euch. Ich bin hilflos wie ein Kind, bin angewiesen auf Mutters Ratschläge, ihre Anleitung. Und sie ... sie dankt mir täglich für meine Hilfeleistung. Sie braucht mich.«

Vaters Gesicht verzerrte sich, gezeichnet von ingrimmigem Zorn. Die Augen funkelten. »Was?«, zischte er. »Hören meine Ohren richtig? Meine eigene Tochter, meine Tochter, in deren Adern mein Blut fließt, wagt es ... statt dankbar zu sein. Na warte.« Mit hastigem Griff wollte er mich packen. Ich wich zurück. Noch schützte mich das Feuer zwischen uns, er hatte es während seiner Erklärungen neu angefacht.

Er ließ sich schwer auf seinen Hocker zurückfallen. »Rosaline, du undankbare, widerborstige Person«, dröhnte zornbebend die mächtige Männerstimme. Seine Adern an Hals und Schläfen schwollen an, traten sichtbar hervor. Zitternd vor Angst presste ich mich an die Wand. Vaters Wutanfall flößte mir Schrecken und Entsetzen ein. »Du wagst es«, donnerte er erneut los, »du erdreistest dich, mir einen Widerspruch, eine Verweigerung dieser Heirat sozusagen ins Gesicht zu schleudern, he? Keines meiner Kinder, hör gut zu«, sein Arm zeich-

nete einen Halbkreis. Er schloss sie alle ein da draußen, diese Jungen und Mädchen, »keines hat je die Kühnheit zu einer solchen Ungezogenheit, Respektlosigkeit besessen wie du ... du Weibsbild.
Weißt du, ahnst du überhaupt, nein, kannst du gar nicht, welches Verhandlungsgeschick, welche Schläue ich anwenden musste?« Fassungslos schlug er sich mit der Hand gegen die Stirn. »Du bist nicht mein Kind«, entschied er plötzlich. »Deine Mutter hat dich aufgelesen, irgendwo. Ich bin mir sicher, ab heute.«
Welche Aussage! Sie traf mich wie ein Hammerschlag. O ihr Götter in den Bäumen da und dort, bitte helft mir, ihn zu besänftigen, flehte ich. In meiner Fantasie sah ich schon, wie er uns alle, Mutter, die Geschwister und mich, zwang, unsere Habe zu packen und abzuziehen. Wohin? Nein, ich will meine Familie nicht ins Elend stürzen. Ich gehe nach Yaoundé, widerspruchslos.
»Papa«, flüsterte ich vorsichtig, stockte, suchte nach Worten. »Papa, verzeih mein ungehöriges, respektloses Verhalten, ich wollte nur ...« »Schweig, schweig«, barsch herrschte er mich an, bückte sich blitzartig. Interessiert verfolgte ich seine Handbewegung. Was hat er vor? Mit meiner Neugier vertat ich eine Chance zur Flucht, musste ich erkennen, zu spät. Er hielt ein Holzscheit in der erhobenen Hand. Ich stand da, die Glieder wie gelähmt. Es sauste auf meine Schulter. Vater ist von Sinnen, rasend, erst jetzt begriff ich. Todesangst befiel mich. Ich drückte mich in die Ecke, legte schützend die Arme über meinen Kopf, bot ihm dadurch meinen nackten Rücken. Bei jedem Schlag schrie er: »Wagst du es noch einmal, hee? Wagst du es noch einmal, hee?« Meine Stimme versagte, kein Schrei drang aus meiner Kehle. Fort, fort, dröhnte es in meinem Kopf. Die rettende Türöffnung. Ein Sprung, schon war ich draußen. Schluchzend überquerte ich den Hof, rannte direkt in die Arme meiner Mutter.

Wortlos drückte sie mich an sich, strich mir tröstend übers Haar. Meine Tränen strömten, jetzt erst recht, nach überstandenem Schrecken. Mein Rücken tat weh, auch diesen Schmerz wurde ich nunmehr gewahr. Erst nach einer langen Weile flüsterte Mutters sanfte Stimme, dicht an meinem Ohr: »Du willst nicht nach Yaoundé und hast es ihm gesagt.« Bestätigend nickte ich. »Wahrscheinlich in dieser trotzigen, eigensinnigen Art?« »Ja«, musste ich eingestehen. »Damit hast du seinen Zorn heraufbeschworen.« »Er hat mich mit einem Holzscheit geschlagen«, jammerte ich los, weinerlich und viel zu laut. »Pscht, nicht doch! Willst du die gesamte Weiber- und Kinderschar von deinem Zwist mit Vater informieren? Ihnen Klatschgeschichten für viele Tage liefern? Ach«, sie zuckte mit den Achseln, »nicht zu verhindern. Jeder Winkel hier birgt spähende Augen, gespitzte Ohren.«
Ihre Hand tastete sorgsam über meinen Rücken, berührte ganz sanft die schmerzenden Wunden, Schrammen, Prellungen … »Leg dich auf deine Matte. Ich suche Heilkräuter, die dir Linderung verschaffen.« Sie löste mich behutsam aus der Umarmung. »Und den Kindern verbiete ich zu lärmen«, rief sie mir noch nach.
Zwei Tage verbrachte ich auf der Matte, bäuchlings, um Mutters Breiumschläge aus zerriebenen Kräutern nicht zu verschieben. In dieser Heilkunst, erlernt von ihrem Vater, verfügt sie über ein begehrtes Wissen, gibt Rat bei vielerlei Erkrankungen, schwer heilenden Verletzungen oder Geschwüren. Die Auswahl, Zusammensetzung und Dosis der Pflanzen hütet sie als ihr Geheimnis, gibt es nicht preis.
Nicht die Schmerzen allein fesselten mich ans Lager, auch das Kopfzerbrechen, das Nachsinnen, die Grübeleien. Gewissensbisse plagten mich. Mein Verhalten erregte Ärgernis, verursachte Aufregung … mit welchen Folgen? Für meine liebe Mama? Für mich? Ich wollte allein sein, niemanden sehen.
Mutter war eingeweiht, wohl unterrichtet, wusste sicher Be-

scheid über Einzelheiten, aber sie musste Stillschweigen wahren, durfte Vater keinesfalls vorgreifen. Ihm selbst ist es vorbehalten, mir seine Pläne meiner Zukunft mitzuteilen. Doch Mutter bereitete mich vor, auf ihre Art, machte Andeutungen, gab versteckt zu verstehen, dass mir eine Veränderung, eine Wende meines Lebens bevorstehe. Aber ich, doch noch ganz naives Kind, entschlüsselte ihre Signale nicht. Jetzt, nach meinen schmerzhaften Erfahrungen, kommt mir manches Gespräch wieder in den Sinn, wird erneut lebendig: Wiederholt betonte sie meine Reife als Frau, meine Gewissenhaftigkeit bei der täglichen Arbeit, meine Liebe und Fürsorge für die Geschwister. »Du bist meine Stütze, eher Freundin als Tochter. Grund genug, dich ewig an mich zu binden? Nein, nein – selbstsüchtig, eigennützig, das ist sie nicht, deine Mutter. Nicht, geht es um das Wohl ihrer Kinder. Du musst deinen eigenen Hausstand gründen, Mann und Kinder haben. Wer weiß, womöglich weit, weit entfernt von hier.« Merkwürdig! Warum erwähnt sie von Zeit zu Zeit eine Distanz, eine eventuelle große Entfernung, die zwischen uns liegen wird? Stets überfiel mich Unbehagen. Ich schob es beiseite: Mutters Art, mich zu necken oder herauszufordern …, dachte, vielleicht möchte sie sich vergewissern, dass ich nahe bei ihr bleibe, immer verfügbar, wenn sie mich braucht. Lächelnd, den Zeigefinger erhoben, beteuerte ich mit fester Überzeugung: »Niemals!« Die Wirklichkeit belehrte mich eines anderen.

»Dein Vater, Rosaline, ist ein nachsichtiger, versöhnlicher Mensch. Glücklicherweise!« Mutter setzte sich auf die Kante meines Bambuslagers. Und nun, was erwartet mich? Eine Strafpredigt, Schelte über mein starrköpfiges, widersetzliches Verhalten? Bitte, Mama, lieber eine offene Aussprache, hilf mir, Klarheit in meinen verwirrten Kopf zu bringen. Gefühle zwischen Bangen und Hoffen.

Ich setzte mich aufrecht, Muskeln und Nerven angespannt vor Aufmerksamkeit: »Mutter, ja!« Aufmunternd streichelte ich ihren Arm. »Er übt Nachsicht mit dir, erlässt dir eine weitere Strafe …« Erleichtert seufzte ich auf, ohne die Begründung abzuwarten. Demnach, folgerte ich erfüllt vor Freude, sind keine unangenehmen, schwerwiegenden Auswirkungen für Mama und die Geschwister zu erwarten. Friedliches Einvernehmen, auch weiterhin. Und ich …? »Erzähl, Mutter«, drängte ich.

»›Hör zu‹, sagte er – ich berichte dir wortgetreu –, ›Rosaline bleibt für mich ein braves Mädchen, trotz der zweifellos unliebsamen Vorkommnisse. Deine Erziehung hat Früchte getragen, unverkennbar. Hätte ich sie sonst unter all den vielen Mädchen als Frau für den Sohn eines engen Freundes ausgewählt? Um mit ihm dort in der Hauptstadt, weit von uns, zu leben? Niemals! Ich achte auf meinen Ruf, vertrage keine Schande. Unehre, Skandale verbreiten sich wie Buschfeuer, sind nicht einzudämmen. Nein, im Nachhinein sehe ich in Rosalines Weigerung keinen Ungehorsam, keine Boshaftigkeit oder mangelnde Unterordnung mehr. Vielmehr, meine Zukunftspläne trafen sie unerwartet wie der Biss einer Mamba, auch der löst Kopflosigkeit und Panik aus.‹ Oh, Rosaline!« Sie drückte mich an sich, küsste mich auf Stirn und Wangen. »Ist er nicht wunderbar versöhnlich? Sind wir doch angewiesen auf ihn, auf seine Gunst. Brauchen seinen Schutz wie jede Frau dieser großen Gemeinschaft. Sein Machtwort bei Konflikten gilt, sorgt für Ordnung, Verträglichkeit, Entspannung. Lehrt nicht die Erfahrung: Stirbt ein Mann einer großen Familie, tritt Rivalität, Neid und Missgunst zutage, der offene Kampf beginnt, manchmal bis zur Vernichtung?« Sie hielt inne, verfiel in Schweigen. Ließ sie im Geiste einige Kriegsschauplätze vorüberziehen?

Sie hob den Kopf: »Du hättest ihn sehen, erleben müssen, deinen Vater!« Lächelnd sprach sie weiter: »Mit Stolz, mit Selbstzufriedenheit berichtete er mir von den Ergebnissen seiner Verhandlungen, ganz überzeugten Glaubens, eine glänzende, ja außergewöhnliche Partie für dich arrangiert zu haben. Verhohlen lachend und mit warnend erhobenem Zeigefinger fügte er hinzu: ›Sei gewappnet, eine Welle des Neides wird durch die Häuser ziehen.‹ Er war so frohgemut. Dann du, statt freudiger Zustimmung Widerspruch. Deine Reaktion traf ihn zutiefst, machte ihn wütend, unbeherrscht.« Sie atmete tief, fragte mich: »Verstehst du jetzt?« »Hm« und ein Zwinkern mit den Augen – mehr schaffte ich nicht. Ich verstand, wider Willen. Wortlos verharrten wir eine Weile. Ich fühlte Schmerzen, nicht nur auf Schultern und Rücken. Schon Abschiedsschmerz?

»Rosaline«, fast flüsternd, doch mit erregter Stimme brach Mutter das Schweigen. »Und weißt du, was er ausgehandelt hat? Einen ausgefallenen, wunderbaren Brautpreis. Den erahnst du nicht! Er wird von sich reden machen, die Zungen lockern für erstaunte, missgünstige, bewundernde Kommentare.« Mir egal, dachte ich, wie viele Ziegen, wie viele Kannen Palmöl und Palmwein Vater mehr als üblich ausgehandelt hat. Na ja, ich freue mich für Mutter und die Geschwister, die davon profitieren. Recht so.

»Diese Familie wird ein Haus für mich bauen, schön, geräumig, regenundurchlässig.« Mutter schaute mich an, erwartungsvoll, gespannt meiner Reaktion harrend. Ohne Überlegung, viel zu stürmisch warf ich meine Arme um ihren Hals. »Oh, Mutter! Juhuu, wunderbar … ein neues Haus! … und dieses hier?« Ihre Handbewegung besagte: Es wird in Trümmer gelegt. Ah, wir tragen das löchrige, durchlässige Dach ab, durch das der Regen tropft, zerhacken die wackligen, morschen Pfosten, zertrümmern die Wände mit all den klaffenden Ritzen, durch die Zugluft, Feuchtigkeit, Staub und Nachtkälte dringen!

Leidenschaftlich, ganz Feuer und Flamme, rief ich: »Mutter, dein Herzenswunsch geht in Erfüllung.« Doch dann holte mich die Wirklichkeit ein, und die hieß: Hier entsteht Mutters solide Heimstätte, ein neues Zuhause für meine Geschwister – und mich treiben sie in die Fremde. Nur nicht weinen, nicht jetzt. Keinen Kummer zeigen, nicht Mutters Freude trüben. Zu spät ... Tröstend strich sie mir übers Haar. »Rosaline, Yaoundé, die moderne Stadt ... Bei deinem ersten Besuch im Dorf wirst du dich über unsere Lehmhütten lustig machen.«

Alltag trat wieder ein, mit Gleichmaß, Ereignislosigkeit. Mein Fall ruhte. Mutter verlor kein Wort mehr. Schweigen. Innere Einsamkeit. Tagsüber quälte ich mich mit Grübeln und Nachsinnen, nachts verfolgten mich Angstträume.

Tage später betraten drei junge Männer unseren Hof, wandten sich zielstrebig Vaters Haus zu. Alltägliche Szene. Kunden, ich bin mir sicher, interessiert am Kauf von Schweinen oder Raphiawein. Vaters Einnahmequelle. Schenkte ich den Besuchern überhaupt Beachtung? Kaum. Ich flüsterte mit meiner Freundin, auf einem umgestürzten Baumstamm sitzend, umringt von einer wuseligen Kinderschar. Doch irgendetwas Unvertrautes, Befremdliches ließ uns aufblicken: War es Vaters allzu freundliche Stimme, die zu uns herüberdrang? Diese überschwängliche Liebenswürdigkeit?

Gemächlichen Schrittes spazierte die kleine Gruppe dahin, blieb stehen, redete, lachte ... schlenderte weiter, geradewegs auf unser Haus zu. Aufmerksam geworden, von Neugier getrieben, stürmten die Kleinen los. Distanz, deutete ihnen Vaters unmissverständliche Handbewegung.

Mutter saß vor dem Haus, verlas Bohnenkerne. Hier die einwandfreien, keimfähigen, vorgesehen als Saatgut, dort die verdorbenen, von kleinen Käfern angefressenen für die Schweine. September, Monat des Säens. Noch verbleiben einige Wochen Regenzeit. Beste Bedingungen für Keimen und Wachstum. Die tägliche Sonne der Jahreszeit danach wird dann die neuen Kerne lagerfähig austrocknen.

Mutter hatte den Schatten des vorspringenden Daches gesucht. Eilfertig erhob sie sich, trat ihrem Mann und den Fremden mit kurzen, hastigen Schritten entgegen. Auch sie ganz Herzlichkeit. Nein, untrüglich, weder der Kauf eines Schweins noch der Raphiawein bewegte die Männer heute zu uns. In seinen Geschäften duldet Vater keine seiner Frauen, bietet keiner einen Einblick, keiner einzigen. Sie wickelt er allein ab.

Doch was nur führte sie hierher? Gespanntheit und Neugier quälten mich. Soll ich der Versuchung nachgeben? Mich anschleichen, lauschen? Nein, bleib sitzen, Rosaline, befahl ich mir. Willst du entdeckt und weggeschickt werden wie das Kindervolk? Vater und Mutter dirigierten die drei Männer hinter unser Haus.

Unruhig wartete ich auf den späten Abend, auf einen ungestörten Moment mit Mutter. Dank, ihr Götter, für die wohlwollende Gesinnung. Draußen fiel Regen in einer mondlosen Nacht. Ungünstige Voraussetzungen für den traditionellen Tanz, eine unermüdliche abendliche Leidenschaft. Den Frauen bietet er Erholung, Entspannung von der Feld- und Hausarbeit, der Kinder- und Krankenpflege, den Kleinen Freude und Ausgelassenheit.

Kein Tanz. Kein gemeinschaftliches Kochen mit anderen Frauen, wie gelegentlich. Kein Vater, der im Laufe des Tages zu Mutter sagte: »Komm am Abend, zünde meine Lampe an.« Denn dabei bleibt es nicht. Sie verbringt die Nacht mit ihm. Heute steht das Vorrecht einer anderen zu.

Endlich! Die Geschwister schlafen, kuscheln sich friedlich auf ihrem Lager zusammen, müde vom Herumtollen und lauten Schreien. Sind sie wach, lauschen ihre neugierig gespitzten Ohren überall, schnappen Neuigkeiten auf, bringen sie mit erhabenem Stolz freimütig und unverzüglich in Umlauf, bieten den Schwatzbasen Nahrung für die schillerndsten Klatschgeschichten.

Diese sind nicht aufzuhalten, und niemand bleibt verschont. Doch ich wollte nicht arglos, nicht kindlich unwissend sein.

Nein, an diesem Abend muss mir Mutter eine Vermutung, eine Ahnung, die mich beschlichen hat, bestätigen.
Wir saßen in der Küche zusammen, wie gewohnt an Abenden ohne besondere Vorhaben. Die Luft war feuchtkalt, unangenehm nach dem kräftigen Regenschauer. Das Feuer wärmte uns.
»Mama.« Ich wusste genau, wie beginnen, hatte mir die Worte sorgsam zurechtgelegt. Warum zittert meine Stimme trotzdem? »Diese Männer heute … nicht wahr … die bauen das Haus für dich?« »Ja, Rosaline, sie beginnen schon morgen, gleich bei Tagesanbruch, mit der Herstellung der Bausteine. Sie fanden die Erde da draußen brauchbar.« Mutter sprach hastig, freudig erregt, als sähe sie ihr Traumbild bereits verwirklicht vor sich. »Du weißt ja, der Moment ist günstig, eben jetzt. Ausreichend Regen, danach Trockenheit.« »Hm, altbewährte Methode.«
Ahnt Mutter nicht, was mich bewegt? Verrät mein Gesicht nicht, dass sich meine Gedanken nicht im Geringsten mit der Anfertigung von Baumaterial beschäftigen? Wie kann ich sie herüberziehen in meine Welt, ihre Aufmerksamkeit wecken für meine Belange?
»Mutter, ich bin so glücklich.« Ich schenkte ihr ein Lächeln, drückte fest ihren Arm. Zeichen meiner Freude, die von Herzen kam. »Ein solides Haus wird euch aufnehmen. Schon bald, zu Beginn der nächsten Regenzeit. Doch bitte, Mutter, sag mir: Die drei Männer … war derjenige dabei?«
Ihre Antwort war ein helles Auflachen. »Du platzt vor Neugier, was?« Ich nickte. »Verständlich. Ja, einer der drei ist dein Bräutigam.« »Welcher?«, drängte ich ungeduldig, um mich im gleichen Atemzug zu fragen: Welche Erklärung erwartete ich von Mutter? Die Männer waren ja nur kurze Momente in meinem Blickfeld. »Gedulde dich bis morgen, verlasse dich auf mich.« Sie zwinkerte mir komplizenhaft zu. »Gemäß der Tradition darf euch nur Vater bekannt machen.«

In ein paar Stunden nur, dann … Erregung, gespannte Erwartung, Herzklopfen. Schlaf wollte sich nicht einfinden. In meinem Kopf quälendes Durcheinander, offene Fragen: Gefalle ich ihm, findet er mich hübsch, reizvoll? Kann ich seinen Kinderwunsch erfüllen? Jungen und Mädchen, die seinen Stolz erwecken, in gebührender Zahl zur Welt bringen? Und er seinerseits, wird er sich als fürsorglicher Vater erweisen? Günstige Lebensbedingungen für seine Familie schaffen?
Und ich – ja, ich sollte ihm eine gute Ehefrau sein, folgsam und ergeben, arbeitswillig, emsig … beste Eigenschaften, gemäß Mutters Überzeugung, um Kränkungen und Schlägen zu entgehen. Ihrem Urteil zufolge besitze ich diese Wesenszüge. Bedenke, Mutter, du erlebst mich im bekannten, dörflichen Alltag. Die Fremde jedoch wird mich vielleicht überfordern, schwindlig machen, verwirren, gar lähmen bis zur Unfähigkeit. Aber ein Ehemann hat Erwartungen, stellt Aufgaben. Die Furcht vor der Zukunft überfiel mich wieder.
Wenn ich nur wüsste … Wären Mutter und ich nur eingeweiht in die Vorhaben, die Pläne der beiden Väter. Wann steht unsere Abreise an? Schon bald? In Eile? Sicher lassen wir uns Zeit, gedulden uns bis zur Fertigstellung des Hauses. Dieser fromme Wunsch bewegte mein Herz, darauf setzte ich. Noch eine willkommene, angenehme Weile – bis zur nächsten Regenzeit. Diese erfreuliche Vorstellung machte mich schläfrig.

Wir Halbwüchsigen standen beieinander, schwatzten, palaverten, nahmen uns überaus wichtig. Jeder wollte Aufmerksamkeit auf sich lenken, versuchte sich durch Lautstärke Gehör zu verschaffen. Auch ich wollte Erzählenswertes zum Besten geben, gestikulierte, redete drauflos … doch niemand wandte sich mir zu. Enttäuscht schwieg ich.
Nanu? Spielt mir meine Wahrnehmung einen Streich? Die Stimmen der anderen erklangen doch gerade noch aus vollen Kehlen um mich herum. Sie entfernten sich, waren plötzlich

weit weg, wie jenseits einer Mauer. Angestrengt lauschte ich, wollte das Geheimnisvolle verstehen. Ah! Allmählich begriff ich: Ein Traum entließ mich, die Wirklichkeit nahm mich auf. Draußen schwatzten, palaverten die Männer, bereit, ihre Arbeit aufzunehmen. Noch war die Nacht schwarz. Doch die Vögel pfiffen sich bereits die Seele aus dem Leib. Gleich wird der Tag anbrechen.

Ich fand Mutter schon in der Küche. Auf einem prasselnden Feuer wärmte sie die Essensreste vom Vorabend. »Glaube mir, gleich tauchen die Kleinen auf. Das Geplapper und Gelächter draußen wird sie neugierig machen.« Schon erschienen sie im Türrahmen, sich den Schlaf aus den Augen reibend.

Die Ungeduld trieb mich vor das Haus. »Rosaline, sei vernünftig, verhalte dich unauffällig«, rief mir Mutter nach.

»Gewiss doch, ich kehre nur den Vorplatz.«

Heute legte ich Eifer an den Tag, schwang den Reisigbesen mit besonderem Nachdruck. Nicht um aufzufallen, Aufsehen zu erregen. Nein, meine Unruhe, eine innere Anspannung verlangte nach Beschäftigung, Bewegung. Mutters Mahnung klang mir noch im Ohr. Dennoch, die Versuchung lockte. Emsige Arbeit vortäuschend, näherte ich mich von Zeit zu Zeit der Ecke des Hauses, warf verstohlene Blicke auf den Ort des Geschehens. Heimliche Späherei. Wenig aufschlussreich für mein drängendes vornehmliches Interesse.

Junge Männer standen diskutierend beieinander. Seine Brüder, seine Freunde, schloss ich. Halbwüchsige, selbst kleine Kerlchen waren ihnen gefolgt, umschwärmten die Gruppe der Erwachsenen wie Bienen eine Nahrung spendende Blüte. Einige bieten sich als Helfer an, wollen mit anpacken, mit zur Hand gehen. Andere empfehlen sich als Ratgeber, mit vermeintlich reichem Schatz an Erfahrungen, halten ihre Vorschläge, Hinweise, Belehrungen, Empfehlungen für unentbehrlich.

Nicht wenige wiederum werden nur hinderlich im Wege stehen. Angezogen von dem Geschehen, wohl wissend, dass hier gelacht, gescherzt, debattiert wird, sich Gelegenheit bietet, zu prahlen, zu protzen, große Töne zu reden und sich in Szene zu setzen.

»Rosaline.« Klang Mutters Stimme gereizt, ungehalten? Der Besen fiel mir aus der Hand, ich eilte ins Haus. »Mein sonst so flinkes Mädchen träumt«, belustigte sie sich. »Hast du um die Ecke gespäht?« Nickend gab ich meine Neugier zu, lächelte verlegen, war jedoch erleichtert über ihre wiedergewonnene Friedfertigkeit.

»Sie sind zahlreich gekommen, was? … und wir müssen all ihre hungrigen Münder stopfen.« Ihr Ton wurde nachdenklich, besonnen. Sie sprach zu sich selbst. »… und dürfen uns nicht knickrig zeigen, sondern großzügig. Geiz wäre unklug, würde ihnen Gelegenheit bieten für Spott und Lästerei, ewig, ohne Ende.« Ihr Blick richtete sich auf mich. »Ich spreche von der anderen Familie. Komm, begleite mich. Arbeitsreiche Tage stehen uns bevor. Wir suchen unsere Frauen auf. Zum Glück, es sind viele – und einige hilfsbereite, verlässliche unter ihnen, ohne falsche Gesinnung. Gutherzig. Doch vorbeischauen müssen wir bei jeder. Durch Vater sind sie alle von dem bevorstehenden Hausbau unterrichtet. Eine zu vergessen, oh, oh, ein unverzeihliches Versäumnis. Manche sind empfindlich, schmollen unversöhnlich, werden sie nicht gebührend beachtet, selbst wenn ich weiß, sie werden ihre Mithilfe mit fragwürdigen Erklärungen ablehnen.«

Sie kamen herbei, die Babys auf den Rücken gebunden, die Bambushocker geschickt auf dem Kopf balancierend, kündigten sich an mit viel Gejauchze, Zeichen bester Laune. Mutters Vertraute sind verlässlich, geht es darum, Zeit in der Gemeinschaft zu verbringen, mit viel Witz und Neckerei. Doch Vorsicht! Auch weniger Wohlgesinnte mischten sich unter die Gefälligen: Lauscher, Aushorcher, begierig auf Neuigkeiten, Einzelheiten … Mutter kann jede einschätzen. Menschenkenntnis, langjährige Erfahrung im Zusammenleben.

Die Beobachtungsgabe der Kinder, ihr feines Gespür für Ereignisse signalisierten ihnen: Ungewöhnliches spielt sich heute ab. »Kommt, wir schauen, erkundigen uns!« Diese Aufforderung machte schnell die Runde. Doch schon ereilten sie die Anordnungen ihrer Mütter: »Du, schaff trockenes Gras, Reisig und Feuerholz herbei.« »Und du, bring Glut aus der Küche. Vorsicht damit, verstanden?« Weitere Weisungen folgten: Sie wurden ausgeschickt nach Töpfen, Kochgeräten und Wasser, nach Erdnüssen, Gewürzen und Kräutern. »Ihr Großen, nehmt die Machete, schlagt Kochbananen.«
Der hochwüchsige Baum, Treffpunkt der Frauen. Großküche für besondere Anlässe: Feste, Feiern, Totenklagen. Seine weit ausladenden Äste und Zweige, das dichte Blätterwerk spenden Schatten, schützen vor der stechenden Sonne. Drei Steine für eine Kochstelle. Sie liegen herum, sind verfügbar, müssen nur arrangiert werden. Bald schon quoll dicker Rauch aus den Feuerchen, stieg nach oben, suchte sich seine Bahn durch das Blattwerk, um in das Blau des Himmels zu entweichen.
Vergaß Mutter ihr Versprechen, unsere geheime Abmachung? Verständlich, rastlose Geschäftigkeit beanspruchte uns. Doch noch mehr lenkten uns die amüsanten Plaudereien übermütiger Frauen ab. Selbst mich, wie war es möglich, ließen sie meine brennende Neugier, meine gespannte Erwartung zuweilen vergessen.
An der Baustelle herrschte Arbeitseifer. Das versicherte mir mein Blick, den ich trotz reger Betriebsamkeit von Zeit zu Zeit hinüberwarf. Sie folgten dem üblichen Vorgehen: Erde wurde ausgehoben, mit Wasser getränkt, nicht zu viel, nicht zu wenig. Erheiterung, Vergnügen, Spaß der Kinder: Ihre Beinarbeit war erwünscht. Die Masse, der Grundstoff der Bausteine, musste vermengt, vermischt, durchgeknetet werden. Treten auf der Stelle im knietiefen Matsch. Kein Klümpchen darf bleiben, die mindern die Härte, die Haltbarkeit.
Eine Form steht bereit, aus Brettern gezimmert, innen einge-

rieben mit dem schleimigen Saft einer Pflanze. Die durchtränkte, gut vermischte Erde wird eingefüllt, hineingepresst, kein Hohlraum darf bleiben. Umgestülpt, fertig – der erste Baustein. Am Abend des dritten Tages wird die ausreichende Anzahl dastehen, in Reih und Glied. Sie haben Monate Zeit zu trocknen, fast steinhart zu werden.
Essenszeit. Mit viel Herzklopfen erwartete ich diesen Moment. Dachte, möglicherweise, vielleicht ... »Hilf ausschöpfen«, bat mich Mutter. Sie stellten sich an, zogen an meinem Topf vorbei, Kinder, Halbwüchsige, Männer, machten Ansprüche geltend, überzeugt, durch ihren Arbeitseinsatz große Portionen verdient zu haben.
Mich verlangte es, in jedes Gesicht zu schauen, es prüfend zu betrachten, mit herausforderndem Blick zu fragen: Bist du es? Oder du? Unschicklich für Mädchen meines Alters. Ich hielt meine Lider gesenkt, schaute auf die großen und kleinen Hände, jede ein Stück Bananenblatt haltend, um die Speise aufzunehmen.
Unzufriedenheit mit dem Essen? Ein Nörgler hätte einigen Mut aufbringen müssen, denn in hohen Tönen erklang allseits das Loblied auf die Kochkunst der Frauen.

Wir, einige junge Mädchen, nahmen uns der Töpfe an. Schwatzend, lachend, kichernd schlenderten wir zum Bach. Nichts trieb uns zur Eile. »Dein Bruder, Rosaline.« Verwundert schaute ich auf, ließ den Topf sinken, dessen Außenseite ich gerade bearbeitete, mit Sand blank scheuerte. »Mutter will dich sehen.« »Mich? Wieso? Was ist mit ihr?«, fragte ich hastig, mit stockendem Atem. Nichts als ein Achselzucken gab er mir als Antwort. Unerfreuliches, ganz sicher. Warum sonst diese Dringlichkeit?
Dort stand sie, welch Glück, unversehrt, im Gespräch mit einem Mann. Ein Freund meines Vaters. Ich erkannte ihn beim Näherkommen. »Rosaline, liebe Tochter«, seine Hand strich

mir zärtlich übers Haar. Nanu! Diese Freundlichkeit, so unerwartet. Dieses unverhoffte Wohlwollen gab mir Rätsel auf. Verwirrt blickte ich zu Boden. Seine Hand hob mein Kinn. Er zwang mich, in seine Augen zu schauen. Sie waren gütig auf mich gerichtet. »Kleine Frau meines Sohnes. Ich habe dich für ihn ausgewählt.« Stolz betrachtete er mich. »Du kennst ja die Tradition: Ich hätte einen Mann meines Vertrauens beauftragen müssen, der die Fäden knüpft zwischen beiden Familien, Begegnungen vereinbart, Bedingungen aushandelt. Brauchten wir eine dritte Person? Die Gespräche mit deinem Vater habe ich vorangetrieben, Abmachungen unter Freunden.«
Ah, nun durchschaute ich die Zusammenhänge: Er, Vaters Freund, will mich mit seinem Sohn verheiraten, mich in seine Familie aufnehmen. Er ist mein Schwiegervater, im Volksmund der Geldpapa, denn er muss herhalten, sich in Unkosten stürzen für den Brautpreis. Augenblicklich hämmerte es in meinem Kopf: Seine Söhne …? Kenne ich sie? Habe ich bereits ihre Bekanntschaft gemacht? Ich begann fieberhaft mein Gedächtnis zu durchforschen: Wann, wo hätte sich eine Gelegenheit bieten können?
Er ließ mir keine Zeit, sang stattdessen ein Loblied auf seinen Sohn: »Die große Stadt zog ihn an. Er hörte von dem fremdartigen Leben dort, das lockte ihn. Weißt du, die Neuheiten der Weißen. Unbezwingbare Wissbegier treibt ihn, schon als Kind steckte er seine Nase in Dinge, die seine Freunde gleichgültig ließen. Also, eines Tages erfuhr er, dass ein Verwandter dort einen jungen Arbeiter mit Muskelkraft sucht. Nun hielt ihn nichts und niemand mehr im Dorf. Freunde begleiteten ihn auf dem Marsch nach Bafoussam. Unerschrocken bestieg er so ein Hexenwerk, das Menschen, die darin sitzen, von einem Ort zum anderen bringt. Seine Berichte vom Stadtleben sind eine einzige Schwärmerei: Er erzählt von Häusern übereinander, die sie, wann immer sie wollen, in der Nacht taghell erstrahlen lassen …«

Aha, Papa! Meine Gedanken wandten sich ihm zu, meinem eigenen Vater: Du hast mir die gleiche schwärmerische Schilderung geboten, ohne eigenes Erleben. Jetzt erkenne ich die Quelle deiner Information.
»Er verdient Geld, lebt nicht mehr in der im Dorf üblichen Bescheidenheit … trotzdem, er hat seinen alten Vater nicht vergessen – und auch nicht«, fügte er schmunzelnd hinzu, »die braven, hübschen Mädchen seines Dorfes.«
Plötzliche Besinnung ließ ihn fragen: »Hat euch dein Vater schon bekannt gemacht, dich und Paul?« »Nein«, antwortete Mutter eilfertig an meiner Stelle. Hitze stieg mir in den Kopf. Ist dies jetzt der Moment? Schon beauftragte er einen kleinen Jungen: »Schau nach! Arbeiten die Männer noch? Ruf Paul.« Paul also, ein christlicher Name. Darf ich es wagen, ihm entgegenzusehen? Nicht schicklich. Fest heftete ich meinen Blick auf welke Blätter am Boden, doch mein Gehör war geschärft. Nähern sich Schritte? »Er kommt!« Sein Vater reichte ihm die Hand. »Mein Junge, läuft die Arbeit?« »Bestens, Papa!«
Ich, noch immer ganz ergeben, lauschte dieser Stimme. Jugendlich-frisch, voll Wohlklang drang sie an mein Ohr. »Rosaline.« Die schwere Hand des Mannes legte sich auf meine Schulter. »Paul steht vor dir, zeig ihm dein Gesicht.« Erneut erfasste er mein Kinn, hob meinen Kopf, zwang mich, in diese strahlenden Augen zu schauen. Sie musterten mich, ein wenig zu keck. »Hübsch, wohlgeformt, nicht wahr?«, erkundigte sich der Vater bei dem Sohn. »Oh, Papa! Sie ist die Schönste … Danke, vortrefflich gewählt.« Seine Miene wurde noch schelmischer. Kleine, bereits angetrocknete Dreckspritzer verteilten sich lustig über sein Gesicht, Spuren seines heute geleisteten Handwerks.
»An die Arbeit.« Pauls Vater schubste ihn kameradschaftlich aus unserem Kreis. Von unten herauf schaute ich ihm nach, wider Willen. Innere Erregung, ein Nervenkitzel nötigten mich

dazu, machten mich unfähig zu widerstehen. Welch ein Mannsbild! Der gefällt mir. Sein spitzbübisches Lächeln, sein kräftiger Wuchs, sein leichtfüßiger Gang ...

»Die Kleine braucht Papiere. Du weißt ja, man reist oder lebt heutzutage nicht mehr ohne Ausweis, in den Städten schon gar nicht. Die Polizei lehrt dich dort das Fürchten.« Ach, dieser bittere Geschmack, welche Ernüchterung. Yaoundé. Warum nur? Des Geldes wegen? Hier könnten unsere Kinder friedlich aufwachsen.

Ich stand vor dieser Frau. Ihr Gewand hatte die Farbe des Himmels, wenn die Sonne scheint. Ein gleichfarbiges, kleines Häubchen saß keck auf ihrem Kopf. Sie nahm mich in Augenschein. Ihr kritischer Blick musterte mich, ruhte prüfend auf meinen Brüsten. »Wann hast du zum ersten Mal den Mond gesehen?« Mir wurde heiß. Beschämt blickte ich zu Boden. Was stellt die mir für Fragen? Peinlich, in Anwesenheit meiner Tante, die mich in die kleine Krankenstation begleitet hatte. Ich verstand gut, sie wollte wissen, wann meine erste Blutung gewesen war. Meine Tante schnalzte missbilligend mit der Zunge. Ich wusste, warum. Solche Themen sind tabu in Anwesenheit von Kindern. Und ein Kind bin ich noch, in den Augen der Erwachsenen. Ihre Welt betrete ich erst durch meine Heirat.

Ich zuckte mit den Achseln. »Irgendwann.« »Während der Trockenzeit?« Auf mein verneinendes Kopfschütteln murmelte die Frau vor sich hin: »Also während der Regenzeit.« Wieder an mich gerichtet: »Mit welcher Arbeit warst du gerade beschäftigt? Erinnere dich, denn an den folgenden Tagen und immer wenn du den Mond siehst, begleitest du deine Mutter sicher nicht aufs Feld.« Ach, wie könnte ich! Ich würde umkommen vor Scham. Während dieser Tage verkrieche ich mich, ebenso wie die anderen Frauen und Mädchen, in den hintersten, düstersten Winkel des Hauses. Man würde sich mokieren, sähe man das Blut an meinen Beinen hinunterlaufen.

Beschämt stand ich da, spürte den erwartungsvollen Blick dieser Frau. »Es war im Monat der Maisernte.« »In dieser Regenzeit? Nein, nein, nicht vor einem Monat erst.« Diese Antwort gab sie sich selbst, bohrte dann weiter: »Im letzten Jahr?« »Davor, davor«, murmelte ich. Oh, mein Körper erschauderte, fröstelte. Lebendige Vergangenheit: Rebellen, Überfälle, Leichen, Blut … »Die Aufständischen«, stotterte ich, »sie kamen zum ersten Mal in unser Dorf, nachts, brannten Häuser nieder, zerstörten Maisernten, mordeten Anhänger der Weißen. Wir verbrachten die Nächte im Feld, versteckt unter Bananenstauden.« »Schon gut, Rosaline.« Sie hob besänftigend die Hand, gab der Befragung eine Wende. »Du bist die Erstgeborene?« Ich nickte. »Wie viele Kinder hat deine Mutter geboren?« »Außer mir vier Schwestern und zwei Brüder. Zwei Schwestern und ein Bruder sind gestorben.« »Sie ist wieder schwanger?« »Hm.«
Die Frau schien mit dem Ergebnis ihrer Fragerei zufrieden. »Gut«, sagte sie, »alles deutet darauf hin, dass du um das Jahr 1945 geboren bist.« Sie reichte mir ein Papier. »Verliere es nicht, beschmutze es nicht.« Sie nannte es eine »Bescheinigung meines geschätzten Alters«. »Du kennst das kleine öffentliche Büro nahe der Chefferie? Dort wird man deine Geburt beurkunden, und auf dem Polizeikommissariat in Bafoussam bekommst du einen Personalausweis. Diese Papiere sind von großer Wichtigkeit für dich.«

»Unglaublich«, wetterte meine Tante außer Hörweite, »mit welchen Fragen man heutzutage die Kinder belästigt.« »Tantchen …«, ich wollte sie besänftigen, aber sie schenkte mir kein Gehör.
Noch immer ganz empört, fand meine Tante zu Hause schnell einen Kreis von Zuhörerinnen, denen sie erzählte, mit welchen Fragen man mich, ein Kind noch, belästigt hatte, um mein vermeintliches Geburtsjahr herauszufinden. Die Missbilligung

der Frauen war nicht geringer. Lautes Durcheinandergerede entstand. Jede lieferte einen Beitrag, hervorgebracht mit viel Emotion.

Nach geraumer Zeit, nachdem sie viele Male die gleichen Sätze wiederholt hatten, erbat sich meine Mutter das Wort. Sie habe etwas Wichtiges zu berichten: »Rosaline wurde in dem Jahr geboren, als die Kolonialregierung die Frauen von der Steuerabgabe befreite. Die Älteren von euch erinnern sich sicher noch. Wir trugen eine Metallmarke am Band unseres Lendenschurzes, die wir bei Kontrolle vorzeigen mussten.«

»Und wie nannten die Weißen das Jahr?«, wollten alle Frauen jetzt gleichzeitig wissen. »Ach, habe ich mich darum gekümmert? Hatten wir keine anderen Sorgen, als uns die Jahreszahlen der Weißen einzuprägen?« Sie schlenderte davon.

Am Abend wurde mein Fall noch einmal aufgerollt. »Das Jahr des Steuererlasses für die Frauen?« Mein Onkel wusste zu sagen: »Es war zu der Zeit, als der große Krieg zu Ende ging, den die Deutschen gegen die Franzosen und gegen viele andere Länder führten. Die rekrutierten selbst Kameruner für die französische Armee, das heißt für den Kampf in Europa. Ich habe von mehreren Fällen gehört.« »Und die Franzosen, die Plantagenbesitzer in Richtung Foumban, wurden nach Frankreich zurückbeordert, um am Krieg teilzunehmen«, wusste ein anderer beizutragen. »Bevor sie gingen, baten sie die traditionellen Chefs der umliegenden Chefferien, Arbeitskräfte auf ihre Plantagen zu schicken.« »Und die machten es«, warf ein anderer grimmig ein. »Sie fingen junge Männer ein, führten sie mit Eisenringen um die Handgelenke ab und brachten sie auf diese Plantagen. Dort mussten sie sechs Monate schuften, bevor sie abgelöst wurden.« »Bezahlte man sie für ihre Arbeit?« »Nicht einen Kauri. Und es kam vor, dass ein junger Mann in sein Dorf zurückkehrte und gleich wieder auf eine Plantage geschleppt wurde. Das ging jahrelang so, bis die Franzosen zurückkamen.«

»Und als der Krieg zu Ende war, mussten die Frauen keine Steuern mehr bezahlen?« Ein junger Mann griff dieses Thema wieder auf. »Nein«, wurde ihm bestätigt. »Aber das heißt ja, dass wir, die Kameruner, diesen Krieg in Europa mit finanziert haben, oder nicht?«, rief er empört aus. Diese Erkenntnis traf auf die Erinnerung eines Zeitzeugen: »Ja, mein Junge, so war das. Was meinst du, warum die Weißen in unser Land kamen? Weil sie uns so liebten, weil sie uns so schätzten, he?« Er lachte höhnisch auf. »Sie kamen, um uns auszubeuten, um uns zu erniedrigen.«

Seine Stimme wurde den anderen zu schrill, zu laut. Missbilligende Blicke trafen ihn.

Beschwichtigend legte ihm mein Vater die Hand auf den Arm, ergriff schnell das Wort. »Nicht alle Frauen waren gezwungen, Steuern zu zahlen. Es war doch so: Irgendwann forderte die Kolonialregierung die Dorfchefs auf, auch von den Frauen Steuern einzuziehen. Die Chefs schickten ihre Notabeln los, um diese Aufforderung der Bevölkerung bekannt zu geben. Sie teilten auch den Tag mit, wann wir Männer uns auf dem moyo'h einzufinden haben, um unsere Steuern gegen Quittung zu entrichten. Bei dieser Gelegenheit kauften wir die Steuermarke für unsere Frauen. Aber«, er lächelte belustigt, »die Frauen knüpften gern diese Blechmarke mit Loch wie ein Schmuckstück, wie eine Medaille an das Band ihres Lendenschurzes. Sie brachte ihnen Respekt, sie fühlten sich als Frauen einer gehobenen Schicht. Trugen sie doch ein sichtbares Zeichen zur Schau: Ihr Ehemann ist in der Lage, für sie Steuern zu bezahlen. Dass sie ihrem Ehemann als Gegenleistung einen gefüllten Korb Erdnüsse darbieten mussten, war für sie Ehrensache.«

»Die Chefs werden sich schwer bereichert haben an all dem eingezahlten Geld«, wagte einer zu behaupten. Ein Stimmengewirr der Älteren brach los: »Glaub es ja nicht. Die Weißen hatten ihre Eintreibmethoden.« Fast gleichzeitig hoben einige ihren rechten Arm, ließen ihn mit zwei gestreckten Fingern durch die Luft fahren, pfiffen durch die Zähne, Schläge symbolisierend.

Der Beamte hatte ein kleines Büro in der Nähe der Chefferie. Vater begleitete mich dorthin. Es war verschlossen, aber die Mamas, die am Straßenrand Erdnüsse und Bananen verkauften, wussten, wo der Mann zu finden war. Im Laufschritt eilte er herbei. Sein Auftritt zeigte, er war sich der Wichtigkeit seines Amtes bewusst. Die Einrichtung: ein Tisch, ein Stuhl, zwei Bambushocker. An der Wand ein Regal. Vergilbte Papiere lagen unordentlich herum, bedeckt mit einer beträchtlichen braunen Staubschicht. Ich bestaunte das enorm dicke Buch auf dem Tisch. Auch darauf Staub, er schien es nicht jeden Tag aufschlagen zu müssen. Er fasste ein Tuch an einem Zipfel, schlug es mehrmals auf den Tisch. Ich konnte einen Hustenanfall nicht unterdrücken. »Der Staub«, stellte er fest.
Nun war er handlungsbereit. Sein Blick ruhte fragend auf uns. Vater reichte ihm die Bescheinigung, die ich in der Krankenstation erhalten hatte. Er studierte sie eine ewige Weile. Ich beobachtete ihn voll Bewunderung. Welche Kunst, diese Zeichen in Worte zu fassen. Schwierige Arbeit, diese Entschlüsselung der Buchstaben, würde es sonst so viel Zeit in Anspruch nehmen? Ich habe nie lesen und schreiben gelernt, warum auch? Meine Brüder besuchen die Schule der Missionare. Wird es ihnen was bringen? Vater ist eine angesehene, respektierte Persönlichkeit, auch ohne die Schule der Weißen besucht zu haben. Er kann acht Frauen sein Eigen nennen.
Der Beamte schlug das Buch auf, ergriff ein Schreibgerät und füllte damit eine Linie, im exakt genauen Abstand zu der vorherigen. Sein Blick wanderte hin und her von unserem mitgebrachten Papier zum Buch, er schrieb. Mit einer Latte zog er einen Strich unter seine heutige Eintragung. Er begann im Wust des Durcheinanders zu wühlen, offensichtlich auf der

Suche – nach was? Er wurde fündig, ein Papier, voll gedruckt mit Text. Seine Arbeit bestand darin, offen gebliebene Stellen auszufüllen. Er überprüfte, verglich. »Nun mache ich es amtlich«, erklärte er Vater und hieb mit übertriebener Wucht einen Stempel auf das Papier.
Vater zeigte eine zufriedene Miene auf dem Weg nach Hause. Nahmen doch die Dinge den gewünschten Lauf. Ich dagegen lief stumm neben ihm her. Mein Herz war schwer. Wie könnte ich den nahenden Abschied aufhalten? Durch Krankheit? Ein Gedanke, der mir nicht gefiel. Krankheit endet oft mit Tod. Eine Gänsehaut lief mir über den Rücken.
Vaters Stimme riss mich aus meinem Denken. »Unser Nachbar geht regelmäßig in die Stadt. Er verkauft dort Hühner und Küken. Er kennt die Markttage.« Hm, wunderte ich mich. Seit wann interessiert sich Vater für Markttage? Hat er etwas zu verkaufen? Schweine womöglich? »Der jüngste Bruder deiner Mutter wohnt mit Frau und Kindern dort. Er führt einen Laden. Der Nachbar soll ihn aufsuchen und ihm sagen, dass du das nächste Mal mitkommst.« »Ich? Warum?«, fragte ich erstaunt. »Na, wegen des Personalausweises, wie sie es nennen. Der wird nur in Bafoussam ausgestellt. Ein Stück Papier mit deinem Namen und deinem Geburtsjahr. Ach«, er schnalzte verärgert, »Ideen der Weißen. Bei denen ist es üblich, jedes Ereignis zeitlich genau festzuhalten. Sie stellen ein Papier aus, auf dem steht, wann ein Mensch geboren wurde, ein anderes, wann er seine Pfeife zerbrochen hat. Für wen? Tote sind uns unvergesslich. Hör nur, sie wollen uns sogar ein Papier aufzwingen, auf dem notiert ist, wann sich ein Mann eine Frau nimmt. Übrigens vertreten sie die Meinung, ein Mann soll sich mit nur einer einzigen Frau begnügen.« Er kicherte erheitert vor sich hin. »Aber das ist ein anderes Thema.« Dann fuhr er fort: »Ich habe den Personalausweis deines Onkels gesehen. Neben seinem Namen klebte das Bild seines Gesichts. Schwarz wie verkohltes Holz, nichts zu erkennen.« Wieder schwieg er eine

Weile. »Na ja, zugegeben … Dein Onkel sagt, einen Vorteil hat der Ausweis doch. Wenn jemand allein auf Reisen ist, kann ihn eine schwere Krankheit oder gar der Tod ereilen. Keiner weiß, wer dieser Mensch ist, woher er kommt. Dieser Ausweis gibt über seine Herkunft Bescheid. Man kann seine Familie benachrichtigen.«

Schon immer hatte ich den geheimen Wunsch gehegt, die Stadt zu sehen, war neugierig auf die Häuser, den Markt, die Menschen, auf das bunte Leben, von dem ich berichten hörte. Aber der Marsch dorthin. Er soll endlos lang sein, so lang, dass die Beine gefühllos werden. Ich dachte an meine Geschwüre, die sich gebildet hatten, nachdem ich in Dornen getreten war. Sie sind noch nicht verheilt, tun noch immer weh. Auch die Risse an den Fersen sind manchmal so tief, dass sie schmerzen. Und das Tempo, kann ich da mithalten? Wenn nicht, lassen sie mich zurück? Oder wenn ich mich in der Stadt verirre? Endlos viele Fragen schwirrten in meinem Kopf. Ich getraute mich nicht, sie zu stellen. Was hätte Vater mir auch antworten sollen? Er kennt weder die Strapazen des Marsches noch das Leben in der Stadt. »Deine Tante wird dich vor der Chefferie erwarten.« Beruhigende Aussicht, sie wird mich umsorgen, mich beschützen.

IN BAFOUSSAM

Die Aufregung ließ mich keinen Schlaf finden. Unruhig drehte ich mich von einer Seite zur anderen. Ich hatte Angst, den Abmarsch zu verschlafen. Der Nachbar hielt Wort, klopfte, um mich zu wecken, rechtzeitig an unsere Tür. Er hat ein untrügliches Gefühl für die Zeit des Aufbruchs, Stunden vor Anbruch des Tages.

Mutter hatte reichlich Glut aufbewahrt. Ein Feuer war schnell entfacht. Sie wärmte mein Essen vom Vorabend. Als Wegzehrung für den langen Tag wickelte sie Süßkartoffeln in Bananenblätter, füllte Wasser in eine Kalebasse. Mein Bruder begleitete mich zur Chefferie des Dorfes, dem Treffpunkt. Ein glimmendes Holzscheit erleuchtete uns den finsteren Weg. Er trug einen Korb auf dem Kopf, voll mit Erdnüssen, Mais und Bohnenkernen, hielt in der Hand einen Sack, aus dem das ängstliche Gegacker eines Huhns nach außen drang. »Für die Städter«, hatte Mutter gesagt. »Du kannst nicht mit leeren Händen zu ihnen kommen, nicht aus dem Dorf.«

Eine schwatzende und lachende Gruppe versammelte sich auf dem großen Platz. Sturmlampen erhellten den unmittelbaren Umkreis. Eine erfreuliche Feststellung. Wir müssen uns nicht in stockfinsterer Nacht auf schmalen Pfaden zurechtfinden.

Ohne es auszusprechen, drängte jeder zum sofortigen Aufbruch. Fröstelschauer schüttelten uns. Die Kühle der Nacht lähmte die Glieder. Ein zügiger Marsch und die drückende Last werden in Kürze den Körper wohlig erwärmen.

Die Frauen hoben Körbe mit Mais oder Maniok oder Süßkartoffeln auf ihre Köpfe, nahmen die Bündel Hühner und Hähne auf. Sie waren an den Pfoten zusammengebunden, ihre Körper baumelten nach unten, und von Zeit zu Zeit schrien sie mit kreischenden Stimmen ihren Unmut über diese Behandlung in die Welt. Ein Missklang zu dem zarten Gepiepse kleiner Küken, das aus verschiedenen Körben drang. Junge Männer mühten sich mit quiekenden Ferkeln, kiloschweren Muttersäuen und störrischen Ziegen ab.
Ich trachtete danach, mich zu der Gruppe an der Spitze zu gesellen. Werde ich müde, überlegte ich, bleibt mir Zeit zum Ausruhen, schließe mich dann den Letzten wieder an. Aber warum diese Ängste? Sie waren umsonst. Meine Füße schmerzten nicht, meine Beine wurden nicht gefühllos. Amüsiert lauschte ich den gegenseitigen Sticheleien, dem Gelächter über Erlebnisse, die sie hatten, sie, die Dörfler, in der Stadt, den Bekundungen ihres Erstaunens über die Wunderwerke der Weißen. Der Nachbar zeigte sich verantwortungsbewusst. Hatte Mutter – oder gar Vater – ihn gebeten, mich nicht aus den Augen zu verlieren? Fürsorglich fragte er, ob der Marsch beschwerlich sei, ob mich die Hitze quäle.
»Sie haben die Prozedur vereinfacht.« Er begann ein Gespräch während der Rast. »Sie? Wer?« Was verstand ich von den komplizierten Verwaltungsabläufen. »Na ja, noch die Kolonialregierung.« Verschmitzt lächelnd erklärte er: »Früher musste sich seine Hoheit, der Chef, persönlich als Zeuge auf den Weg in die Stadt begeben. Der stöhnte, jammerte und schimpfte nicht schlecht, und seine Amtskollegen taten es ihm gleich, als sie von den Weißen immer wieder nach Bafoussam beordert wurden. Vor dem Gerichtsgebäude erwarteten sie ihre Dörfler, die Geburtsurkunden und andere Papiere beantragen wollten.«
»Ja, natürlich, das war beschwerlich für sie, sehr«, kommentierte ich. Verriet der Ton meiner Stimme, dass mir unklar war, dass ich nicht nachvollziehen konnte, was er meinte?

Er bemühte sich erneut, holte weit aus mit seinen Erläuterungen über eine vergangene Zeit, erklärte in väterlichem Ton: »Weißt du, die Weißen sind erfinderisch. Nachdem sie sich bei uns niedergelassen hatten, fanden sie schnell sichere Methoden, um ihre Belange auch weitab der Städte durchzusetzen. Und wie? Ganz einfach, sie klopften an die Pforten der Chefferien, sie machten sich die traditionellen Chefs zu Handlangern. Die mussten spuren, sonst … Oft erübrigten sich Druck und Zwang. Viele Chefs waren der berauschenden Wirkung des Schnapses erlegen, wurden gefällig, erbötig für den Nachschub ihres geliebten Feuerwassers.
Verstehst du jetzt? Der Not gehorchend, begaben sie sich auf den Weg nach Bafoussam, um gemeinsam mit den wartenden Untertanen die Amtsstuben zu betreten. Welch Glück für denjenigen, der in dem Beamten einen ›Freund‹ aus dem Dorf erkannte. Dieser Umstand vereinfachte die Debatte, verkürzte die Wartezeit. Du musst wissen, die Regierungsbeamten von damals …« Er hielt inne, schüttelte missbilligend den Kopf. Es schien, eigene Erfahrungen erbosten ihn noch immer.
»Gut, in den Schulen der Missionare lernten sie lesen, schreiben, rechnen und die andere Sprache, aber vergisst man deshalb seine Herkunft, seine Zugehörigkeit, seine Hautfarbe, die Tradition? Respekt vor dem Chef? Manche zeigten sich wichtigtuerischer als die Weißen, behandelten uns geringschätziger als die. Ha!« Er machte eine wegwerfende Handbewegung, wischte damit die unliebsamen Erinnerungen beiseite, begann erneut in sachlicherem Ton: »Trafst du auf einen fremden Beamten, der verwickelte dich in endloses Palaver über deine Person, deinen Vater, deine Familie, dein Dorf … aber wie auch immer, am Ende war er doch gezwungen, dir das Papier für die Geburtsurkunde auszustellen. Dazu war er da.«
Nach einer Pause meinte er: »Doch jetzt ist es anders.« Er packte mich freundschaftlich am Arm, lachte belustigt vor sich hin. »Ich spreche nicht von der Hilfsbereitschaft und der

Freundlichkeit der Beamten. Bilde dir morgen dein eigenes Urteil. Nein, ich meine, wegen des Papiers müssen heutzutage weder seine Hoheit noch die Antragsteller von weit her Tagesmärsche auf sich nehmen. Man geht einfach, so wie du, in die Krankenstation. Die Männer dort, selbst Frauen, sind geschult in der Medizin der Weißen. Die dürfen es ausstellen. Welche Erleichterung.«

Ich nickte zustimmend, sah mich wieder versetzt in den kleinen Raum, den musternden Blicken und den unangenehmen Fragen dieser zugeknöpften Frau ausgesetzt, die innerlich grollende Tante neben mir.

Meine Gedanken machten einen Sprung – direkt in die Amtsstube des Polizeikommissariats. Allein diese Bezeichnung ließ mein Herz schneller klopfen. Ich sah mich dort sitzen, auf einem Hocker, umgeben von gestrengen Männern. Sie stellten mir Fragen, alle gleichzeitig. Ihr Ton war barsch. Ich zitterte vor Angst, verstand den Sinn der Fragen nicht, blieb die Antwort schuldig – sie brachen in schallendes Gelächter aus.

Erschrocken zuckte ich zusammen, fragte mich: Muss ich morgen eine solche Bloßstellung erleben? Ich beschleunigte meinen Schritt, so als flöhe ich aus dieser Amtsstube. Der Nachbar glich sich mir an, und in Kürze holten wir die anderen ein. Sie waren noch immer guter Dinge, erzählten sich Geschichten, Erlebnisse, lachten ausgelassen darüber.

Gedankenverloren setzte ich einen Fuß vor den anderen, den Blick auf die Fersen des Vordermannes geheftet. Plötzlich führte unser schmaler Weg aus dem Buschwerk hinaus. Eine breite Piste lag vor uns, viele Male breiter als die Pfade, die wir bisher gegangen waren. Ich schaute in die eine Richtung, das braune Band verlief in der Ferne, in der anderen verschwand es hinter einer Kurve. »Die Straße, auf der die Autos fahren.« Hatte der Mann neben mir meinen interessierten Blick beobachtet? »Und wo sind sie?« Allgemeines Gelächter. »Es fahren nur wenige.« Gleich vielstimmig klärten sie mich auf.

Ich starrte auf den Boden. Welches Getier krabbelte denn hier entlang, hinterließ seine Fährten im feinen Staub, derart exakt und so direkt geradeaus? Keine Schlange, ich kenne ihre Schleifspuren. Keine Echse, jedenfalls keine Tiere mit Tatzen, Klauen, Krallen, Pfoten. Ein junger Mann sagte im Vorbeigehen: »Spuren der Autoreifen.«
Eine Mama gesellte sich an meine Seite. »Meine Tochter, dein Gesicht ist mir unbekannt. Hast du uns schon einmal in die Stadt begleitet?« »Mama, gut beobachtet«, sagte ich, erklärte, warum ich heute dabei war. »Warte«, befahl sie, stoppte meinen Gang mit einer Handbewegung. Sie stellte ihre Last ab, einen Korb voll Süßkartoffeln. Eifrig kramte sie in einem kleinen Beutel, den sie am Arm trug. Ich blieb an ihrer Seite, voll Neugier zu erfahren, was sie mir zu zeigen habe. Sie fand das Gesuchte: ein in ein Fetzchen Stoff eingewickeltes Stück Karton. »Mein Personalausweis.« Stolz schwang in ihrer Stimme. »Den brauche ich, weil ich auf dem großen Markt in Bafoussam Handel treibe. Ich verkaufe Süßkartoffeln. Du musst wissen, die Leute in der Stadt haben Appetit auf meine Süßkartoffeln. Im Nu ist mein Korb leer.«
Mein Interesse galt weniger dem reißenden Absatz ihrer Handelsware als dem trotz besonderer Schutzvorkehrung bereits etwas abgegriffenen Personalausweis. »Ein Gesicht, schwarz wie verkohltes Holz«, so Vaters Urteil über Onkels Passfoto. Ja, genauso dieses. Ohne Ausdruck, nicht die geringste Ähnlichkeit mit der Frau, die vor mir stand. Wo sind die Lachfältchen, die ihr Gesicht durchziehen? Wo die strahlenden Augen? Und das da neben dem Foto, dieser durchbrochene, undefinierbare dunkle Fleck? Ich schaute sie fragend an. »Meine Unterschrift!« Ich wurde nachdenklich. Ehrlich, diese Mama war mir an Wissen um einiges voraus. »Erkläre, bitte.« »Gut, also, der Beamte auf dem Polizeikommissariat« – schon wieder dieses unangenehme Wort – »nahm eine kleine Platte, die er mit flüssigem Schwarz bestrich. Darin rollte er den oberen Teil

dieses Fingers hin und her, hin und her. Ich weiß es noch genau, denn das Schwarz blieb einige Zeit haften: Es war der Finger neben dem Daumen der starken Hand, mit der ich die Machete halte.« Sie ergriff meine Hand, suchte den entsprechenden Finger und drehte ihn auf die beschriebene Art und Weise. Als Platte diente ihr ihre eigene Handfläche. »Dann«, sie war eifrig bei der Sache, »nahm er diesen Ausweis, drückte meinen schwarz beschmutzten Finger darauf und drehte ihn leicht in beide Richtungen. Das Ergebnis siehst du vor dir.« Sie lachte schallend, zutiefst zufrieden, mir ihr Erlebnis beschreiben zu dürfen. »Die Prozedur wurde auf einem anderen Papier wiederholt, das er behielt.«

Ich schüttelte den Kopf, empfand nichts als Unverständnis für diese Merkwürdigkeit. Konnte mir absolut nicht vorstellen, was mit diesen Flecken anzufangen sei. Fragte nur: »Wozu das?« Sie zuckte mit den Achseln, lächelte mich beschwichtigend an: »Ach, lass, Ideen der Weißen ... Doch halt!« Sie zog mich aus dem Schatten ins Sonnenlicht, nahm erneut meinen Finger, hielt ihn prüfend gegen den ihren. Nun besonnener, sagte sie: »Behauptete doch jemand, die Maserung der Finger sei bei jedem Menschen unterschiedlich. Sollte er Recht haben? Unvorstellbar, was? Anders geformt bei jedem Bewohner unseres Dorfes, bei jedem Einwohner der Stadt, bei jedem Kameruner und ...« Sie ließ ihren Arm weit schweifend kreisen, schloss somit die gesamte Menschheit ein.

»Komm, die anderen laufen uns davon.« Hurtig nahmen wir unsere Körbe auf. »Es ist nicht mehr weit«, meinte sie aufmunternd, »hinunter zum Bach, auf der anderen Seite in Serpentinen hinauf, dann nur noch eben.«

Ein drängendes Verlangen zwang mich, mich umzuschauen, immer wieder, unzählige Male: Wann endlich nähert sich ein Auto? Plötzlich sah ich Ungewöhnliches in der Ferne. Ich packte meine erfahrene Weggefährtin am Arm, deutete auf die Staubwolke, die langsam auf uns zurückte. »Ein Auto?« »Ein

Bus, hier verkehren nur Busse«, korrigierte sie mich. Ich schob sie an den Straßenrand, wollte dort wartend das Fahrzeug an mir vorbeiziehen lassen. Zuerst ein Brummen, dann ein Knattern, das anschwoll zu einem Dröhnen. Das Ungeheuer kam näher und näher, rollte vorbei. Schützend hatte ich die Hände auf meine Ohren gelegt. Ende des Spektakels. Was hat sich mir geboten? Die Konturen eines Metallgehäuses, eine Scheibe, im Innern umrisshaft Köpfe, dicht an dicht. Brauner Staub umnebelte das Geschehen. Er drang uns in die Augen, löste Hustenreiz aus.

»Warum hat er nicht angehalten und uns mitgenommen?«

»Bah, hast du Geld? Außerdem«, sagte sie überlegen, genoss sichtlich ihre Erfahrenheit, »meinst du, die Chauffeure fahren am Ausgangspunkt ab, ohne dass ihre Fahrzeuge voll gestopft wie Pfeifen sind?« Ich zog es vor, vorerst keine Fragen mehr zu stellen.

Felder kamen in Sicht, auf beiden Seiten der Straße. Das scharfkantige, unausrottbare Gras, das sofort nach der Maisernte Besitz von dem Ackerboden ergreift, war bereits abgebrannt. Überall gebeugte Rücken, Frauen, die mit ihrer kurzstieligen Hacke die ausgetrocknete Erde bearbeiteten. Bald sahen wir ihre Häuser. »Die gehören bereits zur Stadt«, erklärte meine Begleiterin. Aber ... welche Ernüchterung! Diese Häuser unterschieden sich nicht im Geringsten von denen im Dorf. Sie waren erbaut aus Lehmquadern, selbst hergestellt, wie für das Haus meiner Mutter und das meines Vaters, wie für alle, die ich bisher gesehen hatte. »Leute verbreiten Geschichten von Häusern übereinander, in Farben, die das Auge blenden im Sonnenlicht«, murrte ich enttäuscht.

»Kannst du nicht warten?«, tadelte die Mama, im Nu wieder verständnisvoll lächelnd. Nur mit Mühe, ich war getrieben von Neugier ... dann bogen wir ein in die breite Straße. Menschengewimmel. Organisiert der Chef einen traditionellen Tanz, oder zelebriert man irgendwo eine Totenfeier? Nur zu solchen

Anlässen können sich so viele Menschen versammeln. Aber, wunderte ich mich, sie streben keinem gemeinsamen Ziel entgegen, dem moyo'h zum Beispiel. Sie laufen ziellos durcheinander.
Meine Aufmerksamkeit wurde anderweitig in Anspruch genommen: von Autos. Eines fuhr vorbei, hielt in unmittelbarer Nähe. Türen öffneten sich gleichzeitig, wie von unsichtbarer Hand. Menschen stiegen aus, andere ein. Es fuhr mit knatterndem Geräusch davon, stinkende Wolken ausstoßend. »Mama, bist du schon einmal ...?« »Nein.« Ein solches Unternehmen schien ihr keine Überlegung wert. Brächte ich den Mut auf? Warum nicht?
Mein Blick erfasste die Häuserfront. Welche Großartigkeit, jubelte es in mir. Nie gesehene helle Flächen leuchteten in der Sonne, hoben sich kontrastreich ab von den gewohnten Farben: dem Rotbraun der Erde, dem Grün der Bäume und Sträucher und der Gräser. Der Anblick berauschte, entzückte, überwältigte mich. Welche Steine hat man zerrieben, um dieses Puder, weiß wie Maniokmehl, herzustellen? Hat man es mit Wasser angemischt und auf die Hauswände gestrichen?
Und tatsächlich, da leben Menschen auf zwei Ebenen. Ich sah es mit eigenen Augen, also doch. Aber wie kommen die Bewohner hinauf? Sie werden Leitern benutzen, wie wir im Dorf: zwei Bambusstangen, als Sprossen dienen Lianen. Im Haus meines Onkels werde ich es erfahren.
Da, in all dem Menschengewimmel wieder ein bekanntes Gesicht: der Nachbar. Ihn hatte ich aus den Augen verloren, ganz vergessen. Pflichtbewusst wartete er, um mich zur Chefferie, dem Treffpunkt mit der Tante, zu begleiten. Sie erwartete mich. Ich hüpfte vor Freude, ihr liebes Gesicht wiederzusehen, in einer so wildfremden Umgebung wie hier. Sie befreite mich von meiner drückenden Last, hob sich selbst den Korb auf den Kopf. Wir wanderten durch Gassen abseits der breiten Straße. Nach und nach verloren die Häuser an Glanz, glichen wieder denen

im Dorf. Sollte sich Onkels Haus, das ich in meiner Fantasie aufgebaut hatte, in Wirklichkeit als dörfliche Lehmhütte erweisen? Tatsächlich! Tante blieb stehen, sagte: »Hier.« Ich lächelte, nickte ihr freundlich zu, hoffte, meine Enttäuschung verbergen zu können. Ein Haus wie das unsrige, eher kleiner, dicht in Nachbarschaft des nächsten, ohne Abgrenzung, ohne Hecke. Selbst Vaters Frauen leben in größerem Abstand zueinander.

Vielleicht will Onkel seinen Reichtum nicht offen zeigen, verbirgt ihn im Innern. Besitzt er Töpfe, Teller und vielleicht mir unbekannte, den Weißen abgekaufte Geräte? Begrüßung einer Kinderschar. Johlend sprangen sie auf mich zu, vor Begeisterung auf und ab hüpfend, klammerten sie sich an meine Beine, schubsten sich, kämpften um die größtmögliche Nähe. Können sie sich an mich erinnern?, wunderte ich mich. Unmöglich. Jedes war noch ein Säugling gewesen, wenn es, auf den Rücken seiner Mutter gebunden, ins Dorf gekommen war. Sie besucht uns oft, aber immer nur begleitet von dem Kind, das sich gerade von ihrer Milch ernährt. Bekannt oder nicht, mein Besuch war ihnen angekündigt worden und bedeutete eine Abwechslung, ein Erlebnis für sie.

Endlich befreit von den Fesseln, den umklammernden Ärmchen der Kleinen, schaute ich mich im Haus um. Die Wände: braune Erde, wie bei uns im Dorf. Der Fußboden: braune Erde, wie bei uns im Dorf. Nackte Bambusbettgestelle, ohne Auflage … Immer neue Feststellungen, Entdeckungen, und stets wiederholte ich im Geiste wie den Refrain eines Liedes: wie bei uns im Dorf.

Verstehe ich die Welt richtig? Mutter hatte gesagt, ihr Bruder sei Geschäftsmann. Geschäftsleute treiben Handel, Handel ist einträglich, bringt Reichtum. Die Erzählungen der Männer des Dorfes hatten diese Vorstellung in meinem Kopf entwickelt. Und nun … Eine andere Wirklichkeit.

Tante rief mich in die Küche. Welch köstlicher Duft strömte

mir entgegen, er machte mich trunken vor Verlangen. Sie reichte mir einen Teller, voll aufgehäuft, bis zum Rand. »Reis, Makrele in Erdnusssoße«, sagte sie verschmitzt lächelnd, wohl wissend, das ist keine Mahlzeit »wie bei uns zu Hause«. Unnötig, meinen Appetit anzuregen. Mit Heißhunger stürzte ich mich auf das Essen. Jeder Bissen brachte mich mehr und mehr in Einklang mit meiner Umgebung.

Der Reis schmolz mir auf der Zunge. Makrele hatte ich erst ein einziges Mal gekostet. Ein »Bruder« hatte Fische aus der Stadt mitgebracht. Unzählige Münder sperrten sich zum Probieren auf. Mein Bissen war sehr klein ausgefallen, hatte kaum einen Geschmack auf der Zunge zurückgelassen. Doch heute versorgte mich Tante mit einem ansehnlichen Stück, einer Männerportion.

Onkel begrüßte mich mit Überschwang. Echte Wiedersehensfreude, als sichtbarer Beweis: eine Flasche Limonade. Diese aromatische, fruchtige, himmlische Süße! Zum ersten Mal ganz für mich allein. Mein Gaumen kannte nur den Genuss von Zuckerrohr. Ein wahres Fest, und das zu meinen Ehren. So viel Aufmerksamkeit!

Wir saßen um das heruntergebrannte Feuer. Nur noch die Glut strömte Wärme aus, wohltuend in den kühlen Abendstunden. Ich erzählte vom Dorf, dem Wohlergehen des einen, den Krankheiten des anderen. »Und Bafoussam? Was erstaunt dich am meisten in der Stadt?«, fragte Onkel, mich erwartungsvoll anschauend. »Die Häuser, ich meine die schönen, die mit den leuchtenden Farben«, platzte es aus mir heraus. Oje, ich biss mir schuldbewusst auf die Lippe. Habe ich mich respektlos geäußert? Denken sie nun, dass mich ihr Haus enttäuscht hat? Doch Onkels Reaktion war ein Lachen. »Und du hast deiner Fantasie freien Lauf gelassen, he? … und bist wieder in einer Lehmhütte gelandet.« Noch immer äußerst amüsiert, hob er seinen Blick zum Gebälk und Wellblechdach, fuchtelte mit beiden Armen in alle Richtungen des Hauses.

»Nein, nein«, wehrte ich hilflos ab. »Ihr wohnt, wie ich es gewohnt bin. Fremde Bedingungen hätten mich geängstigt.«
»Ach was, Luxus braucht nur kurze Gewöhnung.«
Er wurde ernster, erklärend: »Diese Häuser, die dich so beeindrucken, gehören den Geschäftsleuten.« Ja eben, dachte ich. Kleinlaut wagte ich zu vermerken: »Aber Mutter nennt dich einen Geschäftsmann.« Meine Bemerkung löste einen erneuten Heiterkeitsausbruch bei ihm aus. »Oh, deine Mutter!«, pustete er los. »Eine Frau vom Dorf, das sie nie verlassen hat. Hör zu, es kommt darauf an, mit was man handelt: mit den teuren Waren der Weißen oder mit Krimskrams. Ich habe kein Büro mit jungen Burschen, die für mich arbeiten. Ich bin Straßenhändler, verkaufe geflochtene Körbe. Mit welcher Ausbeute … hm?« Er schaute mich herausfordernd an. Erschrocken fragte ich mich: Will er etwa von mir eine Antwort?
»Und sie«, er deutete auf Tante, »verkauft Gewürze für die Soßen. Du kennst sie ja alle, die Wurzeln, Nüsse, Rinden, die die Frauen und Kinder im Wald sammeln. Begehrt in der Stadt, aber was bringt's ein? Ein paar Kröten.« Er sann vor sich hin, als würde ihm sein Schicksal bewusst, just in dem Moment. »Das Fleckchen Erde hier«, er deutete auf den Boden, »musste ich kaufen, teuer bezahlen. Mein Geldbeutel bestimmte die Größe. Da wird genau gemessen, keine Handbreit zu viel.« Er richtete sich auf, streckte sich, sagte: »Den Nachbarn geht es nicht anders. Sind keine reichen Leute, nur deshalb stehen die Häuser so dicht. Keine Hecke grenzt das Grundstück ab wie im Dorf. Wirst dich gewundert haben.« »Ja, sehr. Herrscht da nicht ewiger Streit mit so fremden Menschen?« »Wir kommen alle aus demselben Dorf«, erklärten Onkel und Tante gleichzeitig, wie aus einem Munde. »Schon der Sprache wegen, schließlich will man sich gewohnt verständigen. So ist es in allen Städten. Die Zuwanderer ziehen zusammen. Wer will schon in der Fremde unter lauten Fremden wohnen?« Onkel stand auf. »Dein Tag war lang und anstrengend«, bemerkte

Tante. Sie wies mir einen Platz im Bett der Adoptivtochter zu, die während ihrer Abwesenheit die Kinderschar betreute. Zwei kleine Mädchen kuschelten schlafend an ihrer Seite.

»Schon vor Tagen habe ich mich erkundigt. Er hat heute Dienst.« Wusste ich, von wem Onkel sprach? »Mein Freund aus dem Dorf«, meinte er selbstgefällig, stolz auf seine Beziehungen. »Er arbeitet auf dem Polizeikommissariat.« Dorthin waren wir unterwegs.
Ich war noch immer bangen Herzens, zitterte vor der so genannten Amtsstubenatmosphäre. Erfahrene beschrieben sie als beängstigend, schreckensvoll. Doch plötzlich sah ich in Onkel einen guten Geist: im Menschendurcheinander der Stadt legte er seinen Arm um meine Schulter, gab mir durch diese Geste das Gefühl, er gebe Acht auf mich. Wird er mich dann auf dem Polizeikommissariat im Stich lassen? Mich dem Gelächter der Beamten preisgeben? Nein, warum quäle ich mich im Voraus? Ich sollte Recht behalten. Wir betraten ein doppelstöckiges Gebäude. »Ah, so einfach!«, entfuhr es mir. Sah ich doch, wie man ohne Leiter mühelos in die höhere Etage gelangte. Wie am Hang zum Bach, ging es mir durch den Kopf. Frauen haben dort Kerben eingehauen, um mit dem vollen Wassereimer auf dem Kopf den steilen Abhang besser überwinden zu können.
Überall standen wartende Menschen vor geschlossenen Türen. Mich bei der Hand nehmend, führte mich Onkel zielstrebig an ihnen vorbei bis zum letzten Büro des Flurs. Er warf mir einen verheißungsvollen Blick zu, klopfte an. Sein Ohr dicht an der Tür, lauschte er angespannt, bis wir ein nicht gerade einladendes Brummen von innen vernahmen.
Voll Neugier hatte ich sein eigenartiges Verhalten verfolgt. Besuchen wir im Dorf die Nachbarn und treffen auf niemanden vor dem Haus, rufen wir: »Dok dok dok«, machen in dieser Weise auf uns aufmerksam.

Wir traten ein. Ein mürrisches Gesicht schaute uns entgegen. Augenblicklich begann sich mein Herzschlag zu beschleunigen. Doch welche Überraschung! In Sekundenschnelle verwandelten sich die abweisenden Züge in strahlendes Lachen, zeigten Freude des Wiedersehens, als Onkel in Erscheinung trat. Der Mann schnellte vom Stuhl hoch, umarmte ihn, gab der Frau, die vor seinem Schreibtisch saß, einen lässigen Wink. Gehorsam verließ sie das Zimmer. Onkel nahm auf ihrem Stuhl Platz.
Nun legten sie los, zwei redefreudige, mitteilungsbedürftige Gesprächspartner, die versuchten, sich um jeden Preis zu überbieten: »Hast du gehört, dass ...« »Weißt du schon, dass ...?« »Man sagt, dass ...« Sie tauschten Informationen aus über Personen, Neuerungen, Ereignisse und Begebenheiten im eigenen Dorf, in den Nachbardörfern und im entsprechenden Stadtteil. Gemäß der Mitteilung lachten sie aus vollem Halse, entrüsteten sie sich vor Empörung, grienten vor Schadenfreude. Ihr Gesprächsstoff schien unerschöpflich. Sie dachten weder an mich noch an die Wartenden vor der Tür.
Und doch kam er, der Moment, in dem Onkel unser Anliegen vorbrachte: die Beantragung eines Personalausweises, weil ... Und nun erzählte er seinem Freund, der aufmerksam zuhörte, meine Geschichte.
»Deine Geburtsurkunde.« Er las das Geschriebene und Gedruckte aufmerksam durch, musterte mich von oben bis unten. Stellte keine Fragen. Mein Alter schien ihm gut geschätzt. Er übertrug es in ein Formular. »Größe? – Komm!« Er stellte mich an die Wand, von der er 164 Zentimeter ablas. »Besondere Merkmale? – Narben?« Ich betrachtete meine Arme, schaute an mir hinunter. Narben habe ich viele aufzuweisen: von Kratz- und Schnittwunden, von Geschwüren. Doch keine schien ihm groß und auffällig genug, um vermerkt zu werden. »Der dunkle Fleck am Hals«, unterstützte Onkel ihn bei der Suche. »Hm«, brummte er und schrieb. Ich war erstaunt, auf dieses besondere Merkmal hatte mich bisher noch niemand hingewiesen.

»Vier Fotos noch.« Ich horchte auf. Ah, wie fieberte ich dem Moment entgegen, ein Bild von mir in der Hand zu halten. Werde ich mir gefallen? »Der Fotograf ist am Platz.« »Ich weiß«, sagte Onkel. Der Ton seiner Stimme drückte aus: Glaube mir, ich kenne mich aus in der Stadt, ich bin ortskundig.
Erfüllt mit Vorfreude, betrat ich das halbdunkle Atelier, ohne Ahnung, wie ein Foto entsteht. Doch meine selige Erwartung wich bald dem Entsetzen. Ein Furcht erregender, schwarzer Kasten richtete sich auf mich. Und nicht genug, der Fotograf verschwand unter einem schwarzen Tuch, wurde eins mit dem Ungeheuer, das wie ein drohendes Tier vor mir stand. »Erschrick nicht«, warnte er mich mit gepresster Stimme aus dem Inneren. Doch schon war es geschehen. Ein greller Blitz entfuhr dem Kasten, blendete mich. Welcher Dämon treibt hier sein Unwesen? Mein Puls raste. Onkel erkannte meine Herzensnöte, lachte laut und sagte: »Überstanden.«
Überstanden. Ich atmete auf. Also, wo ist mein Bild? Die Antwort des Fotografen wollte ich nicht glauben. »In zwei Wochen, bevor du zum Polizeikommissariat gehst, um deinen Personalausweis abzuholen.« Grenzenlose Enttäuschung.

Wir befanden uns auf dem Weg zu Onkels Haus. Plötzlich verlangsamte er seinen Schritt, hielt mich am Arm. »Schau her, wir stehen auf einem blutgetränkten Boden.« Ich blickte entgeistert zu ihm auf. »Was …? Blutgetränkt?« Ein Schauder des Grausens lief mir über den Rücken. »Was hat sich abgespielt auf diesem Platz? … und wann?«
»Hier haben sie die getöteten Widerstandskämpfer abgelegt, zur Abschreckung. Jedermann nannte sie Maquisards, wie die Weißen, denn in unserer Sprache fanden wir kein passendes Wort. Erinnere dich an die Zeit vor der Unabhängigkeit, als wir im Dorf vor diesen mordenden Barbaren zitterten, ihre nächtlichen Überfälle fürchteten.« »Oh, Onkel. Diese Nächte im Unterholz, im Gestrüpp werde ich niemals in meinem Le-

ben vergessen. Lautlos kauerten wir dicht an dicht auf der Erde, bebend vor Angst, fröstelnd vor Kälte.« »Ja, in der Tat, Furcht war berechtigt. Vor Morden schreckten die nicht zurück, aber auch nicht vor Zerstörung. Vermuteten sie in diesem oder jenem Gehöft einen Anhänger oder Beschäftigten der Kolonialregierung, schon gingen deren Häuser in Flammen auf, wurden deren Felder verwüstet … und das Übelste: Manch. einem ging es gar nicht um die Unabhängigkeit.« »Was? Wieso? Um was denn sonst?« »Ach, Rosaline, es gibt Menschen, die finden Gefallen am Plündern, am Rauben, am Schänden, auch solche, die damals eine passende Gelegenheit wahrnahmen, alte Rechnungen zu begleichen … Verfolgt von den Ordnungshütern der Kolonialregierung, flüchteten die Maquisards in die Wälder, hausten dort. Doch wurden die Gendarmerie und französisches Militär einiger habhaft, legten sie die Leichname hier auf diesen Platz. Grausige Bilder habe ich noch in Erinnerung. Manchmal waren Köpfe auf Stöcke aufgespießt … Komm, vergessen wir diese Zeit.«

Tante wartete voll Ungeduld. Ich war müde, erschöpft. Im Kopf nichts als heilloses Durcheinander: all die ungewöhnlichen, nicht alltäglichen Erlebnisse, seit ich das Dorf verlassen hatte. Wo finde ich eine ruhige, kuschelige Ecke? Mein sehnlichstes Verlangen, doch Tantes Wunsch stand dem entgegen und war erbarmungslos: »Erlebe den Markt«, und darauf beharrte sie. Ein Einwand wäre Unhöflichkeit gewesen – nicht denkbar. Ich raffte mich auf, ging mit.
Wir betraten den Markt. Ich schaute mich um. Schon dankte ich ihr für ihr Drängen. Ein breiter Weg, gesäumt von kleinen Läden. Die stachen mir ins Auge. Im Dorf sind wir einfacher: Ein Jutesack auf der Erde, darauf liegen zum Verkauf Bananen, Maniok, Bohnen, Mais, auch Geschirr, Werkzeuge und all die modernen Kleinigkeiten, deren Gebrauch sich auch die Dörfler angewöhnt haben.

Diese Läden waren angefüllt mit Waren, viele mir fremd. Ich wurde des Staunens nicht müde. Die mir vertrauten Angebote begegneten mir hier in viel größerer, ansprechenderer Vielfalt. Fürs Dorf die schlichten Dinge, so schien es mir.
Wir bummelten dahin, betraten den Kleidermarkt. Die Auslage dekorativ, interessant zu betrachten. Die Händler dagegen, die von Dorf zu Dorf ziehen, behelfen sich auf andere Weise. Zwei Pflöcke in die Erde gerammt, eine Schnur gespannt, die Kleider aufgehängt, zur Schau gestellt für eventuelle Kunden.
Wir durchquerten den Markt, verließen ihn auf der entgegengesetzten Seite. Vor mir offenbarte sich ein gewohntes Bild: Mamas saßen in Reih und Glied auf ihren Hockern, hatten vor sich ausgebreitet, was sie verkaufen wollten.
Tante kaufte ein: eine ansehnliche Anzahl Trockenfische, mehrere Häufchen Zwiebeln, einige Stücke Seife. »Für deine Mutter.« Ich umarmte sie lachend, hüpfte vor Freude. Im Geiste erlebte ich bereits Mutters Glückseligkeit.
Hätte ich geahnt … Wäre ich dann so vergnügt, so unbekümmert auf dem Markt umherspaziert? Tante überrumpelte mich. Nebeneinander schlenderten wir dahin, ich immer noch begeistert sprudelnd über das Erlebnis Markt. Auch beschwingte mich die Freude über Tantes Geschenk für Mutter. Unvermittelt nahm sie meine Hand, blieb stehen, sagte: »Hier fährt er ab, dein Bus.« »Bitte, Tante?«, fragte ich, überzeugt, sie falsch verstanden zu haben. Doch nein, unmissverständlich deutete sie auf das Gefährt vor uns. »Der fährt in Richtung Dorf. Der Fahrer soll dir sagen, wo du aussteigen musst. Ich rede mit ihm. Dann schließt du dich den anderen an.« »Nein, nein – bitte, liebe Tante, setze mich nicht in dieses Hexenwerk, zwinge mich nicht da hinein«, jammerte ich entsetzt los, nahe daran, in Tränen auszubrechen. Zu meinem Erstaunen stiegen Mamas ein … und Kinder, sogar alte Leute. Die zeigen Mut! Und ich? Ich zittere bei dem bloßen Gedanken. Ein innerer

Kampf entbrannte in mir. Das absolute Nein wich langsam dem Reiz, die Wegstrecke ohne Bewegung der Beine zu bewältigen. Wie erlebt man das? Dann erinnerte ich mich an meine erste Busbegegnung: Mit welch bedrohlicher Geschwindigkeit war er an uns vorbeigebraust! Beherrscht mein schwarzer Bruder, der Chauffeur, die Erfindung der Weißen? Steuert er uns nicht in den Abgrund? Diese Fahrt wird nicht seine erste sein. Ich dachte an den langen Marsch nach Hause. »Tante, ich fahre mit«, versicherte ich ihr kleinlaut. Bis zum Hals klopfte mein Herz, als ich einstieg. Ich schaute mich um, voll besetzt. Nein, zwei junge Mädchen rückten noch näher zusammen, winkten mich herbei. So wie ich fanden noch einige andere einen Sitzplatz.

Zu Tode erschrocken, umklammerte ich meine Nachbarin. Unvorbereitet traf mich das Anlassen des Motors. Ein Zittern, ein Beben ging durch den Leib des Fahrzeugs, zwang meinen Körper, sich diesen Vibrationen anzupassen. Und dieser Lärm, das Geknatter, der Gestank … Das Mädchen lächelte mich an, löste sich behutsam aus meinem Griff. »Zum ersten Mal?« Ich nickte. »Hab keine Angst, das ist normal.« Beschämt über meine Ängstlichkeit, blickte ich zu Boden. Ich hatte das Bedürfnis abzurücken, die Enge ermöglichte es nicht. Das Fahrzeug fuhr an. Draußen winkte Tante, grüßte »Ohoho«, und schon war sie meinem Blick entrückt.
Ich kannte mich aus. Wir fuhren die Straße entlang, die ich erst gestern gegangen war. Zu Fuß, Schritt für Schritt, der Stadt entgegen. Heute schoss ich dahin. Ein Vogelerlebnis. Nur, Vögel fliegen in den klaren Lüften weit oberhalb der Staubwolke, die unser Fahrzeug aufwirbelte. Feiner, brauner Puder drang durch unzählige Ritzen ins Innere, verursachte Hustenreiz, brennende Augen und veränderte den Farbton meiner Haut. Dessen ungeachtet ein angenehmes Vorwärtskommen, ich fand bereits Gefallen an der Fahrt.

Am Berg jedoch litt der Bus hörbar an Atemnot. Er schnaubte und keuchte, Fußgänger hielten mit uns Schritt. Ach, stellte ich mit Verwunderung fest, auch die Schöpfungen der Weißen haben begrenzte Puste. Doch er schaffte es.

Freudengeschrei und Jubelrufe von Mutter, Freundinnen, Geschwistern scharenweise, so hießen sie mich willkommen. Ich genoss ihn, den herzlichen Empfang, kostete ihn voll aus. Hier bin ich zu Hause, unter den meinen. Das gewagte Abenteuer habe ich schadlos überstanden.
Ich stand im Mittelpunkt wie noch nie in meinem Leben. Die Freundinnen, um mich herum gruppiert, löcherten mich mit Fragen. Durfte ich eine Antwort schuldig bleiben? Keinesfalls! Sie haben ein Recht auf einen umfassenden Erfahrungsbericht.

Eines frühen Morgens dann: Noch schlaftrunken, kehrte ich trödelig unseren Vorplatz. Unvermutet ein Geräusch. Das kam nicht aus der Küche. Dort hantierte Mutter. Neugierig geworden, spähte ich hinter das Haus. Dort stand er, Vater, die Festigkeit der Bausteine prüfend. Oh – nein … Bestürzt verfolgte ich seine Handbewegungen. Sein Tun brachte mich außer Fassung. Zu gut wusste ich … Schon wandte er sich der Küche zu, hörte ich ihn zu Mutter sagen: »Die Burschen können morgen anfangen.« In kürzester Zeit wird das Werk vollendet sein. Die Mauern hochziehen, eine Arbeit von wenigen Tagen. Selbstverständlich ist das Schneiden der Hölzer für das Gebälk und das Flechten der Matten aus Palmwedeln für die Dachbedeckung längst in Auftrag gegeben worden.
Wie viel Zeit bleibt mir noch? Erschrocken hielt ich mir die Hände vors Gesicht. Welche Erkenntnis! O Rosaline, du leidest wie eine Todgeweihte, wähnst, dein Leben findet mit dem Tag der Abreise, mit dem Verlassen des Dorfes ein Ende. Und Paul? Deine Bewunderung, deine Faszination für ihn? Das empfundene Hochgefühl, als du ihn bei der Arbeit im Kreis seiner Brüder und Freunde heimlich beobachtet hast? Vergessen? Zählt nichts?
Das andere Leben! Dafür hatte ich mir Glücksträume und Fantasien auferlegt, regelrecht zur Pflicht gemacht. Ich zwang mich zu wünschenswerten Vorstellungen: In einem weiß getünchten Haus empfange ich bewundernde Besucher, ver-

wöhne sie mit Reis, Makrele in Erdnusssoße und köstlich süßer Limonade.

Meine erste Schwangerschaft: ein überglücklicher Paul. Geschenke für mich: Perlenschmuck … und … und. Ich zuckte mit den Schultern. Was weiß ich? Mir fehlen die Ideen, Einfälle, mir, der Ahnungslosen, Unerfahrenen. Aber – wie konnte ich sie vergessen, einen Moment nicht an sie denken, an meine Mutter. Er sagt zu mir: »Da, nimm! Geld für deine Mutter. Lass es ihr zukommen.« Eine herzliche Geste. Wohlgefällig. Sie hätte mich tröstlich, versöhnlich, gar zuversichtlich stimmen können. Allerdings … konnte ich sie wirklich erhoffen, Pauls Großzügigkeit, diese erträumte unbeschwerte Zukunft? Doch all mein Bemühen, mein erzwungener Wille, mein Schicksal anzunehmen, war vergebens, wirkungslos. Bangigkeit, Wehmut und Schmerz überwältigten mich stets. Vielleicht zum letzten Mal, womöglich niemals mehr … Eine lästige, niederdrückende Erkenntnis, festgeschrieben in meinem Kopf, die nicht mehr wich. Sie begleitete mein Denken und Handeln, jede Beschäftigung.

Auch das Bestellen der Felder, die Vorbereitung der Äcker für die Aussaat, sobald der erste Regen fällt. Letzte gemeinsame Arbeit, Mutter und ich? Und wer steht ihr beim Unkrautjäten bei und im Erntemonat? Meine lieben Brüder, in diesem Jahr hilft kein Sichfortstehlen, wie gewohnt. Schon gut, »Feldarbeit ist Frauensache«. Worte der Väter. Gut gelernt, ihr Söhne! Geht es um eure Freiheit, zeigt ihr Lerneifer. Selbstverständlich werden einige Mitehefrauen Mutter unaufgefordert zur Hand gehen, doch sie wird auch euch unnachgiebig um Hilfe bitten.

Die Jungen wissen, hinter Mutters Wort steht ein gestrenger Vater, der sie trotz ihres Schulbesuchs nicht von jeder Arbeit freispricht. Schweineställe misten, Gras für die Fütterung schneiden, diese Aufgaben teilen sie sich mit Halbbrüdern ihres Alters. Bei grober Pflichtverletzung drohen Schläge, geringfügigere Vergehen bestraft er mit Essensentzug. Er weist

Mutter an: »Lass sie hungern. Das Knurren ihrer Mägen muss ihnen in den Ohren klingen. Ziehen wir in unserer Familie Drückeberger groß?« Kennt Vater die Schliche der Schlingel? Sie laden sich in einem Nachbarhaus ein, sind dort willkommene Gäste. Zum Beispiel bei Catherine, der jüngsten seiner Frauen. Undenkbar für sie, uns, Mutters Kindern, einen Wunsch zu verweigern, eine Bitte abzuschlagen. Zwischen uns steht Verbundenheit, Sympathie. Der Gedanke an Abschied von ihr, an Trennung, gab mir einen Stich ins Herz.

Catherines Ankunft: Schüchtern, verstört, schweigsam gab sie sich. Ein so junges Ding! Für Vater? Verwundertes Erstaunen war meine Reaktion. Sei gegrüßt, ältere Schwester, hieß ich sie stumm willkommen und räumte ihr sofort einen bedeutsamen Platz in meinem Herzen ein. Mir gleichermaßen zugetan, zog sie mich recht bald ins Vertrauen, erzählte mir ihre Geschichte. »Langwierige, sich schleppende Verhandlungen müssen zwischen deinem und meinem Vater vorausgegangen sein. Einwände, Missbilligungen, Ablehnung seitens meiner Familie. Weiß ich's? Ich deutete nur eine Bemerkung meiner Mutter: ›Die Entscheidung fiel uns nicht leicht.‹ Bezogen sie mich ein? Erfragte jemand meine Meinung? Zu keiner Zeit. Erst am Morgen dieses entscheidenden Tages … Mutter schälte Taro, rieb würzende Rinde für die gelbe Soße. Mit Verwunderung bemerkte ich ihr Tun. ›Ein Festessen, heute?‹
›Warte, Vater kommt.‹ Eine knappe, fast abweisende Antwort. Von Mutter? Dieser stets so liebenswürdigen Frau? Unverständlich, unerklärlich. Ein recht ungutes Gefühl, eine Ahnung stieg in mir auf. Sollte ich etwa … heute noch? Ach was! Mutter überlässt dich nicht ahnungslos dem Schicksal. Vater kam, setzte mich mit ein paar Worten in Kenntnis. ›Liebe Tochter, das Gebot der Familie, das heißt, dein Vater, die Großeltern, seine Geschwister haben mich gezwungen, dir deine bevorstehende Verheiratung zu verheimlichen.‹

Zaghaft, befangen, beinahe ängstlich begann Mutter, sich nach Vaters kurzer Offenbarung zu erklären: ›Glaube mir – der Mond ist Zeuge der zahllosen Nächte, in denen ich kein Auge geschlossen habe. Er nahm zu, er nahm ab, während ich mich grämte, mir kummervolle Gedanken machte. Sie befürchteten, du würdest den Kopf verlieren, einfach davonrennen. Na ja, ein Ehemann im Alter deines Vaters, dann als achte Frau, sieben Mitehefrauen … Ach, Catherine, was soll ich's verhehlen, auch ich hatte Bedenken. Ich, deine Mutter, kenne deine Art zu denken, zu handeln, deine Eigenwilligkeit. Wäre eine Flucht von Dauer gewesen? Keineswegs. Wo hättest du dich versteckt, wie leben, überleben wollen? Und was hätten uns deine Auflehnung, dein Eigensinn gebracht? Nur Unheil und Verderb.

Nicht selten trifft es danach die ganze Familie. Die Mutter mit all ihren Kindern. Und weißt du, was über ihr Schicksal entscheidet? Ihr Platz, ihre Stellung in der Gemeinschaft. Die Frauen selbst bestimmen die Rangordnung: Sich unterzuordnen macht beliebt. Den Stolzen, Erhabenen, Herrischen fehlt diese Gabe, die fallen in Ungnade.

Oftmals ist es nicht einmal der Charakter, der missfällt, sondern das Glück, die Gnade der Götter: Deine Kinder sind gesünder, fleißiger, höflicher als die der anderen, deine Ernte ergiebiger … Erfolg erzeugt Neid, meine Tochter, eine ansteckende, oft tödliche Krankheit. Eine entschlossene Mehrheit der Mitehefrauen, gegenseitig aufgewiegelt, du ahnst es nicht, hat leichtes Spiel, macht dich schnell zum Zielpunkt ihrer Attacken, sagt dir nach, lästert, tuschelt: ›Ihre Kinder sind ungezogen, widersetzen sich Entscheidungen des Vaters, lehnen sich auf gegen den Familiensinn. Diese Frau schürt Hass, stiftet Unfrieden …‹ In kürzester Zeit fühlt sie sich ausgeschlossen, verstoßen, hinausgeekelt – und geht ohne Abschied. Wohin? Sie versucht, mit ihren Kindern Aufnahme zu finden, irgendwo, bittet bei einem Bruder, einer Schwester …‹

Ja, Mutter hatte so Recht, sie kennt die Wirklichkeit. Aber, Rosaline, kannst du mitempfinden, wie ich mich fühlte, wie mir zumute war in der damaligen Situation – an jenem Tag? Diese Plötzlichkeit. Es traf mich völlig unerwartet.«
Ich nickte, berührte leicht ihren Arm. Eine Geste, um meine Anteilnahme zu unterstreichen.
»Als Mädchen schwärmte, träumte ich von einem jungen Mann. Oh, Rosaline, wie ich dich beneide um Paul. Er ist jung, kräftig, gesund – und er verdient Geld«, ergänzte sie im Flüsterton. Ebenfalls mit gedämpfter Stimme, hinter vorgehaltener Hand, offenbarte sie mir ihre Empfehlung wie ein Geheimnis: »Sei ihm ergeben, fügsam, willig.« Ein schelmisches Lächeln huschte über ihr Gesicht. Ihre Augen zwinkerten listig. »Und bring ihm Jungen, stark wie Leoparden, zur Welt. Vielleicht kannst du so verhindern, dass er sich allzu schnell eine zweite Frau ins Haus holt.«
Eine Weile Schweigen. Besonnenes Nachdenken. Dann sagte Catherine in die Stille: »Paul besitzt kein Kaffeefeld, noch ein Vorteil. Also kein Bedarf an Arbeitskräften für Jäten, Pflücken, das heißt an vielen Frauen, Scharen von Kindern.«
Erstaunt, verwundert schaute ich sie an.
»Ungewöhnlich, meine Feststellung?« Ohne meine Meinung abzuwarten, fuhr sie, sich mehr und mehr ereifernd, fort: »Nicht für mich. Schau, dein Vater, mein Mann – warum wollte er, Vater von Kindern, die vor mir das Licht dieser Welt erblickt haben, mich zur Frau? Unbedingt? Ich sage es dir: Meine Jugend, sie bietet ihm die höchstmögliche Gewissheit, ihn mit einem wahren Kindersegen zu beglücken, nachwachsende Arbeitskräfte und sichtbares Zeugnis seiner Manneskraft auch im Alter.
Und nicht zu vergessen, der ältere Herr möchte sich vergnügen, amüsieren, eine Abwechslung haben von den müden, schlaffen Körpern, gezeichnet, geschwächt von lebenslanger Schinderei, von Krankheit, Kindergebären, Stillen und Aufzie-

hen. Respekt vor dem Alter: Diese Frauen sind ruhebedürftig, die verdienen ihren Frieden. Und doch, Rosaline, es wird dich in Erstaunen versetzen, gerade diese Alten zeigen unverkennbar Eifersucht. Mankou und Melelé, zum Beispiel. Dein Vater nahm sie auf, als ihr Mann, sein älterer Bruder, von einem herabfallenden Ast erschlagen wurde. Oder Mafonkou und Maffo, die beiden Frauen deines verstorbenen Großvaters. Die Unberechenbarsten, die mir am übelsten Gesinnten, wollten die anderen gegen mich aufstacheln. Warum? Kenne ich ihre Gründe? Vielleicht aus Angst, mit einer weiteren Frau, jung dazu, könnten sie zu kurz kommen, schenkt er ihnen weniger Aufmerksamkeit. Oder vielleicht verargen sie dem alternden Mann die Begierde, seine Gelüste, verübeln ihm seine ewige Liebestollheit. Oder sind sie berechnend, sehen den täglichen Daseinskampf? ›Die Neue‹ beansprucht ein Stück Feld. Selbstverständlich, ihre Kinder wollen essen. Nun heißt es Verzicht leisten, wertvolles Ackerland abtreten. Das schmerzt, quält. Du siehst, vielfältige Gründe lassen sich finden – und selbstverständlich birgt jede in ihrem Herzen noch einen ganz geheimen, persönlichen. Der Mann, oft dem Kampf gegen arglistige Frauen nicht gewachsen oder nicht gewillt, ihn aufzunehmen, lässt geschehen.
Wer weiß nicht Bescheid um das Gezänk, die Rivalitäten, die junge Frauen erwarten, die bei ihrer Verheiratung bereits zahlreiche Mitehefrauen vorfinden. Stets und ständig machen Geschichten die Runde, sind in aller Munde. Und Mutter wusste, dass auch ich im Bilde bin.«
Still saß Catherine da, eine ewige Weile, hing welchen Gedanken nach? Unliebsamen, wenig erfreulichen Erlebnissen in unserer Familie? Enttäuschung über ihre Verwandten? Auf mich jedenfalls verfehlte ihre Schilderung nicht ihre Wirkung. Sie rüttelte mich auf, ging mir zu Herzen. Unglaublich, sie findet mein Schicksal beneidenswert, mich vom Glück begünstigt. Macht mich glauben, ich habe das bessere Los gezogen: die

einzige Frau zu sein. Einstweilen noch, liebe Catherine. Der Mann jung, gesund, Geld verdienend. Und ich, ich fühle mich als das unglücklichste Geschöpf unter all den jungen Mädchen der umliegenden Dörfer. Doch von meinem Trennungsschmerz erwähnt sie nichts. Kann sie diesen Kummer nicht nachvollziehen?

Leise, bedächtig ihre Worte wählend, fing Catherine wieder an zu sprechen: »Trotz aller Unglückseligkeit dieser Verheiratung haben mir die Götter ihren Segen nicht gänzlich abgesprochen: Sie stellten zwei gute Seelen für eine herzliche Aufnahme in dieser Familie bereit. Eine davon besitzt die Vorrangstellung der ›ersten Frau‹. Stets trachtet sie nach Friedfertigkeit, wählte deshalb dank ihres Einflusses deine Mutter, die gute Seele, als meine Marâtre aus. Welch günstige Fügung.

Erinnerst du dich noch des Tages meiner Ankunft, Rosaline?«

»Wie gestern, Catherine. Dein Bruder und eine Frau begleiteten dich.« »Eine von Mutters Mitehefrauen, die Dritte. Sie trugen das Festmahl. Dicke Adern traten an ihren Hälsen hervor, so drückten die Töpfe, angefüllt bis zum Rand mit Taro und gelber Soße, auf ihren Köpfen und Schultern. Meine Mutter wusste, eine Mahlzeit, schmackhaft und reichlich, stimmt Gemüter friedlich. Und jeder will bedacht sein. Enttäuschungen setzen sich fest für alle Zeiten, ich hätte sie zu spüren bekommen. Ich trug meine Habe: ein Kleid, Perlenschmuck, eingebunden in ein Tuch. Der Mann wird mich mit mehr beschenken, hoffte ich.

Wir betraten das Gehöft *[concession]*. Vier junge Mädchen kreuzten unseren Pfad. Sie kamen vom Bach, balancierten volle Wassereimer auf den Köpfen. Inzwischen weiß ich, zu welchen Müttern, zu welchen Häusern sie gehören. Unaufgefordert setzten sie die eigene Last ab, übernahmen das Tragen der Töpfe und begleiteten uns auf dem Weg zu ihrem, deinem Vater, meinem zukünftigen Mann.

Die paar Schritte dorthin … die Last des Tages drückte mich

nieder. Bedenke, welche Fülle an Ereignissen seit dem Morgen, der frühen Stunde, als ich ahnungslos aufgestanden war. Ich taumelte, wankte, glaubte, die Beine versagten mir, wie nach dem übermäßigen Genuss von Palmwein gegen Sonnenuntergang, wenn er die Süße des Vormittags verloren hat und zu Kopfe steigt. Ein quälender Moment, Rosaline. Ich wäre bereit gewesen zu sterben.

Wir betraten das Haus. Da saß er, nein, er thronte auf seinem geschnitzten Hocker, mitten im Raum. Seidiger Rauch entwich seiner Pfeife, wand sich nach oben, verflüchtigte sich. Sein Haar, sein Bart waren bereits durchzogen von Silberfäden. Welche Persönlichkeit! Erhaben, Achtung gebietend, hoheitsvoll. Sein Anblick riss mich aus meiner Stumpfheit, meiner Leidenschaftslosigkeit. Eine Respektsperson, ein Hausherr, ohne Zweifel – aber ich, das junge, unerfahrene, eingeschüchterte Mädchen als eine seiner Ehefrauen, wir als Mann und Frau, er Vater meiner Kinder? Und meine Wirkung auf ihn? Er musste es gewahr werden, auf den ersten Blick: Ich bin nicht glücklich! Es scheint ihn nicht zu stören.

Er nickte uns kurz zu. Befahl, Hocker zu bringen. Erst nach der Sicherung unserer Sitzplätze schenkte er uns sein vollstes Augenmerk. Herzliche Begrüßung, Austausch von Höflichkeiten, Fragen nach dem Befinden, dem Gesundheitszustand der Familie. Er unterhielt sich mit dem Bruder und der Dritten. Mir widmete er kaum Aufmerksamkeit, würdigte mich nur gelegentlich eines Blickes. Mit Verwunderung stellte ich fest: Seine Missachtung schmerzt. Ach, schalt ich mich, Eifersüchtelei, tritt sie jetzt schon auf? Die Beobachtung jedes Lächelns, das er großzügiger, strahlender vergibt an andere als an mich? Wo ihm doch nicht einmal meine Gunst, mein liebendes Herz gehört.

Er schickte nach seiner Ersten, bat sie, alle Frauen der Familie zusammenzurufen. Gemächlich schlenderten sie herbei, eine nach der anderen, setzten sich wortlos auf das Stückchen Rasen vor dem Haus unseres gemeinsamen Mannes. Forschend

betrachtete ich ihre Gesichter, doch sie waren undurchdringlich, verrieten weder Einvernehmen noch Feindseligkeit.
In gebührendem Abstand scharten sich Kinder um uns. Kichernd und johlend schubsten und balgten sie sich, unbeschwert, überschäumend vor Lebensfreude. Doch auch sie verstummten, als dein Vater das Wort ergriff. Er stellte mich vor. Sagte mit knappen Sätzen, mein Vater und er seien Freunde, die gemeinsam an geheimen Sitzungen in der Chefferie teilnähmen. Und dann erlebte ich das Spiel eines weisen, lebensklugen Mannes, erfahren im Umgang mit bösem Mundwerk, scharfen Zungen einer hinterhältigen Frauenschar.
Keine Androhungen oder Kampfansage, nein, er machte ihre Vergangenheit lebendig, rief ihnen ihr eigenes Erleben ins Gedächtnis zurück: ›Erinnert ihr euch des Tages, als ihr zum ersten Mal euren Fuß in dieses Gehöft gesetzt habt?‹ Hmm! Vielstimmiges Gebrumm, Gemurmel. Heftiges Nicken. ›Wart ihr bangen Herzens?‹ Hmm! ›Schwirrten euch zahllose Fragen im Kopf?‹ Hmm! ›Zum Beispiel: Wie lässt es sich leben in dieser fremden Familie?‹ Hmm! ›Oder: Wie nehmen mich die anderen auf? Treten sie mir wohlgesinnt oder feindselig entgegen?‹ Hmm! ›Die Marâtre – eine freundliche, gütige Frau oder ein garstiges Weibsstück, das mir wichtige Ratschläge vorenthält?‹ Hmm! ›Hat euch auch die Frage bewegt: Werden sie ihr Saatgut mit mir teilen und eine Hacke bereitstellen?‹ Hmm!
Er senkte die Stimme. ›Und Catherine? Was bewegt ihr Herz? Heute?‹, forschte er weiter, auf mich deutend. Ausdruckslose Gesichter. Schweigen … für mich eine Ewigkeit. ›Die gleichen Fragen‹, antwortete pflichtbewusst die Erste. ›Ganz sicher. Ich appelliere an euer Ehrgefühl.‹ Thema abgeschlossen.
Rosaline, ein Mann verliert so viele Worte wegen einer neuen Frau? Hast du das je gehört?«
Ich schüttelte den Kopf.
»Normal ist, er sagt: Das ist die Neue. Fertig.«
Ich bestätigte, ohne Erfahrung.

»Nun kündigte er das Festessen an: ›Catherine und ihre Begleiter kamen nicht mit leeren Händen. Lasst uns die Kochkunst der anderen Familie prüfen: Bereitet sie schmackhaft das Taro zu, ohne Knötchen und Klümpchen? Ist die Soße gut? Haben sie nicht an Palmöl gespart? Und die Mühe nicht gescheut, die unentbehrlichen zwölf Gewürze zu beschaffen?‹ Diese Eröffnung verfehlte nicht ihre Wirkung. Ihre Gesichter erhellten sich, strahlten zum ersten Mal Freundlichkeit aus.
Er aß wie immer, wie alle Männer, allein, übergab danach die Töpfe der Ersten. ›Verteile gerechte Portionen an die Frauen, für sie selbst und ihre Kinder‹, wies sie ›die Jüngste‹ an. Du weißt ja, Rosaline, Missachtung der Rangordnung schafft Unfrieden, Ungerechtigkeit, bietet Anlass zu Verbitterung, Streit und Zank. Es gilt, die Regeln zu beherrschen.
Eine kleine Gruppe begab sich zu eurem Haus. Es war auch sie, die Erste, die nun die Verantwortung für mich in die Hände der Marâtre, deiner Mutter, legte.
Gemeinsam ließen wir uns das Gastmahl schmecken. Die Begleiter aus meiner Familie, der Bruder und die dritte Frau meines Vaters, verbrachten die Nacht mit uns im Haus meiner Marâtre. Im fahlen Morgenlicht brachen sie auf. Natürlich nicht, ohne sich vom Oberhaupt der Familie zu verabschieden.
Erwartungsgemäß verfielen sie dabei in Gezeter über die Beschwernis des Marsches: der weite Weg … die glühende Sonne … der Staub in unserer Kehle … der unerträgliche Durst … Dieses Jammern wurde veranstaltet, um ein paar Münzen herauszuschlagen. Dann stand ich da, allein, vereinsamt, zurückgelassen unter wildfremden Menschen, in einer unvertrauten Umgebung. Mein wehmütiger Blick begleitete meine Lieben, bis sie in der Ferne der Busch verschluckte.
Deine Mutter spürte meinen Seelenschmerz, verstand meine Niedergeschlagenheit. Sie nahm mich auf, tröstete mich wie eine Tochter. Ich lief ihr nach, folgte ihr auf Schritt und Tritt. Zum Bach, um dort gemeinsam Teller und Töpfe zu spülen,

Kleider und Tücher zu waschen, Wasser zu holen. In den Wald, um Feuerholz zu sammeln. Auf das Feld, um zu ernten. Arbeiten, die sie seit längerem auch Größeren überließ. Sie übernahm sie wieder selbst, Gelegenheit, mich persönlich mit den Orten meines Lebensraumes vertraut zu machen, mir die Gepflogenheiten der Großfamilie nahe zu bringen und mir jede Kleinigkeit zu erklären. Vornehmlich die Wesenszüge, die Eigentümlichkeiten jeder Mitehefrau.

›Die spitzen Zungen der beiden Frauen vom Vater unseres Mannes zum Beispiel, ihre verletzende Art – hab Nachsicht‹, bat sie mich. ›Die Umstände des Lebens haben sie geprägt. Ihr Mann litt lange, lange an unerträglichen Schmerzen – ein qualvoller Leidensweg. Doch zu Zeiten bester Gesundheit war er ein ungerechter Mann, selbstherrlich verteilte er seine Gunst nach Belieben. Kaum war er erkrankt, wollten die seither Begünstigten nichts mehr von ihm wissen, wandten sich ab, beteiligten sich nicht an seiner Pflege. Mankou und Melelé opferten sich auf für ihn, hatten Mitleid und auch Angst vor bösartigem Gerede im Dorf. Gleichzeitig und mit dem gleichen Eifer führten sie Krieg, erklärten alle Mitehefrauen zu ihren Widersachern. Verdrießlichkeit, Groll, bittere Feindschaft, Feindseligkeit gegenüber Mitmenschen wurden ihre Gewohnheiten, nun dauerhaft. Die Küche, das Reich der Frauen. Zentrum unseres Zuhauses, da neben der Feuerstelle. Deine Mutter und ich, unzählige gemeinsame Stunden verbrachten wir an diesem Ort, uns austauschend, erzählend, plaudernd und immer beschäftigt: Maiskörner von den Kolben pulen, Gemüse schneiden, Bohnenkerne oder Erdnüsse verlesen … ›Ndole und Kochbananen mit Erdnusssoße sind seine Leibgerichte. Natürlich auch Taro mit gelber Soße, aber das ist ein Essen für Festtage.‹ Sie zeigte mir seine bevorzugte Art der Zubereitung und brachte ihm seine Mahlzeit, wenn sie an der Reihe war. ›Ein kritischer Esser‹, vertraute sie mir eines Tages an. ›‚Erdnusssoße'‹, hat er gesagt, ›‚wirst du nie so schmackhaft zubereiten wie Magne. Dagegen – deine Tarosoße: unübertrefflich!'‹ Einfach töricht verhalten sich manche Frauen, mit ihrer Unvernunft schüren, reizen sie seinen Zorn.‹ Die Stimme deiner Mutter klang vorwurfsvoll, anschuldigend. ›Handle besonnen, wohl überlegt. Zum Beispiel ein gut gemeinter Rat: Belästige ihn nicht unmäßig. Schicke niemals bettelnde Kinder zu ihm, und brauchst du noch so nötig Öl, Salz oder Kerosin für die Lampen.‹ ›,Seit wann betrifft mich der Küchenkram der Frauen?'‹, wird er mit donnernder Stimme die unschuldigen Wesen wegschicken. ›,Die haben doch Felder. Wenn sie nicht nur faul herumgesessen und palavert hätten, hätten sie eine gute Ernte erzielt. Einen Teil könnten sie auf dem Markt verkaufen oder eintauschen.'‹ Unheilvoller noch ist es, wenn die Bettelkinder an seine Tür klopfen, während er mit Freunden ins Gespräch vertieft ist. Da gilt es, mit schnellen Schritten das Weite zu suchen, um einer Tracht Prügel zu entkommen. Auch den Müttern bleibt ein Donnerwetter nicht erspart.‹

Dann, eines Morgens. Die Stimme deiner Mutter klang feierlich getragen, ja zeremoniell, als sie sagte: ›Heute Abend wirst du deinem Mann das Essen bringen und seine Lampe anzünden. Stell dich darauf ein, bereite dich vor. Geh zum Bach, wasche dich, lege ein frisches Tuch um deine Hüften. Er wird dich erwarten, dich herzlich empfangen, dein Essen genießen, sich lobend darüber äußern, dem Palmwein zusprechen. Wohliges Behagen wird sich in ihm ausbreiten, das nun nach Zärtlichkeit, Liebkosung begehrt.

Du bist ein anständiges, braves Mädchen, hast dich bisher sicher gewehrt, wenn die halbwüchsigen Jungs dir beim Spiel zu nahe kamen. Doch heute Nacht, ich bitte dich, zeige dich willig, geneigt, tue, was er von dir verlangt. Er ist dein Mann. Verärgere ihn nicht durch Abweisung, Geheul oder Jammergeschrei, ertrag es. Schließlich willst du doch Mutter vieler Kinder werden, oder?‹

Rosaline, die erste Liebesnacht – mit ihm. Diese Pflicht ohne Verlangen, diese Auflage lastete auf mir, drückte mich nieder, den ganzen Tag. Von Angst erfüllt, verfolgte ich die Sonne, beschwor die Götter, ihren Lauf aufzuhalten, aber auch an diesem Tag schwand das Licht, die Nacht brach herein.

Ich war gefügig, diente ergeben dem alternden Mann. Beim Abschied am Morgen sagte er, dieser gütige Papa: ›Vergiss nicht, heute Abend meine Lampe anzuzünden.‹ Deine Mutter erwartete mich. Ich berichtete ihr von der erneuten Aufforderung. Sie lächelte, nickte zufrieden. Ihre Aufgabe als Marâtre hatte einen ehrenvollen Abschluss gefunden.«

Catherines Gesicht wurde undurchdringlich. Sie schwieg, schien ihren eigenen schwermütigen Gedanken nachzuhängen. Sie hatte mir ihre Erfahrungen anvertraut, mir, dem Mädchen, einem Kind in den Augen der Erwachsenen. Die Abläufe waren mir vertraut, darüber wusste ich Bescheid, war es doch eine gemeinsam gelebte Zeit gewesen, aber ihre Empfindungen, ihr Fühlen hatte ich nicht erahnen können.

Ein Bericht, der mich aufwühlte und zum Nachsinnen zwang. Noch besorgter betrachtete ich, noch unbehaglicher empfand ich die kommende Zeit. Dieses Miteinander, dieses Zusammenwirken von Mann und Frau, die gemeinsam zu verbringenden Nächte, was wusste ich davon? Verwehrtes Thema. An manchen Abenden ging Mutter zu Vater, na und, es war schon immer so, nie anders. Einmal hatte meine Freundin ihre Mutter befragt. Deren Antwort: eine Ohrfeige.

Die zweideutigen Sprüche der Jungen, ihre Anspielungen, vorausgesetzt, ich verstand sie, beschämten mich, ich verschloss meine Ohren. Den getuschelten Geschichten mancher Freundinnen schenkte ich keinen Glauben, tat sie ab als ihre Fantasien: unwahrscheinlich, unglaubwürdig, unvorstellbar. Frauen meiner Familie, mir lieb und teuer, stolze, selbstbewusste Geschöpfe – tun so etwas? Meine Mutter, zum Beispiel. Strikt verweigerte ich diese Vorstellung.

AUFBRUCH

Das Haus steht, die Forderung des Brautpreises ist erfüllt. Nichts mehr stellte sich einer alsbaldigen Verheiratung, der darauf folgenden Abreise entgegen. Schon trafen sich die beiden Väter. Um was zu beraten? Ohne Zweifel, das Zeremoniell der Hochzeit, den Zeitpunkt des Aufbruchs. Wenn es sein muss, seufzte ich schicksalsergeben.
Ein anderes Problem trieb mich um, beunruhigte mich derzeit weitaus mehr als der nahende Abschied. Ich bin Christin, glaube an den Gott der Weißen. »Es ist Sünde«, donnerte der Evangelist in der Kirche, »eine schwerwiegende, folgenreiche Sünde sogar, sich einfach ohne Segen eine Frau ins Haus zu holen.« Mit warnend erhobenem Zeigefinger ließ er seine Zuhörerschaft wissen: »Der Herr ist allgegenwärtig, sieht jede Missetat … und bestraft sie. Sofort, später, irgendwann. Ein Mann und eine Frau, ich sagte *eine* …« Pause.
Schweifender Blick. Jeder verstand die Botschaft, schon oft verkündet mit dröhnender Stimme, als treffe das Grollen der Donner mehrerer Gewitter zeitgleich aufeinander. »Ein Mann und eine Frau müssen ihren Bund fürs Leben mit Gottes Segen schließen, sonst hat er keine Gültigkeit.«
Vater verschloss seine Ohren vor der Heilsbotschaft der Weißen. Entschieden, als er zum ersten Mal einen Bruder, dunkelhäutig wie er, in der Sprache des Dorfes hatte verkünden hören: »Schamlosigkeit ist Sünde, bedeckt euren Körper. Der Kult der Schädel ist Sünde, brecht mit den Ahnen. Vielweibe-

rei ist Sünde, lebt in Treue mit nur *einer* Frau. Lügen ist Sünde. Lasst ab von den heidnischen Traditionen, oder wollt ihr nach dem Tod auf ewig im lodernden Fegefeuer schmoren?«
»Die haben ihn verhext«, urteilte Vater. »Böse Geister wohnen in ihm. In seinen Adern fließt jetzt Blut der Weißen, sein Herz klopft in ihrem Takt.« Von dem Gott der Liebe, der Vergebung der Sünden, der Verheißung des ewigen Lebens wollte er nichts mehr hören.
Genauso wenig, so befürchtete ich, von der Erteilung des Segens für unsere Hochzeit durch einen dieser Kirchenmänner. Aber ich! Bin doch Christin, getauft, hatte ein Bekenntnis abgelegt: »Glaubst du an Gott, den Vater, den Schöpfer aller Dinge?«, fragte der Pfarrer, »so antworte: ›Ja, ich glaube.‹« Und ich versprach: »Ja, ich glaube.« Und nun? Diese Abkehr. Missachtung seiner Weisungen. Ein Zusammenleben mit Paul ist Sünde. »Oh«, stöhnte ich. Die Stimme des Evangelisten, sie klang hart in meinem Ohr: »Der Herr wird unversöhnlich sein, seine Strafe unerbittlich.« Diese Gewissheit ließ mich erschaudern, vor Angst erzittern. Welches Schicksal, welcher Leidensweg erwartet mich: Hunger? Siechtum? Kinderlosigkeit?
Nachts wollte der Schlaf nicht kommen. Unendlich lang die durchwachten Stunden. Kummer quälte mich. »Sucht Trost, schöpft Hoffnung im Gebet.« Ich entsann mich der auffordernden, ermunternden Worte des Predigers. Sanft löste ich mich aus der Umklammerung der Geschwister, die im Schlaf Wärme und Geborgenheit suchten, faltete meine Hände unter dem dünnen Tuch und richtete mein Wort an den gütigen, barmherzigen Vater: »Sie, die die Botschaft brachten, erklärten für wahr, du seiest allgegenwärtig – überall, allerorten. Dann, bitte, schau her, wirf einen Blick in unser kleines Dorf, auf mich, Rosaline, in meiner Bedrängnis, und höre zu, was Vater stets sagte, wie er fortwährend urteilte: ›Lebe ich nicht in Einklang mit unseren Göttern? Vermag ich nicht die Ahnen zu besänftigen, sie mit reichlichen Opfergaben versöhnlich zu stimmen,

getreu meinen Vorfahren? Wie mein Vater, mein Großvater und auch dessen Vater umgebe ich mich mit einer Schar Frauen, die mir dankbar Kinder schenken. Plötzlich – wie soll ich den Wandel verstehen? – bezeichnen die Missionare, noch schlimmer: ihre verhexten Anhänger, eigentlich meine Brüder, alle unsere Traditionen, gepflegt von alters her, als sündhaft, gar teuflisch, nennen mich abschätzig Heide – gottlos. Sollen sie! Ich, Todjo, verspiele nicht leichtfertig die Gunst der Ahnen.‹ Bitte erkenne, lieber Gott«, so betete ich, »meine Ohnmacht gegenüber einem gestrengen Vater. Sein Wille geschehe ...«
Spannung und Bangigkeit wichen Ruhe und Gelassenheit. Entlastet! Habe meine Sorgen dem Herrn angetragen, verständlich gemacht. Er wird Nachsicht üben. Derart überzeugt, gab ich meiner Müdigkeit nach.

Am Morgen. Ich erwachte aus wohligem Schlaf, gut ausgeruht. Doch sogleich war eine Frage gegenwärtig, nahm mich in Beschlag. Unverzeihlich, tadelte ich mich. Warum eigentlich komme ich erst jetzt auf den Gedanken? Paul ist Christ, getauft, hat ein Glaubensbekenntnis abgelegt wie ich. Und? Erinnert er sich nicht mehr an seine Versprechen, die er diesem Gott gab? Fürchtet er nicht seinen Zorn?
Langsam, Rosaline, du übereilst dich. Ist schon gänzlich ausgeschlossen, dass eine kirchliche Trauung vorgesehen ist? Was weiß ich schon? Wer fragt schon nach meiner Meinung? Vielleicht hat Pauls Vater seinen starrsinnigen Freund zu einer Zustimmung bewegt?
Vorsichtig fühlte ich bei Mutter vor. »Rosaline«, rief sie mit vor Entsetzen zitternder Stimme. »Haben dich böse Geister befallen, he? Willst du erneut Vater erzürnen? Deine Taufe seinerzeit ... du wagst es, nach seinem damaligen Wutausbruch erneut an so etwas zu denken?« Beschwichtigend legte ich meine Hand auf ihren Arm. »Schon gut, Mutter.«
Meine Taufe – eine bleibende Erinnerung. Wie alles begann:

Eines Tages machten sich Männer unseres Wohnviertels an die Arbeit, stellten Bausteine her. Frauen sorgten für ihr leibliches Wohl. Christen, hieß es. Sie bauen ihre Kirche. Der stete Weg zum Nachbardorf sei weit – aber keinesfalls nur deshalb. Für »Ihn« scheuten sie keine Mühe. Nein, ein frommer Wunsch beseele sie: Dem Herrn gebühre Ehre, die wollten sie ihm in »seinem« Haus erweisen. Ihr Tun war in aller Munde. Sie selbst sorgten dafür.
Von Neugier getrieben, machten wir uns auf zum Ort des Geschehens: Meine Freundinnen und ich. Christen bieten welchen Anblick? Eine Kirche? Wir waren ohne Vorstellung. Die offenen Fragen mahnten uns zur Eile. Angelangt an der Baustelle, welche Enttäuschung. Die Frauen und Männer unterschieden sich nicht von den anderen Dorfbewohnern. Ihr Christsein war nicht sichtbar. Welche Erwartungen hegten wir? Fragende Blicke, Achselzucken, Gekicher.
Die Kirche. Sie zogen Mauern hoch, wie für ein gewöhnliches Wohnhaus. Nein, etwas war anders. Keine Zimmeraufteilung, nur Außenwände, und warum war die Tür an der schmalen Seite? »Geduld«, mahnten die Baumeister, »der Unterschied wird sichtbar, untrügerisch für alle Augen.« So gingen wir erwartungsvoll wieder und wieder dorthin. Fast jedes Mal unterbrachen sie ihre Arbeit, baten uns zu sich, erzählten: »Unser alleiniger Gott ist der im Himmel, nicht der in den Bäumen. Er liebt die Menschen, die weißen wie die schwarzen, denn er hat beide Hautfarben erschaffen wie auch alles, was uns umgibt: den Wald, die Erde der Felder, die Regenwolken … Aber wehe, seine Menschen tun Böses! Die erwecken seinen Zorn, er bestraft sie. Da hilft kein Davonlaufen, kein Sichverstecken. Er sieht dich, kennt sogar deine Gedanken. Oh, die Güte des Herrn ist grenzenlos: Zeigst du dich reuig, gelobst Besserung, vergibt er dir deine Missetaten.« Sie schauten uns an, ihre Augen strahlten. »Bringen wir nicht eine frohe Botschaft?« Wir nickten beipflichtend.

An einem anderen Tag: »Der himmlische Vater hatte einen Sohn, genannt Jesus, den schickte er in Menschengestalt auf die Erde. Er predigte, das heißt, er verbreitete Gottes Wort, gab es weiter an die Leute. Und, seid aufmerksam, er vollbrachte Wunder.« Wir hingen an ihren Lippen, hörten mit Begeisterung, dass dieser junge Jesus Kranke heilte, Blinde konnten wieder sehen, Lahme gehen.
Und dann die Schreckensmeldung, die Todesnachricht. Menschen nagelten ihn an ein Kreuz. Unsere Herzen waren voll Trauer, unsere Augen schwammen in Tränen. »Aber – und das ist das Wunderbare«, trösteten uns die Christen, »er ist wieder auferstanden.«
Das Haus wurde mit geflochtenen Palmwedeln gedeckt, war fertig. Noch immer kein erkennbarer Unterschied zu einem Wohnhaus, nun ja, die Lage der Tür eben. »Kommt morgen, am Sonntag, dem Ruhetag der Christen. Wir werden feierlich die Kirche einweihen.«
Ohne zu zögern, wählte ich das schönere meiner beiden Kleider für diesen Tag, das mit den leuchtend bunten Farben. Mutter hatte nichts dagegen, war sofort einverstanden. Mit den Freundinnen, wie ich herausgeputzt, unsere Häupter zierten kleine, frisch geflochtene Zöpfe, machte ich mich auf den Weg. Viel zu früh …
Neugierige waren gekommen, standen in Gruppen herum, erwarteten voll Spannung die kommenden Ereignisse. Wir Kinder spielten, sprangen über Äste, hüpften im Kreis. Unsere Kleider waren längst nicht mehr fleckenlos, die Haare wirr. Plötzlich kam Bewegung in die Menge, aufgeregtes Gemurmel entstand. »Sie sind im Anmarsch, sie kommen, sie kommen«, sagte einer zum anderen. Wir wussten nicht, wer.
Dann tauchte eine Gruppe Fremder auf, kam um eine Wegbiegung. Unsere Freunde führten sie an, waren ihr bis irgendwo entgegengegangen. Beifallssturm der Erwachsenen, Jubelrufe der Kinder. Wir stoben los, rannten … und kamen

ruckartig zum Stehen. Sprachlos, mit angehaltenem Atem starrten wir auf einen Mann in ihrer Mitte. Sinnestäuschung? Wir trauten unseren Augen nicht, was für ein Mensch? Überhaupt, wer behauptet, es ist ein menschliches Wesen? Farblos die Haut, erdfarben die Haare, die Nase spitz. Ein Junge in der vorderen Reihe drehte sich um, ergriff die Flucht. Wir alle taten es ihm gleich, rannten zurück, suchten Schutz hinter den Großen. »Blödes Kindervolk«, herrschten die uns an, »das ist ein Weißer.« Geraune auch unter den Erwachsenen: »Ein Weißer bemüht sich von so weit hierher, nimmt den weiten Weg auf sich … für uns.«

»Nfe nfe mpie pe bè ba mpie be djui djim Kristo gue tchatchie wo'o«, rief er uns zu. »Seid gegrüßt, Brüder und Schwestern, im Herrn.« Sein Gruß in der Sprache des Dorfes. Einfacher konnte er die Herzen nicht erobern. Händeklatschen, Freude, Lachen. Sein Sprachschatz schien erschöpft. Danach formte sein Mund fremdartig klingende Worte. Ein Mann neben ihm übersetzte, machte das Gesagte für uns verständlich. Ich hörte ihm nicht zu. Der Farblose zog mich immer noch in seinen Bann, ich musste seine Gesichtszüge, jede Handbewegung verfolgen.

Im Innern der Kirche. Plötzlich hielt er ein Holzkreuz hoch über die Köpfe der Anwesenden. Es muss irgendwie versteckt gewesen sein. Es schien gewichtig, er umklammerte es mit beiden Händen, drehte sich nach links, nach rechts. Hat es jeder gesehen? Davon überzeugt, strebte er dem Ausgang zu, gefolgt von seinen Begleitern, unseren Freunden, schließlich der ganzen Gemeinde. Draußen, unter freiem Himmel, ließ er übersetzen: »Seht, hört, an ein solches Holzkreuz, nur größer, nagelten sie unseren Herrn Jesus, Gottes Sohn. Er starb unter Schmerzen und Qualen.« »Weeh, weeh, weeh …«, stöhnte und klagte es mehrstimmig aus der Menge. »Beruhigt euch, er ist auferstanden«, murmelte ich leise vor mich hin, stolz, bereits so viel zu wissen.

Sichtlich beeindruckt von der Anteilnahme, dem allgemeinen Mitgefühl, beeilte sich der Missionar, die frohe Botschaft zu verkünden: »… am dritten Tage auferstanden von den Toten, aufgefahren in den Himmel; er sitzt zur Rechten Gottes, des allmächtigen Vaters; von dort wird er kommen, zu richten die Lebenden und die Toten.« Oje, die Worte überstiegen meinen Verstand, doch ein untrügliches Gefühl sagte mir, die Geschichte hat einen guten Ausgang genommen.

»Nfe nfe mpie pe bè ba mpie be djui djim Kristo.« Der Missionar behielt das Wort, stolz seine Sprachkenntnisse einfügend, erhob er erneut das Kreuz. »Liebe Brüder und Schwestern im Herrn«, tönte beflissen die Stimme des Übersetzers, der nun, übereifrig, in die Sprache der Weißen, ins Französische, verfiel. Für wen? Allseits schallendes Gelächter, Belustigung. Drückte ihn die schwere Last des Kreuzes, oder kennen die Weißen keinen Spaß, kein Lachen, keine Heiterkeit? Sein Gesicht jedenfalls blieb ernst, freudlos. Unbeirrt fuhr er fort: »Gottes Sohn gab sein Leben für uns, er starb am Kreuz. Dieses Kreuz …«, mit Nachdruck hob er es noch ein wenig höher, und mit alles übertönender Stimme verkündete er: »Das Kreuz wurde zum Sinnbild aller Christen in aller Welt, in meiner Heimat wie in vielen anderen Ländern, nun hier in eurem Dorf.« Mit diesen Worten überreichte er es feierlich unseren Freunden, den ortsansässigen Christen. Sichtlich gerührt nahmen sie es in Empfang, dankten, sagten: »Dieses Kreuz befestigen wir weithin sichtbar hier oben auf dem Giebel unserer Kirche. Es soll uns mahnen, stets an das Erste Gebot erinnern: ›Ich bin der Herr, dein Gott, du sollst keine anderen Götter haben neben mir‹, und jedem Vorübergehenden Hinweis geben, hier steht ein Gotteshaus, tritt ein, bete, lobe den Herrn.«

Applaus, verhaltener, gedämpfter als zuvor, als dachte der eine oder andere: Unsere Art der Begeisterung scheint dem Weißen nicht sehr vertraut. Was mich betraf, endlich wusste ich es, was ein vermeintliches Wohnhaus zum Gotteshaus erhebt.

Die Kirche wurde uns zum gefälligen Ort, meinen Freundinnen und mir. Einlassbedingung: vorschriftsmäßige Kleidung – nackte Brüste, Lendenschurz waren unstatthaft – und sauber gewaschen. »Der Herr Jesus mag keine Dreckspatzen«, sagten sie uns, der Evangelist und seine Helfer und Helferinnen. Sie lehrten uns mancherlei: beten, Bibeltexte verstehen, Lieder singen ... Oh, welches Lebensglück, welch ein Wohlgefühl überkam mich beim Gesang aus voller Kehle, wenn wir unsere Lobpreisungen an den Herrn herausschmetterten, in der Hoffnung, unsere Stimmen seien weithin hörbar.
»Ihr seid Heidenkinder«, ließen sie uns irgendwann wissen. »Durch den heiligen Akt der Taufe werdet ihr Christen. Wir unterweisen euch, bereiten euch darauf vor.« Von nun an wurden weniger Lieder gesungen, dagegen mehr Geschichten aus der Bibel vorgelesen, ausgelegt, verständlich gemacht und von uns auswendig gelernt.
»Bei der Taufe geben wir euch christliche Namen«, eröffnete uns der Evangelist eines Tages. Ausgelassene Freude! Wie lange schon hatten wir auf diese Ankündigung gewartet. Insgeheim hoffte jede von uns, einen wohlklingenden, bedeutungsvollen Namen tragen zu dürfen. Einen Namen, sinnbildlich für eine großartige Frau der Bibel: Marie, Sara, Ruth, Esther ...
Zu viele Anwärterinnen! Besteht für mich eine Aussicht? Besser ist es, anderweitige Überlegungen zu treffen. Da war doch eine Geschichte. Ich erinnerte mich genau, der Evangelist hatte sie uns erzählt. Sie rührte mein Herz, obwohl sie sich fern von hier, in der Heimat der Weißen, zugetragen hatte: Ein junges Mädchen, Tochter reicher Eltern, hatte immer genug zu essen. Sie hörte von Menschen, sie wohnten nicht weit von ihr, die nachts vor Hunger keinen Schlaf fanden und tagsüber nicht wussten, wie sie ihn stillen sollten. Dieses Wissen bedrückte sie, machte sie unglücklich. Barmherziger Gott, vergib mir, bat sie – und stahl zu Hause Lebensmittel. In Tücher gehüllt, um unerkannt zu bleiben, machte sie sich auf zu den Armen.

Die Diebstähle blieben nicht unbemerkt, man wurde misstrauisch, beobachtete sie, wollte sie auf frischer Tat ertappen. »Was wölbt sich unter deinem Tuch, was verbirgst du darunter?«, fragte sie barsch ein Mann unterwegs. Der Schreck lähmte ihre Glieder. Oje, sie haben mich entdeckt. Ergeben breitete sie die Tücher auseinander, doch welche Überraschung: ein Wunder. Kein Diebesgut offenbarte sich, sondern ein großer Strauß Rosen. »Rosen«, erklärte der Evangelist, »sind für die Weißen die schönsten, am herrlichsten duftenden Blüten, die dort bei ihnen wachsen. Ist Gott nicht wunderbar?«, wollte er von uns bestätigt wissen. Das Mädchen nannten sie fortan Rosaline. Ja, mein Entschluss steht fest, meine Entscheidung ist gefallen, nicht Marie, Sara, Ruth, Esther …, nein, Rosaline wollte ich heißen.
Mutter wusste Bescheid, war stets wohl unterrichtet über diese Vorbereitung, sagte nichts dagegen, betonte aber: »Ich halte mich fern von diesem Ort, du kennst Vaters Einstellung, seine Abneigung, seine Feindseligkeit gegenüber diesen Kirchenleuten. Will ihn nicht verärgern.« »Hm«, sinnierte ich. »Und ich, wenn nun ich … mich taufen lasse?« Voll ängstlicher Besorgnis schaute ich meine Mutter an. »Hoffen wir, dein Tun lässt ihn gleichgültig, macht ihn nicht böse.«

Ein Pfarrer kam von weit her, denn wir waren zahlreiche Täuflinge an diesem Sonntag. Höchste Glückseligkeit. Mit übervollem Herzen genoss ich den Moment, als er mit feierlicher Stimme sagte: »Ich taufe dich auf den Namen Rosaline.« Aus einer Kalebasse goss er Wasser über meinen Kopf. Es rann mir unter meinem Kleid kühl den ganzen Körper hinab.
Zu Hause erwarteten mich eine todunglückliche Mutter mit rot verweinten Augen und ein tobender, vor Wut schnaubender Vater. »Nichts, aber auch gar nichts will ich mit der Gläubigkeit der Weißen zu tun haben, verstanden? Oder hättet ihr gern, dass ich euch Weiber mit all euren Bälgern davonjage, he,

und mit nur einer Frau lebe? Das wollen die doch. Nein, unsere Tradition bleibt unsere Tradition, da haben sich die Langnasen nicht einzumischen.«

Irgendwann musste der Tag des Abschieds kommen, früher oder später. Und er kam näher. Noch stand der Aufbruch zur langen Reise nicht bevor. Das Brauchtum fordert, dass ich einige Zeit auf dem Hof von Pauls Vater verbringe. Die neue Familie will mich kennen lernen: meine Wesensart, meine Denkweise studieren und, mit besonderer Genauigkeit, meinen Gehorsam. Und wie steht es mit der Tauglichkeit zur guten Hausfrau? Sie werden meine allgemeine Fähigkeit prüfen, meinen Arbeitseifer bei der Feldarbeit, meine Kochkunst.
Bangen Herzens sah ich dieser Bewährungszeit entgegen. Zu Mutters Ehren fasste ich den festen Vorsatz, immer mit offenen Augen und wachen Sinnen bei der Sache zu sein, mich stets höflich, zuvorkommend, hilfsbereit zu zeigen.
»Rosaline!« Mutter rief mich aus der Küche. Ich eilte zu ihr, dachte, sie benötige für irgendeine Arbeit meine Hilfe. »Setz dich.« Forschend betrachtete ich ihr Gesicht. Sie muss mir etwas sagen. Erfreuliches? Wohltuendes? Verdrießliches? »Rosaline, die beiden Väter haben einen Beschluss gefasst.« Ich horchte auf, das betrifft mich. Was nun? »Deine Hochzeit ... sie soll nicht hier gefeiert werden.« »Ja, wo denn dann?« »Bei der anderen Familie.« »Im Haus des Bräutigams?«, fragte ich ungläubig. Mutter nickte. »Gab's noch nie, nie gehört«, sagte ich entschieden. »Vater hat seine Gründe.« Ich dachte nach, zerbrach mir den Kopf, hatte keine Vorstellung, welche »Gründe« diese beiden Väter zu ihrem Beschluss trieben. Leise fragte ich Mutter: »Verrätst du sie mir?« »Du musst verstehen, Rosaline, Neid und Missgunst sind Übel, die ein jeder in sich trägt, du und ich und ... ja, alle, ohne Ausnahme. Sicher, Menschen sind unterschiedlich, aber ihre Verschiedenheit besteht nur darin, wie bändigen, wie zügeln sie diese Bosheit in sich. Die einen be-

wahren sie im Herzen, lächeln, zeigen sich gelassen, beherrscht, selbst wenn es schmerzt, bohrt und sticht. Andere geraten in Erregung, erzürnen und erhitzen sich, bis nur noch ein beherrschender Gedanke sie leitet, Tag und Nacht: Wie Unheil anrichten, wie dem Begünstigten Böses zufügen?«
Ich schenkte Mutter meine ganze Aufmerksamkeit, hörte ihr gebannt zu, bedrängt von der Frage: Was haben ihre Erklärungen mit mir und dem Ort der Hochzeitsfeier zu tun? Kann sie Gedanken lesen? Habe ich durch eine Geste meine Ungeduld verraten?
Dann endlich sagte sie: »Nun zu dir. Du weißt ja, Rosaline, schon einige deiner Schwestern haben unsere Familie verlassen. Ihr Papa hat sie bestens verheiratet, wie jetzt auch dich. ›Ach, schon wieder eine‹, werden voll Bitterkeit einige Väter im Dorf vermerken. Ihre Gedanken sind bei ihren übellaunigen Töchtern, die zu Hause leben, weil keine Freier sie begehren. Unerfreuliche Tatsache, denn sie leben auf ihre Kosten, saugen sie aus, wie sie meinen. Die Töchter ihrerseits fühlen sich überflüssig, fehl am Platze, als unnötige Esser, werden noch mürrischer, noch verdrossener. Verstehst du jetzt, wie leicht ein erfolgreicher Vater – ich meine erfolgreich im Vermitteln seiner Töchter – Feindseligkeit heraufbeschwören kann?« Ich verstand. »Und dann noch eine Verheiratung nach Yaoundé, in die Stadt der Reichen, wie man allgemein glaubt. Kind, du ahnst nicht ... Jedenfalls, Vater möchte nicht durch eine große Feier dein Weggehen in aller Munde bringen.«
Diesen Verzicht konnte ich nicht einfach hinnehmen. »Sie tragen selbst Schuld, sagen die Leute, diese Familien mit ihren sitzen gebliebenen Töchtern. Ihr Ruf ist schlecht. Wer möchte einheiraten, wenn der Mutter Vampirismus, dem Vater Hexerei nachgesagt wird? Und manche erziehen ihre Kinder zu Dieben.«
Ich war aufgebracht, empört, wegen denen ... jedoch, es änderte nichts. Todtraurig zog ich mich zurück, wollte allein sein,

mich verkriechen. Lief in den Wald, dort konnte mich niemand hören, niemand sehen. Auf einem Ast sitzend, vergoss ich meine Tränen, fühlte mich als am grausamsten verschmähtes Geschöpf unter dem Himmel, bedauerte mich: Muss ich doch so weit weg. Eine Ehe ohne Gottes Segen. Und nun noch nicht einmal eine Feier in meiner Familie. Ich weinte, bis mein innerer Tränensee erschöpft war, die Bäume hinter dem Schleier wieder klar hervortraten.

Ich hatte geträumt, wie junge Mädchen träumen, mir ausgemalt, meine Hochzeit würde gefeiert wie andere, die ich erlebt hatte: mit gutem Essen, amüsanten Verwirrspielen, zeremoniellen Momenten. Wie bei Ruth zum Beispiel: Die Familie des Bräutigams kam in das Haus ihres Großvaters. Besonders die Jüngeren täuschten stöhnend vor, unter der schweren Last der Töpfe mit Kochbananen und Soße, den Kalebassen mit Palmwein und einem Korb fast zusammenzubrechen. Ruths ganzes Augenmerk, ich verfolgte ihre Blicke, galt dem Korb. Was enthält er? Ein Kleid, ganz bestimmt, Schmuck ... Hoffentlich hat Paul während seines Aufenthaltes in Yaoundé dieses Brauchtum nicht vergessen. Sorg dich nicht. Die Frauen werden ihn daran erinnern.

Der erste Sprecher, ein ergrauter Papa. »Ein Onkel des Bräutigams«, flüsterte mir Ruths kleine Schwester zu. Bei bedeutsamen, entscheidenden Zusammenkünften gebührt den Jüngeren noch nicht das Wort, stellvertretend für sie übernehmen es ältere Erwachsene. Er sprach im Namen seines Neffen, brachte mit beeindruckend fester Stimme einen Antrag, ein Bittgesuch vor, sagte: »Liebe Freunde, meine Familie hat sich heute hier in eurem Hause zahlreich eingefunden. Entschuldigt, wenn wir ungelegen kamen, euch im Wege stehen. Entschuldigt, wenn wir euch beim Ruhen, Entspannen, Kräftesammeln stören oder gar von dringender Arbeit abhalten. Aber ein unaufschiebbares Problem trieb uns hierher. Viele von euch, vielleicht sogar alle, kennen den Spruch: ›Wenn es kei-

nen Hunger mehr gibt, wird es auch keine Konflikte mehr geben.‹ Eine Volksweisheit, die besagt: Ein satter Mensch ist ein friedlicher Mensch.
In meinem Hause lebt ein Sohn, alt genug, Vater zahlreicher Kinder zu sein. Wie beschämend für ihn, noch immer die Nahrung seiner gebeugten, kraftloser werdenden Mutter zu essen. Jedoch, er weiß es genau, würde er die gebotenen Mahlzeiten nicht annehmen, müsste er hungern. Mit welchen Folgen, welchen Auswirkungen für die gesamte Familie? Sie litte unter seiner Verdrießlichkeit und schlechten Laune. Als bedachtsamer Mann, weitsichtig, fragt er sich: Will ich mich diesem Missfallen aussetzen? Nein! Er überlegt, erinnert sich an ein hübsches, kräftiges Mädchen, dem er zutraut, dass sie mit Fleiß und Arbeitsfreude das Feld bestellt, gute Ernten erzielt. Welch Wohlgefallen für einen Mann: Seine Frau serviert ihm große Portionen dampfenden Couscous mit schmackhafter Erdnusssoße. Dieses Mädchen sah er in eurem Hause. Ihretwegen sind wir gekommen. Bitte, gebt sie uns als Frau für diesen Sohn, damit auch weiterhin Friede in unserer Familie herrscht.«
Ruths Großvater erhob sich. In seinem Haus hatte sie ihre Kindheit verbracht. Auch er grauhaarig, würdig, für die Familie zu sprechen. »Wir bezeugen sehr wohl, in unserer Familie lebt ein Mädchen, ausgestattet mit den besten Eigenschaften: Schönheit, Fleiß, Bescheidenheit, Gehorsam … Ohne Mühe könnte ich die Aufzählung fortsetzen. Kurz, sie ist eine Kostbarkeit für uns, mir so wertvoll wie mein Augenlicht, mit dem ich täglich den Lauf der Sonne verfolge, aufziehende Regenwolken willkommen heiße, mich an dem freundlichen Lächeln in den Gesichtern meiner Lieben erfreue. Euer Sohn ist wählerisch, urteilssicher.«
Es war dem Alten anzusehen, sein Herz hing an dem Mädchen. »Aber, lieber Freund …« Pause. Noch aufmerksamere Blicke der Zuhörer. Erstaunen. Was nun? »Dein Ansuchen in Ehren, jedoch es ist unvollständig, lässt Wesentliches, Entscheidendes

vermissen. Ihr sprecht von Feldarbeit, reichlichen Ernten, der Zubereitung großer Portionen Couscous, pikanter Soßen ... nur zum Wohlbehagen eures Sohnes, um seinen Appetit zu stillen? So klang es in meinem Ohr. Habe ich falsch verstanden, etwas überhört?«, fragte er die gespannt Lauschenden.
»Nein«, lautete ihre einstimmige Antwort.
»Und den Hunger unserer Tochter? Schenkt ihr dem keine Beachtung? Glaubt unserem Wort: Es wird ihr nicht an Nahrung mangeln, wir mutmaßen nicht im Geringsten, euer Sohn würde unserer Tochter die Nahrung vorenthalten. Nein, wir sprechen von einem anderen Hunger. Ihrem Hunger nach Anerkennung, nach gerechter, menschenwürdiger Behandlung, nach Liebe. Versteht ihr?
Geschätzter Freund, du sprichst im Namen des zukünftigen Ehemanns, all der Frauen und Männer eurer Familie, jung oder im achtbaren Alter. Wenn du in deiner Verantwortung nicht gelobst, den lebenswichtigen Hunger unserer Tochter zu stillen, müssen wir sie euch zu unserem Bedauern verweigern.«
Ruths Großvater setzte sich. Seine Miene ernst, unbeirrt. Die Blicke der Anwesenden wanderten unverweilt hinüber, dorthin, wo sich die Familie des Bräutigams um den Onkel scharte, aufgeregt tuschelte, gestikulierte. Mit abwehrender Geste befreite er sich von vielstimmigen Zuflüsterern, stand entschlossen auf, begann zu sprechen, die Hände in demütiger Haltung auf die Brust legend: »Ich leiste Abbitte ... Mein Verstand war nicht fähig genug, mir die passenden Worte der Gefühle, die unsere Herzen bewegen, in den Mund zu legen. Übt Nachsicht und erlaubt mir, unsere Anfrage mit einfachen, allgemein gebräuchlichen, aber offenen, aufrichtigen Worten nochmals vorzubringen. Wir bitten um eure Tochter Ruth als Frau für unseren Sohn, möge sie ihr Leben mit uns teilen, in unserer familiären Gemeinschaft. Sie soll uns eine liebe Tochter, vertrauensvolle Schwester, geschätzte Ehefrau sein, das heißt auch, ihr Kummer wird uns alle bedrücken, ihre Krankheit uns

allen den Schlaf rauben, ihre Freundlichkeit, ihr Frohsinn, ihr Lachen Groß und Klein, Alt und Jung beglücken.
Unser Sohn ist ein aufrichtiger, ehrenhafter Mann, nicht in unliebsame Verschwörungen verwickelt. Wäre ich nicht von seiner Anständigkeit überzeugt, würde ich mich weigern, für ihn zu sprechen. Ich stehe hier als ›Chef‹ dieser großen Familie. Als allgemein respektierte Persönlichkeit gebe ich mein Wort, ja gelobe ich, wie ihr fordert, dass wir alles tun werden, um jedweden Hunger eurer Tochter zu stillen.«
Hörbares Aufatmen, dann Beifallssturm, Jubel, Umarmungen. Auch ich, mitgerissen von der Freude, warf meine Arme hoch, hüpfte umher, lachte. Ruths Großvater! Dieser weise Greis sagte mit schlichten, aber bestimmten Worten, hörbar für jeden im Raum: Gelobt, meine Enkelin menschenwürdig zu behandeln, sonst geben wir sie nicht her. »Ungewöhnlich! Nie gehört, solche Forderungen eines Großvaters«, meinte die Frau neben mir. »Wunderbar! Bei sonstigen Streitgesprächen geht's nur um den Brautpreis: Verlange nach Ziegen, Palmöl, Geld ... Glaube ja nicht, einer der Männer denkt darüber nach. Die hören zu, witzeln, lachen – fertig. Leider!«, fügte sie noch hinzu.
Meine Gedanken schwirrten. Welches Verwirrspiel! Hatte ich doch bisher in der Überzeugung gelebt – und so spielte es mir das tägliche Leben auch vor: die Frau, geborene Dienerin des Mannes, mit naturgegebener Bedürfnislosigkeit. Plötzlich spricht ein Großvater von einem anderen Hunger seiner Enkelin, einer Frau, als von dem, den ein knurrender Magen ankündigt.
Ärgerlich, mein mangelndes Vorstellungsvermögen. Was wirklich kann er meinen? Meine Mutter, forschte ich weiter in mir, erfährt sie Anerkennung, Liebe, eine menschenwürdige Behandlung von meinem Vater, ihrem Mann? Weiß ich's? Jedenfalls, er sorgte für ihr neues Haus. Doch oft auch höre ich ihr Klagelied: »Schon wieder hat er mich barsch zurückgewie-

sen, als ich um etwas Geld bat, und geschrien: Beschafft euch selbst welches, geht auf den Markt, verkauft.« Oder: »Schon wieder hat er mir zusätzliche Arbeit zugeteilt, lässt mich schuften … hab mein eigenes Feld noch nicht für die Einsaat vorbereitet. Müdigkeit lähmt mir die Glieder, er fragt nicht danach.« Verstehen sie darunter »unwürdige Behandlung«? Ich werde es noch erfahren, das Leben wird mich den Unterschied lehren.

Einen Großvater zu haben wie Ruth erwuchs in mir als Herzenswunsch, damals, nach dieser Begegnung. Einen, der auch mich an »meinem« Tag in den Mittelpunkt stellen, der der anderen Familie das Versprechen abverlangen würde, mich nicht schändlich zu behandeln. »Verkünde mit fester Stimme«, würde ich ihm vorher einflüstern, »fühlt sich Rosaline unglücklich, wird ihr Leid zugefügt, komme ich persönlich und hole sie wieder ab.«

Aber für mich gibt es keinen Großvater, beide sind tot. Na ja, tröstete ich mich seinerzeit, vielleicht findet Vater an meinem Hochzeitstag gleichbedeutend schöne Worte … Und nun die Gewissheit, dass mir eine Feier vorenthalten wird. Meine Tränen flossen erneut.

Am Tag danach. Ich saß vor dem Haus. Zwei ältere Frauen betraten unseren Hof. Eine von ihnen trug einen Korb auf dem Kopf. Ein Junge wies ihnen den Weg zum Haus meines Vaters. Ich wusste Bescheid, war sofort im Bilde: Dieser Besuch betrifft mich. Der Schreck fuhr mir in alle Glieder. Das Messer fiel zu Boden. Das Gemüse, das ich gerade klein schnitt, ließ ich mit Stängeln und Stielen in die Schüssel fallen. Ganz bestimmt morgen, sagte eine Stimme in mir. Schon wieder spürte ich Tränen aufsteigen. Schon wieder? Nein! Nur kleine Mädchen weinen, hängen heulend an Mutters Rockzipfel.

Der Korb verriet ihre Absicht. Er war nicht verschmutzt, abgenutzt, ausgebessert. In ihm waren noch keine Ignam, Makabo, Süßkartoffeln vom Feld nach Hause, von dort zum Markt getragen worden. Dieser war neu, unbenutzt, war heute zum ersten Mal auf den Kopf der Frau gehoben worden.

Meine Vorahnung bewahrheitete sich. Die »Erste« führte die beiden zu uns, stellte sie Mutter als zwei Ehefrauen von Pauls Vater vor. »Unser Sohn hat uns beauftragt, diesen Korb Rosaline, der Tochter dieses Hauses, zu überbringen. Sind wir hier richtig?« »Und ob!«, klang es gleich mehrstimmig, denn angezogen von einem untrügerischen Gespür für außergewöhnliche Ereignisse, drängte so manche Mama unserer Familie in den Raum. Von Neugier geplagt, standen sie um mich herum, ihre Blicke starr auf den Korb gerichtet. Selbst ich vergaß meinen allzu nahen Abschied, als ich erwartungsvoll den Deckel hob und den Inhalt herausnahm.

Ich entfaltete zwei Kleider aus farbenprächtigen Stoffen. Das eine mit bunten Blüten, grünen Blättern, das andere wie das Fruchtfleisch reifer Mangos. Mein bewunderndes »Aah« wurde übertönt von den vielstimmigen »Aah, aah, aah«, die aus den vor Staunen geöffneten Mündern der anderen drangen. Einige griffen zu, wollten das Tuch zwischen den Fingern fühlen. »Wohl zu klein?« Da zweifelte jemand. »Gar nicht«, so die mehrheitliche Meinung. »Du verstehst nur was von Lendenschurzen.« Allgemeine Heiterkeit.

Um alle Bedenken aufzuheben, hielten sie mir die Kleider vor, das eine, das andere, von vorn, von hinten. Die eine zog da, die andere dort, um zu sehen, ob sie all meine Rundungen bedeckten. Übereinstimmung: »Die passen beide.« Passen beide, wiederholte ich wehmütig, natürlich nur stumm für mich. Welches trage ich? Welches verschenke ich, wie es von mir erwartet wird? Es blieb mir keine Zeit, über dieses Brauchtum nachzudenken, denn auf dem Boden des Korbes entdeckte Mutter ein Päckchen, ein mehrfach zusammengefaltetes Stückchen Tuch. »Perlen, das fühle ich.« Natürlich, jetzt kam es mir wieder in den Sinn, Schmuck schenkt man

allgemein, Schmuck hatte ich erwartet. Die herrlichen Kleider verwirrten mir den Kopf.
Ich schlug das Tuch auseinander. Eine Halskette, ein Paar Ohrringe mit Perlen, leuchtend rot, lagen vor uns. »Schön!« Erneute Ausrufe allgemeinen Entzückens. »Wie reife Kaffeebohnen!« »Wahrhaftig, nur roter, leuchtender, blendender.« »Die hat er in der Stadt gekauft, ich meine, in Yaoundé, bei den Reichen.« »Ein Genuss für die Augen.« »Der wird dir jeden Wunsch erfüllen.« »Verärgere ihn ja nicht, schenk ihm reichlich Kinder.« Meinungen, Ratschläge wirbelten durcheinander. Begehren hörte ich heraus. Sie schätzen mich glücklich – und ich …? Die Kleider, die Perlen sind wundervoll, habe nie Kostbarkeiten wie diese besessen. Vielleicht liegt die Zukunft ja doch Glück verheißend vor mir?
Belustigt verfolgten die beiden Überbringerinnen des Korbes das lebhafte Treiben. Sie können zu Hause dem Bräutigam melden: Deine Geschenke haben vollen Anklang gefunden. Das ist nicht immer der Fall. Regiert Geiz, fallen oft wenig schmeichelhafte Bemerkungen.
Nicht möglich – es dämmerte bereits. Ich rieb mir die Augen, konnte es nicht fassen. Eine Nacht ohne bösen Traum, Wachliegen, Zukunftsängste. Durchgeschlafen, als wäre der heutige Tag ein Tag wie jeder andere. Was ist los? Haben die Geschenke mir den Kopf verdreht? Mich verlockt es, neugierig zu sein auf das neue Leben in der Stadt der Reichen? So einfach, so schnell? Lasse ich mich mit zwei Kleidern, einem Perlenhalsband, einem Paar Ohrringe umstimmen von Bangen, Schrecken in Erwartung, Zuversicht?

Die frühen Morgenstunden verliefen wie gewohnt: Ich kehrte den Vorplatz, ging zum Bach, badete, wusch die Teller, holte Wasser.
Die »Erste« machte die Runde, ging von Haus zu Haus, bat die Frauen: »Kommt zur Kultstätte.« Die Kinder bedurften keiner

Aufforderung, sie strömten herbei, auch ungebeten. Der große Baum ist die Stätte der Begegnung, der Huldigung der Götter unseres Gehöfts und der Ahnen und des großen allmächtigen Gottes. Der heilige Ort für meine Familie. »Heiden« nennt sie der Evangelist in der Kirche, der Kultstätte der Christen. Wenn er mich hier sähe ... Was anderes tun? Die Segnung meines Vaters verweigern? Das hieße: mit meiner Familie brechen, abtrünnig werden.

Vater trat zu uns. Schon am Morgen hatte er die Götter mit Opfergaben besänftigt. Er schüttete wertvolles Palmöl über die Steine unter dem Baum, verstreute kostbares Salz. Nun sprach er zu ihnen: »Wir vertrauen euch unsere Tochter an. Sie wird von uns gehen, das Dorf verlassen, um in der fremden Welt eine eigene Familie zu gründen. Beschützt sie vor den Einflüssen böser Menschen, helft ihr, ihren Weg zu finden und die Sittsamkeit unserer Familie auch in der Fremde zu bewahren.«

Er bückte sich, hob Zweige und eine Kalebasse Wasser auf, die er vorher dort abgelegt hatte. Nur er, der Chef der Familie, ist befugt, die heilige Pflanze für die Segnung zu suchen, das Wasser am Bach zu holen. Direkt vor mir entleerte er die Kalebasse, zog die heilige Pflanze mehrmals über den aufgeweichten, matschig gewordenen Boden und hielt sie mir hin. Ich saugte mit den Lippen an den Blättern, spürte den Geschmack von Erde auf der Zunge. Erde, Wasser, grüne Zweige des Gehöfts, in dem ich geboren wurde. Ich nahm ihren Geist in mich auf, er wird mich begleiten.

Vater hob erneut an: »Stellt sich einem Vogel ein Hindernis in den Weg, so überfliegt er es, der Wind bläst darüber hinweg. Du wirst sein wie ein Vogel, wie der Wind, denn unsere Götter werden dich leiten, über dich wachen, dir kann nichts geschehen, wohin auch immer du gehst.«

Vaters Segen stärkte mich, ließ mich hoffen: Es wird schon, ich stehe im Schutze unserer Götter. Ein bewegender Moment im Kreis meiner Familie – eine bleibende Erinnerung. Meinen christlichen Vater im Himmel, dem ich schwor, keine anderen Götter zu haben neben ihm, hatte ich gänzlich vergessen. Oh, welche Schuld ich auf mich lud.

Wer begleitet mich zu meiner neuen Familie, wer gibt mir Geleit dorthin? Die Wahl gebührt Vater. Die »Erste«, selbstverständlich. Hat er sich bei Mutter erkundigt, zu welchen Frauen ich mich besonders hingezogen fühle? Wäre einfühlsam von ihm. Er hat noch die zwei »Jüngsten« gebeten. Eine Mutter als Begleitperson – nicht üblich. Fürchtet man peinliche, tränenreiche Abschiedsszenen vor den Augen der gesamten neuen Familie?

Anprobe: Ich hatte mich für das Blütenblätterkleid entschieden. Sein vielfältiges Kunterbunt entzückte mich stets aufs Neue. Das Mango-Kleid ging an die »Jüngste«, Catherine, auf Mutters Geheiß. Freude über Freude. Sie umarmte mich, tanzte, wirbelte mich im Kreis herum. Mir ist sie Schwester, trotzdem ... ich verzichtete mit Wehmut im Herzen.

Mit Vorsicht entfernte Mutter die kleinen Holzstifte aus meinen Ohrläppchen. Sie hatten lange Zeit ein Zuwachsen der Löcher verhindert. Die einzigen Ohrringe, die ich je besessen hatte, waren rasch abhanden gekommen. Drei Perlen, auf einem Faden aufgezogen. Ein Geschenk meiner Tante aus Bafoussam, als sie einmal zu Besuch ins Dorf gekommen war. Die Perlen meines jetzigen Schmuckstücks sind auf Draht aufgereiht – dann noch die Halskette.

Herausgeputzt wie nie zuvor, stellte ich mich den bewundernden Blicken der Zurückbleibenden. Ein genussreicher Auftritt, bevor ich, wie vereinbart, das Kleid wieder auszog, den Schmuck ablegte. Erst kurz vor dem Hof des Schwiegervaters werde ich mich erneut schön machen. Staub, Regen, Dreckspritzer könnten meinen Aufputz unansehnlich werden lassen, hieß es. Ich ahnte den wahren Grund dieses Vorgehens: falls uns Nachbarn unterwegs begegneten – ihr Neid.

Der Moment des Abschieds, gefürchtet seit langer Zeit. Doch dann nahmen mich Aufregung, Anspannung und Beschäftigung in Beschlag, ließen keinen Gedanken an Traurigkeit, Wehmut, Schmerz aufkommen. Die Frauen: Eine nach der anderen winkten sie mir zu, riefen »Ohoho«, kehrten, ohne sich umzuschauen, zurück zu ihren Häusern. Ein Fortgehen, als begegneten wir uns nochmals gegen Abend, spätestens aber morgen früh. Und Mutter: Sie und meine Geschwister begleiteten uns ein Stück des Weges. »Der Mais steht gut, es regnet ausreichend, nicht zu viel …« Ein Austausch, als wollten wir nichts anderes, als an die Tür einer Nachbarin klopfen. Plötzlich blieb sie stehen, rief: »Kommt, Kinder! Zurück! Ohoho.« Schon strebten sie zügig ihrem Zuhause entgegen, auch sie, ohne zurückzublicken.
Überrascht schaute ich ihr nach. »Aber Mutter, was ist? Doch nicht so!« »Komm!« Die Frauen nahmen mich in ihre Mitte, fassten meine Hände, zogen mich weiter. Ich wollte mich wehren, Widerstand leisten, protestierte mit weinerlicher Stimme: »So gleichgültig kann sie doch nicht gehen!« »Komm endlich!« Das klang energisch. Ein Machtwort. »Ist dir nicht aufgefallen, wie dir die Frauen den Abschied erleichtert haben? Jetzt hilf auch du deiner Mutter, den Trennungsschmerz zu überwinden.« »Ach so …«

»Wartet hier, macht sie zurecht! Wir tun gut daran, unser Kommen anzukündigen!«, befand die »Erste«. Schon eilte sie auf dem schmalen Pfad davon. Wieder wurde ich herausgeputzt. »Schnell, den Sack!« Catherine holte ihn aus ihrem Korb. Beide Seiten waren bis zur Hälfte aufgetrennt. Ich wusste, was mir bevorstand. Schon hörten wir Stimmen vom Gehöft her, dann sich näherndes Gejohle, Geschrei, Gelächter. »Schnell, schnell! Stülp ihn über!« Hastig streiften sie mir die raue, muffige Hülle über. Völlige Dunkelheit umgab mich. Allmählich trat ein Schimmer Helligkeit durch das grobe Ge-

webe, ließ mich die Umrisse meiner Umgebung schemenhaft erkennen.
An beiden Händen geführt, ging ich langsam der ausgelassenen, übermütigen Menschenschar entgegen. Eine Männerstimme, noch in der Ferne, rief: »Herzlich willkommen!«
»Dein Schwiegervater«, flüsterte die »Jüngste« dort, wo sie unter dem Sack mein Ohr vermutete. »Er geht voran, an der Spitze. Winkt.«
Ich hörte ihn näher kommen, sah seine Gestalt undeutlich vor mir. »Frauen meines Freundes, seid herzlich willkommen auf unserem Hof. Schutzbefohlene unserer Götter. Ein reizendes, allerliebstes Geschenk, das ihr in eurer Mitte führt. Besten Dank.« Er legte seine Hände auf meine Schultern, drückte mich sanft. »Und der Weg? War er beschwerlich, ermüdend?«
»Danke für dein Mitgefühl, für die freundlichen Worte, sie erwärmen unser Herz … doch unsere Füße, sie sind wund gelaufen, tun weh. Der Weg war lang, steinig, mühevoll.« Sie postierten sich vor mir, hinderten mich am Weitergehen. »Papa, eine kleine Entschädigung für die Beschwer ließe uns die Schmerzen vergessen.« Ich hörte Münzen klimpern.
Wir setzten uns in Bewegung, ein paar Schritte nur. »Papa!« Catherines Stimme klang kläglich. »Schau, keine Wolke steht am Himmel, die Sonne hat erbarmungslos auf uns niedergebrannt und uns den Schweiß aus allen Poren getrieben. Unsere Kalebassen geben keinen Tropfen mehr her. An der Wegstrecke fanden wir keine Quelle. Wir lechzen nach Wasser. Papa, wir wollen uns etwas zu trinken kaufen.« Allgemeine Heiterkeit. »Ideenreich, diese Frauen«, hörte ich jemanden sagen. Wer hat schon jemals für Wasser Geld bezahlt? Ja, vielleicht für köstliche, süße Limonade … die gab es im Dorf noch nicht. Ich musste lachen, wie die anderen, kicherte unter meinem muffigen Sack. Ein Rippenstoß mahnte mich zur Ernsthaftigkeit. »Ihr habt guten Grund zur Klage. Ich weiß, Durst ist qualvoll«, hörte ich meinen Schwiegervater voller Mitleid in

der Stimme sagen. Er ging ein auf ihr Spiel: »Hier, löscht euren Durst.«
Wieder Bewegung. Vorwärtsgehen. Halt. »Behauptet jemand, Hunger sei weniger qualvoll als Durst?« »Nein, niemand«, kam es aus der Menge. »Unsere Mägen knurren wie wütende Hunde.« »Hier, hier … besänftigt sie.«
Durch meinen Schleier sah ich die Umrisse des Hauses, noch wenige Meter. Dachte er, das Spiel sei aus? Er hat die Hartnäckigkeit der Frauen unterschätzt. Sie wussten, er muss freundlich lächelnd geben.
»Wir haben unsere Kinder zurückgelassen. Sie weinen …« »Schon gut, schon gut! Da, nehmt, mehr besitze ich nicht, alles leer.« Zum Beweis drehte er seinen aus Raphiafäden gewobenen Beutel um. »Ist eine Münze zu Boden gefallen?« »Nein, nur ein paar zerbröselte Blätter.« »Also, selbst wenn euch noch eine Bitte am Herzen läge …« »Papa, wir sind mehr als zufrieden, glücklich sogar. Danke für dein Verständnis, deine Großzügigkeit. Und jetzt, Freund unseres Ehemannes, führ sie, deine künftige Schwiegertochter, in dein Haus.«
Starke Männerhände zogen mich behutsam ins Innere. Eine freundliche Frauenstimme drang an mein Ohr: »Liebe Schwestern, seid willkommen. Tretet ein, die Tür steht euch offen.« Pauls Mutter? Im Raum Gemurmel, Getuschel. Die Stimme der »Ersten« übertönte alles, brachte alle zum Schweigen: »Unsere ganze Aufmerksamkeit hat der Sorge gegolten, dieses kostbare, unersetzliche Geschenk heil und unversehrt in eure Hände zu geben. Mit Umsicht und Bedacht haben wir Gefahrenstellen überwunden: steile Hänge, reißende Bäche, sumpfige Wege. Die Götter haben uns ihren Schutz gewährt, uns wohlwollend begleitet. Bitteschön, hiermit ist unsere Mission erfüllt.«
Heiterkeit brach wieder aus, beherrschte erneut die Szene. Lachen, Stimmengewirr erfüllte den kleinen Raum. Wo ist Paul? Dieser lästige Sack vor meinen Augen! Er ermöglicht mir

nicht, Gesichter klar zu erkennen. Paul muss hier sein, steht sicher inmitten seiner Freunde.
»Liebe Familie!« Schwiegervater stand hinter mir, abermals ruhten seine Hände auf meinen Schultern. »Hier das lang ersehnte Geschenk, eine junge, schöne, fleißige Frau für unseren Sohn Paul.« Ein Applaus hob an. Er wehrte ab: »Noch nicht. Das Geschenk ist noch eingepackt. Wollt ihr es nicht erst sehen?« »Doch!«, »Ja!«, »Sofort!«, ertönte es von allen Seiten. Auch diesen Zurufen gebot er Einhalt. »Wie könnte ich mit Schweigen übergehen, euch vorenthalten, dass ich keine Mühe gescheut habe, eine passende Frau für Paul zu finden. Paul, mein Sohn, lebt in der Stadt, der Hauptstadt, Yaoundé. Sagt selbst: Könnte er mit egal welcher, mit irgendeiner Dörflerin dort ankommen?« Entrüstetes Zungenschnalzen, abwehrende Handbewegungen, Nein-Rufe.
Hm, ging es mir durch den Kopf, welch überzeugte Beurteilungen! Dabei, die wenigsten von ihnen haben je die Dorfgrenze überschritten. »Nein, Paul braucht eine gute Frau. Die Götter mögen es wissen, die Zukunft wird den Beweis erbringen. Doch heute spreche ich aus vollster Überzeugung: Ich habe sie gefunden. Ihr Name ist Rosaline, Tochter eines langjährigen, geschätzten Freundes. Ihr Vater ist ein ehrenwerter Mann, noch nie stand sein Ruf und der seiner Familie in Frage.« Pause.
»Und nun?« Stille trat ein. Na endlich, dachte sicher manch einer. »Stellt euch vor, ein Freund, ein Bruder überreicht euch ein Päckchen, schön eingewickelt in Blättern, verschnürt mit Fasern. Wer wäre nicht erwartungsvoll, überlegte nicht schon beim Öffnen: Eine Überraschung, was mag es enthalten? Finde ich Gefallen daran? Oder – vielleicht ist die Verpackung das Wertvollste? Ist es nicht verblüffend, wie ähnlich wir Menschen denken?« Zustimmendes Gemurmel.
»Nun, Rosaline ist nicht in Blätter eingewickelt, nicht verschnürt mit Pflanzenfasern. Nur ein Sack verhüllt einen Teil ihres Körpers. Ganz sicher hat schon jeder seine Vorstellung

im Kopf, wie sie aussehen könnte.« Ein Spiel. Bevor die anderen begriffen, wie es gespielt werde, rief eine Frau: »Sie ist keine Weiße! Schau ich ihre Beine an, die sind schwarz wie meine.« Eine Lachsalve brach los. Nur eine alle Zeit übel gelaunte Person hätte nicht mit Herzenslust einstimmen können. Aber so eine war nicht im Raum.
Auch ich war aufs Äußerste belustigt, lachte Tränen unter meinem Sack, atmete unfreiwillig kräftige Züge dieser stickigen Luft ein. Plötzlich, wie von Geisterhand gelenkt, verstummte die ganze Gesellschaft. Kein Ton war mehr zu hören. Schnell hielt ich mir die Hand vor den Mund. Kein Glucksen darf mehr nach außen dringen.
»Habt ihr das Lachen gehört?« Ah, natürlich. Nun wusste ich, Schwiegervater hatte einen Wink gegeben, bat um Einhalt der Belustigung. »Klang es nicht wie der Gesang eines Vogels, der bei wärmendem Sonnenschein sein Wohlbehagen klar und hell in die Welt trällert?« »Menschen mit fröhlichem Lachen bekunden Zufriedenheit, Lebensfreude. Nur Unzufriedene lachen nicht, sind mürrisch, gehässig, böswillig.« Ein Papa, sicher ergraut, hatte sich zu Wort gemeldet. Seine Stimme, bereits etwas brüchig, ließ mich sein fortgeschrittenes Alter vermuten.
»Wie allgemein festgestellt werden kann, hängt der Sack lose über ihrem Körper.« Die verschmitzte Stimme eines Jugendlichen. »Ja, und …«, forschte Schwiegervater. »Sie ist nicht füllig, ich meine, nicht fettleibig. Schlanke Frauen haben meist hübsche Gesichter, wenn nicht Narben sie entstellen.«
»Entfernt endlich diesen lumpigen Sack!«, forderte jemand mit ungeduldiger Stimme. »Sonst müssen wir annehmen, eure Braut weist einen Makel auf, und ihr habt Angst, ihn uns zu offenbaren.« »Genau!«, »Jawohl!«, klang es einmütig von allen Seiten. Befreit mich, dachte ich voll Verlangen nach frischer Luft. »Rosaline, bist du bereit?« Mit Freuden, wollte ich ausrufen, entschied mich aber für ein schlichtes »Ja«.
Behutsam zogen mir die »Erste« und die »Jüngste« die lästige

Hülle vom Kopf. Ich atmete auf, blinzelte. Die Tageshelle stach mir in die Augen. Mein Schwiegervater drückte mich herzlich an sich. Ju-ju-Triller, Hochrufe, Klatschen begleiteten diese Umarmung. »Komm, mein Sohn, tu es mir nach.«
Sichtlich verlegen löste Paul sich aus der Gruppe seiner Freunde. Neckende Bemerkungen begleiteten ihn. Ich betrachtete ihn mit Wohlgefallen, hatte ihn lange nicht gesehen. Und er? Könnte ich nur Gedanken lesen. Gefalle ich ihm? Ist er ein wenig stolz auf mich? Findet er mich hübsch in diesem, »seinem« Kleid oder vielleicht schöner in dem mangofarbenen? Steif, ein wenig hölzern, nahm er mich in seine Arme, drückte seinen Hals an meinen Kopf – höher reichte ich ihm nicht –, die eine Seite, die andere, ließ mich frei.
Wieder ertönte ein großes Hallo. Jung wie Alt tanzte um uns herum, sang, klatschte den Takt … erschöpfte sich. Schwiegervater bat um Ruhe: »Meine Tochter, ich bin sehr glücklich. Ein paar Worte nur … Eine Erklärung liegt mir noch am Herzen: Paul besitzt keine Reichtümer.« Er lächelte belustigt. »Dörfler wähnen alle Städter im Überfluss. Doch mein Sohn berichtet, für viele herrschen in der Stadt erbärmlichere Bedingungen als im Dorf. Keine Felder für den Anbau, verschmutzte Bäche, Feuerholz kostet Geld … Gut, Rosaline, sei dessen gewiss, keinen reichen Mann geheiratet zu haben, aber einen Abkömmling dieses Gehöfts. Höre mir aufmerksam zu, alle Söhne dieser Familie wurden rechtschaffene Ehemänner, verantwortungsbewusste, fürsorgliche Väter. Deine Kinder und du, ihr werdet keinen Hunger leiden, bei Krankheit wird man Heilung suchen. Wir bitten dich, Rosaline, leiste deinen Beitrag zu einem friedlichen Zusammenleben.«
Ja, Papa! Mein Herz sprach, doch mein Mund formte keine Worte. Junge Leute äußern sich nicht in der Öffentlichkeit, schon gar nicht Frauen. Ich strahlte ihn an, nickte leicht. Er verstand. Eine wohlwollende Antwort. Ja, ich fühlte mich hingezogen zu Paul. Zwar kenne ich ihn kaum. Die Momente un-

serer Begegnung waren flüchtig gewesen, immer inmitten anderer. Auch die nächste Zeit, hier auf dem Hof, wird nicht anders verlaufen. Wie eine Henne ihre Küken wird mich meine Marâtre unter ihre Fittiche nehmen, beschützen, kein Auge von mir lassen. Trotzdem nimmt unser gemeinsames Leben seinen Lauf. Andere haben es in Gang gesetzt, die Richtung bestimmt … ich folge ihr.

Meine Ahnung bewahrheitete sich. Eine Mitehefrau von Pauls Mutter, meine Marâtre, nahm mich auf, ließ mich nicht mehr los. Ihre Güte war grenzenlos, ihre Fürsorge und Hilfsbereitschaft raubten mir den Atem, am frühen Morgen schon: »Rosaline, wir erledigen alle Hausarbeiten gemeinsam.« Und so verlief der Tag. »Paul soll stolz auf dich sein«, sagte sie in der Küche, während wir gemeinsam die Mahlzeiten zubereiteten, wiederholte die gleichen Worte auf dem Feld, als wir Schulter an Schulter den Ackerboden bearbeiteten, und nochmals am Bach, während wir, unzertrennlich, wie wir waren, Wäsche wuschen.
Sie erklärte, veranschaulichte, machte mir jede Kleinigkeit verständlich, und ich hörte zu, stellte mich interessiert, als vermittle sie mir nichts als Neuartiges. Durfte ich ihren Eifer dämpfen? »Das weiß ich schon« oder »Mutter macht das aber so«, eine einzige, unbedeutende Bemerkung hätte genügen können, sie zu kränken. Gut, unter Umständen wäre sie nachsichtig gewesen, hätte diese Vorwitzigkeit meiner Jugend zugeschrieben. Aber ebenso gut hätte sie meine Äußerung als schlechtes Benehmen, als Ungezogenheit werten können, und später, bei der geringsten Misshelligkeit in Bezug auf meine Person, würde es dann heißen: Wen wundert es, schon ihre Marâtre hatte Schwierigkeiten mit ihr.
Schwiegervater suchte uns auf, stand eines Tages überraschend in der Tür meiner Marâtre, fragte nach, wie es mir gehe. »Oh, wo könnte ich mich wohler fühlen, besser aufgehoben sein als

in der Obhut dieser fürsorglichen Mama?« Ich lächelte sie dankbar an, legte vertraulich meine Hand auf ihren Arm. »Wer sonst hätte mich in kürzester Zeit befähigt, Paul eine gute Ehefrau zu sein?« »Bravo, Mama, das klingt gut in meinen Ohren.« Stolz ließ sie erstrahlen, an Größe gewinnen. Ihr Einsatz hatte sich gelohnt. »Denn«, fuhr er fort, »Paul drängt zum Aufbruch. Sein Chef kann seine Arbeitskraft nicht länger entbehren. Keinesfalls will er die Stelle verlieren. Diese Tatsache zwingt uns, Rosalines Aufenthalt bei uns zu verkürzen.«
»Schade«, sagte ich. »Ach, Rosaline.« Tröstend strich mir die Frau übers Haar. »Pauls Grund zur Eile ist zwingend, keinesfalls darf er seine Arbeit verlieren.« Es war ihr anzusehen, sie suchte nach ermutigenden Worten für mich. »Ihr kommt zu Besuch ... mit dem ersten Kind ...« Übermütig kniff sie mir in den Arm. »... vielleicht schon in der nächsten Regenzeit. Falls mich die Götter bis dahin nicht gerufen haben, wohnst du eine Weile bei mir.« Eine Idee, die ihr sichtlich gefiel. Die gute Seele, dachte ich mit etwas geplagtem Gewissen.

Angst und Bangen herrschten noch immer vor, dachte ich an die Großstadt, ja, allein an die Fahrt dorthin. Doch diese derzeitige Einengung verlangte mir sehr viel Geduld und noch mehr Ergebenheit ab. So mischten sich in letzter Zeit in die Bangigkeit vor dem unbekannten Leben kurze Momente, die von Neugier und Erwartung geprägt waren.
Es donnerte bedrohlich, schon hörte ich das Prasseln des Regens in Windeseile näher kommen. Unsere Wäsche! Ich hastete nach draußen, raffte die Stücke zusammen, sah im Winkel meiner Augen drei laufende Personen, ihre Körper, trotz der Lasten auf den Köpfen, gegen den Sturm gebeugt. »Schnell, schnell, ins Trockene«, murmelte ich, dachte an den Inhalt der Säcke, an mögliche Verderblichkeit, ging ins Haus.
Kaum drinnen, vernahm ich Stimmen, Lachen. »Ihr!« Schon flog ich Catherine um den Hals. Zwei Brüder begleiteten sie.

»Deine Mutter schickt uns. Sie sagt, deine Abreise steht bevor.« Ich nickte. »Hier: Mais, Erdnüsse, Bohnenkerne, Süßkartoffeln.« Mit der Fußspitze deutete sie auf den jeweiligen Sack. »Für den Anfang!« Oh, wie wunderbar! Sie denkt an mich. Eine gelungene Überraschung. Voll Sehnsucht dachte ich an sie. Im Überschwang meiner Gefühle griff ich die »Jüngste« bei den Händen, führte sie tanzend um die Kostbarkeiten. Begierig fragte ich nach dem Wohlbefinden von Groß und Klein. »Wie geht es ihr? Und den Geschwistern?« »Alle bei bester Gesundheit. Na ja, die Alten werden von den Leiden geplagt, über die sie schon immer klagten.« Sie alle darf ich lange Zeit nicht wiedersehen, erst nach der Geburt eines Kindes. Brauchtum. Mich überfiel Wehmut.
Auch Pauls Familie wollte sich freigebig zeigen. Seine Mutter, selbst einige Mitehefrauen schleppten größere und kleinere Säcke herbei, legten sie zu unserem Reisegepäck. Paul war entsetzt, schlug fassungslos die Hände über dem Kopf zusammen. »Unbezahlbar! Das geht ins Geld«, jammerte er. »Der Transport kostet mich ein Vermögen.« Die Frauen wollten davon nichts hören, sein Protest stieß auf taube Ohren. In ihrer dörflichen Vorstellung bedeuten ihnen Makabo im Korb mehr als klirrende Münzen in der Tasche. »Kannst du Geld essen, he?«, herrschten sie ihn an.

Ein fahler Lichtstreifen dort in der Senke zwischen zwei Hügeln kündigte den Tag an. Der Schein der Sturmlampen beleuchtete das emsige Durcheinander. Jeder stand jedem im Weg. Dann irgendein Zeichen: Aufbruch. Pauls gesamte Familie gab uns das Geleit bis zur Wegkreuzung. Sein Vater, dessen Frauen und eine vor Aufregung vibrierende, unbändige Kinderschar. Nur die Kleinsten, fest auf die Rücken ihrer Mütter gebunden, dösten vor sich hin, ließen sich von der allgemeinen Aufregung nicht anstecken.
Moment der Trennung, des Lebewohlsagens. Allgemeines Um-

armen. »Ohoho.« Sie gingen zurück. Noch von weitem rief Pauls Vater seinem Sohn mahnend zu: »Sorge gut für deine Frau!« Dieser Abschied beschwerte kaum mein Herz, verursachte nicht den Schmerz wie beim Fortgehen von den Meinen. Und meine Zukunft? Die legte ich in einem nächtlichen Gebet in die Hände meines christlichen Vaters.
Vorwärts! Paul trieb zur Eile. Die großen, kräftigen Jungen bepackten sich wieder mit ihrer drückenden Last, unseren Nahrungsmittelvorräten für die Großstadt. Raschen Schrittes folgten wir dem sich durch Wald und Buschwerk windenden Pfad bis zur breiten Straße.
Einige Wartende saßen gelangweilt auf ihren voll gestopften Säcken. Wie lange schon? Seit Stunden? Andere standen in Grüppchen beisammen, diskutierten lauthals über Für und Wider von diesem und jenem. Was uns betraf, Paul führte das Wort, seine Brüder und ich hörten zu: »Ha, eine günstige Gelegenheit. Der Bruder eines Freundes fährt mit seinem kleinen Lieferwagen von Bafoussam zurück nach Yaoundé. Oh, wie habe ich ihn bearbeitet, uns mitzunehmen. Ich habe ihm versprochen, einen höheren Fahrpreis zu bezahlen. Daraufhin willigte er ein. Seine Plätze sind begehrt. Die kleinen Lieferwagen sind wendig, anders als die großen Laster, die bei Regen über Stunden, manchmal einen Tag, eine Nacht lang im Schlamm festsitzen.«
Plötzlich kam Bewegung auf. Die Wartenden gesellten sich zu ihrem Gepäck. Ein Fahrzeug donnerte heran. Das Dröhnen und Getöse ließ mich zusammenzucken, konnte ich es verhindern? Doch gleichzeitig huschte ein Lächeln über mein Gesicht: Die erste Busfahrt tauchte aus der Erinnerung auf, wurde wieder lebendig: mein Entsetzen damals, mein rasendes Herz, die panische Angst vor dem Ungetüm. Nun übe, zwinge ich mich zu mehr Gelassenheit, Gleichmut, und die ist wohl auch erforderlich, lebenswichtig für mich. Ich bin auf dem Weg vom Dorf in die Großstadt.

Dieser Bus hatte keine Sitze. Sie wurden entfernt, um mehr Säcke, mehr Büschel Kochbananen, mehr Hühner, Küken, quiekende Schweinchen, eingepfercht in Körben, zu laden. Irgendwo obendrauf oder dazwischen suchen sich die Menschen eine Sitzgelegenheit, einen Halt.

In Bafoussam. »Warte hier«, verfügte Paul, und schon verschwand er im Menschengewimmel. »Paul!«, rief ich ihm zaghaft nach, nicht laut genug, als dass er mich in dem Gewirr von Geräuschen und Zurufen hätte hören können. »Auch gut«, brummte ich. Hatte ich doch im Sinn, ihn zu bedrängen, anzuflehen: »Bleib bei mir, lass mich hier ja nicht allein.« Unbegreiflich! Wollte ich wirklich meine Angst, meine Zaghaftigkeit so offensichtlich zur Schau stellen? Noch ist er ein Fremder mit unvertrauten, unbekannten Stimmungen, Launen. Wie hätte er reagiert? Verständnisvoll, gütig oder mit Hohngelächter oder gar Wut und Geschrei?
Ein Lieferwagen stoppte, unterbrach abrupt meine Gedanken. Paul saß neben dem Fahrer, lächelte mir freundlich zu. Rasch war das Gepäck aufgeladen. Ich rutschte neben ihn, nahm an, beseelt von kindlicher Einfalt, diese Bequemlichkeit bleibe uns erhalten. Doch weit gefehlt! Kreuz und quer ging die Fahrt durch Bafoussam. Da und dort gesellten sich Fahrgäste zu uns. Paul und ich waren längst aus dem Führerhaus verbannt, mussten unsere Plätze an zwei schwangere Frauen abgeben, thronten wie die anderen hoch oben auf der Ladefläche, auf Säcken sitzend, von Kartons und Körben umgeben.
Die Sonne stand hoch, brannte sengend auf uns Menschenkinder nieder. Ich band mir zum Schutz ein Tuch um den Kopf. Endlich verließen wir die Stadt, ratterten und rumpelten dahin, ewig und ewig. »Kein Staub, zum Glück! Während der Trockenzeit, du glaubst es nicht – unerträglich.« »Die Piste ist noch gut!« »Kein Wunder, wir stehen noch am Anfang der Regenzeit. Warte mal bis zum Monat der Maisernte.« »Lastwa-

gen und Busse haben auch jetzt schon Probleme, die tiefen Fahrrillen zeugen davon.«
Tatsächlich, die Unebenheiten der Straße rüttelten und schüttelten uns, schubsten uns hin und her, wie eine unsichtbare Hand. Es folgten Erlebnisberichte von früheren Reisen, Erfahrungen, eigene Anschauungen, laut vorgetragen. Auch Paul wirkte mit, unterhielt die Mitfahrer mit spaßigen Schilderungen seiner Abenteuer. Ein unerschöpflicher Schatz, war er doch schon unter jedweden Bedingungen gereist.
Doch allmählich machte sich Müdigkeit breit, wurden wir in die Schläfrigkeit geschaukelt wie Kleinkinder auf den Rücken ihrer Mütter. Auch ich nickte ein, döste vor mich hin, fuhr nur erschreckt hoch, wenn der Wagen durch tiefere Querrinnen holperte.
Stopp! Eine Ansiedlung kleiner Häuser. Fragend schaute ich hoch. »Pause«, sagte Paul, machte eine unverkennbare Handbewegung: essen. Wahrhaftig, ich verspürte großen Hunger, doch mehr noch das Bedürfnis, meine Glieder zu strecken, zu dehnen, meine Beine zu bewegen. Ah, welche Wohltat.
»Gern und viel besuchter Haltepunkt«, erklärte Paul. »Dank geschäftstüchtiger, rühriger Mamas.« Tatsächlich, als hätten sie uns erwartet, saßen sie da auf ihren Hockern in Reih und Glied, hatten ihre Töpfe vor sich aufgestellt. Sie ruderten auffordernd mit den Armen. »Tretet näher« bedeuten sicher die unverständlichen Worte, die sie an die mögliche Kundschaft richteten. Hart musste ich gegen die Versuchung ankämpfen, rasch Deckel für Deckel zu heben. Brav hielt ich mich an Pauls Seite, wartete ab, bis es ihn zu dem gleichen Verlangen drängte. Kochbananen, Makabo, Süßkartoffeln und Fleisch in großen Stücken, wie noch nie eines auf meinem Teller gelegen hatte. »Für mich Gazelle. Affe, Wildschwein, Schlange habe ich noch nie probiert.« Sie servierten uns auf einem Stück Bananenblatt, irgendwo fanden wir zwei Hocker. Herzhaft biss ich in das Fleisch. Hmm, und die würzige Soße.

Meine Familie ... plötzlich kam sie mir in den Sinn. Mir wurde unbehaglich in dem Moment, so, als täte ich Unrecht, meine ganze Portion so genüsslich allein zu essen. Aber ich wäre gern bereit zu teilen, rechtfertigte ich mich. Dann nahm ich Vernunft an. War ich die treibende Kraft, meine Familie, das Dorf zu verlassen? Nein! Bin ich Großstadtverlockungen verfallen? Nein! Also, Rosaline, genieße, lass es dir schmecken. Weißt du, ob es so großzügig weitergeht?

Mein Blick fiel auf ein Lädchen. Die Flaschen da, in dem Regal, aufgereiht in einer Linie. Rot, gelb, orangefarben leuchteten sie zu mir herüber. Hmm, mir lief das Wasser im Mund zusammen ... köstliche, süße Limonade. Lass gut sein, Rosaline! Ich wandte mich ab, trank einen großen Schluck des lauwarmen Nass, das Paul von einem Jungen erbat.

»Ausgezeichnete Jäger, die Männer hier«, brach er unser Schweigen, »leben gut von der Ausbeute des Waldes. Fleisch für die Familie, Fleisch für den Verkauf. Gut essen und Geld machen ... richtig so, oder?« Ich nickte.

»Du verstehst ihre Sprache?« Beim Einkauf hatte mich diese Beobachtung erstaunt. Er lächelte. »Nicht ihre, die Sprache der Weißen.« »Eh? Diese Mamas sprechen ...?« Falsch verstanden, dachte ich. »... wie die Langnasen?«, vervollständigte er schmunzelnd meine Frage. »Ganz so wohl nicht. Einige Worte nur, die Namen der Tiere, deren Fleisch in ihren Töpfen brutzelt, und die Preise natürlich. All die Begriffe eben, die für sie zum Geldverdienen unentbehrlich sind.« »Aber wer hat sie ihnen beigebracht, von wem haben sie sie gelernt?« Diese Mamas, sie genossen meine vollste Bewunderung. Doch Pauls Antwort ließ mich auch erkennen, dass ich noch ganz unerfahrene Dörflerin war. »Vielleicht haben sie Söhne und Töchter, die in der Schule Französisch lernen.«

Ein Hupkonzert hob an. Unser Fahrer rief zum Aufbruch. »Los, komm, den dürfen wir nicht verärgern«, mahnte Paul und zog mich am Arm von meinem Hocker hoch.

Wir fuhren dahin. Die Straße ein schmales Band, Bäume und Buschwerk verhinderten den Blick in die Weite. Wie die anderen dämmerte ich schläfrig vor mich hin, öffnete ab und zu die Augen, blinzelte in die Sonne, verfolgte ihren Lauf. Bald wird sie untergehen, uns in finsterer Dunkelheit zurücklassen und zum Anhalten zwingen. Oder findet dieses Vehikel seinen Weg durch die Nacht? Vielleicht im Mondlicht?

Plötzlich traf mich ein heller Schein, wahrnehmbar selbst hinter geschlossenen Lidern. Ich fuhr zusammen, riss meine Augen auf, schaute geradewegs in zwei grelle, blendende Lichter. Großer, allmächtiger Gott, hilf uns! Ein Dämon hetzt hinter uns her, verfolgt uns. Völlig aus der Fassung gebracht, ergriff ich Pauls Arm, deutete stumm auf das uns nachjagende Ungeheuer. Ein fragender Blick traf mich, er begriff nicht den Anlass meiner Furcht. Unvermittelt brach er in schallendes Gelächter aus, schlug sich vor Erheiterung auf die Oberschenkel. »Uns folgt ein Auto mit eingeschaltetem Scheinwerfer. Wie sonst soll der Fahrer in der Dunkelheit seinen Weg finden?«, brachte er glucksend hervor. Ich atmete tief durch, schlug die Augen nieder, legte beschämt meine Hände vors Gesicht, schimpfte in mich hinein: Oh, diese verdammte Unerfahrenheit.

Als besänne sich Paul der Worte seines Vaters, legte er sanft den Arm um meine Schultern, fragte leise in mein Ohr: »Noch nie so grelle Lichter gesehen?« Ich schüttelte den Kopf. »Wirst dich schnell daran gewöhnen.« Wohlige Wärme rieselte durch meinen Körper. Seine Nähe, dieser liebevolle Flüsterton – eine nie erfahrene Vertrautheit. Ich war versöhnt.

Auf scheinbar endloser Straße ratterten wir dahin durch die Finsternis der Nacht. Der Mond stand schmal am Himmel. Ich erkannte, auf seinen Schein hätten wir nicht zählen können. »Der Fahrer will noch den Sanaga erreichen«, murmelte jemand aus dem Dunkel heraus, »um morgen früh gleich überzusetzen.« »Welch Glück, ein Tag ohne Regen. Wir sind gut vorangekommen.« Wieder Schweigen. Der Sanaga? Nie gehört. Bin neugierig, was sich dahinter verbirgt. Ich veränderte die Stellung meiner verkrampften Beine – die Fahrt dauert an. Endlich, irgendwann ... Paul rüttelte mich am Arm. »Komm, hier verbringen wir die Nacht.« Ich rieb mir die Augen. Wo bin ich? Ach ja, auf Reisen ... aber wir fuhren nicht mehr auf holpriger Piste dahin. Wir standen. Schon umringten schwatzende Menschen unser Auto, leuchteten mit Petroleumlampen, halfen uns hinabzuklettern.

»Schließ dich den Frauen an.« Jemand schubste mich zu ihnen, schlaftrunken trottete ich ihnen nach. Ein großer Raum, voll gestopft mit Liegen. »Gleich hier«, dachte ich, wählte die nächstgelegene Schlafstätte. Eine Frau kuschelte sich neben mich. »Der Kälte wegen«, meinte sie. Wir deckten uns mit unseren beiden Tüchern zu.

Ein dröhnender Lärm, ein Geprassel, Getöse riss mich aus dem Schlaf, ließ mich hochfahren. Schützend presste ich die Hände auf meine Ohren. Gott Vater, was ist das? Regnet es Steine? »Schlaf weiter, meine Tochter«, sagte eine Frauenstimme neben mir. »Es ist der Regen, der auf das Blechdach prasselt. Ihr habt wohl zu Hause traditionelle Dächer aus Schilf oder geflochtenen Palmwedeln?« Ich nickte. »Ja, auf Blech klingt Regen wie Trommelwirbel.« Mein pochendes Herz wollte so schnell nicht zur Ruhe kommen.

Schon in frühester Morgenstunde rumorten die Frauen, schwatzten, weckten mich. »Wir gehen zum Sanaga, ein Bad nehmen.« »Zum Sanaga?« »Ja, zum Fluss.« Ungeduld zeigte sich auf ihren Gesichtern, sie wandten sich zum Gehen. »Kommst du mit? Entscheide dich!« »Ja, ja!«

Eine hinter der anderen folgten wir dem schmalen Pfad. Hohes, dichtes Buschwerk wie grüne Wände zu beiden Seiten. Plötzlich strahlende Helligkeit. Stechender Schmerz in den Augen. Ich kniff sie fest zusammen, wagte es erst nach einer

Weile, sie zögernd einen schmalen Spalt weit zu öffnen. Wahrhaftig, noch nie gesehen, eine so endlose, blendende Fläche. »Wasch dich«, rief jemand mahnend, »bald fahren wir weiter.« Nicht möglich, dachte ich. Das ist Wasser, langsam dahingleitendes Wasser. Ich hob meinen Blick, suchte das Ende des Glitzerflusses, die gegenüberliegende Seite. Ein verschwommener grüner Streifen, weit, weit weg … und dazwischen nichts als träge fließendes Wasser. Überwältigt stand ich da … Daheim – wir kennen nur den Bach. Bei starken Regenfällen schwillt er an, verängstigt die Menschen mit seinem Rauschen, Brodeln, Gurgeln. »Vorsicht! Tritt nicht zu nahe«, heißt es dann, »sonst packen dich die bösen Geister, tauchen dich unter, geben dich erst tot wieder frei.« Die Furcht ist berechtigt, schon manchen haben sie ergriffen. Und hier erst, in diesen endlosen Fluten, hausen wie viele? Mich schauderte. Danke, kein Bad.

Fertig! Abfahrbereit! Aber statt aufzusteigen, spazierten unsere Mitfahrer gemütlich davon. »Komm«, sagte auch Paul, »die Kletterei lohnt sich nicht.« Wir gingen den anderen nach. Ich verstand nichts, trottete mit. Doch plötzlich begriff ich das Vorhaben, wurde mir das Unfassbare zur Gewissheit. Wir müssen da hinüber, über diesen weiten, breiten, glitzernden Fluss. Wie unvorsichtig, unbesonnen von den Menschen. Bedenken sie nicht, dass wir in den Lebensraum böser Geister eindringen? Fürchten sie nicht deren Zorn, ihre Unberechenbarkeit? Dem Anschein nach nicht.

Ein neuer Gedanke. Moses' Geschichte: Half ihm nicht Gott, das Volk Israel zum jenseitigen Ufer eines großen Wassers zu führen? Moses brauchte nur den Arm zu heben, schon teilten sich die Fluten, sie marschierten hinüber, bekamen nicht einmal nasse Füße. Ich sah ein, auf eine solche Hilfe konnte ich nicht hoffen. Der Sanaga ist viel zu breit für ein Wunder.

Während ich noch immer angsterfüllt dastand, mit Mühe ver-

suchte, mich an das teuflische Unternehmen zu gewöhnen, standen die anderen Frauen beieinander, schwatzten unbekümmert, als seien sie auf dem Weg zum kleinen Markt jenseits des dörflichen Baches.
Paul hatte sich zu den Männern gesellt. Aufmerksam verfolgten sie die Wendigkeit, das Geschick der Arbeiter, kommentierten ihrerseits mit großen Worten deren einander zugerufene Befehle und Anweisungen. Sie schleppten Balken, zogen an Ketten und Seilen, um für Autos eine sichere Auffahrt zur Fähre zu schaffen, wie sie die aneinander gefügten riesigen Baumstämme nannten. Unser Lieferwagen balancierte langsam über die Bohlen, die Land und Fähre überbrückten, kroch über die holprige Fläche und kam zum Stehen. Zwei weitere Fahrzeuge folgten ihm. Und was tun wir? Unnötige Frage, schon überquerten die ersten Reisenden den Verbindungssteg, unter ihnen Paul. Ein prüfender Blick zurück: Sie kommt! Er war zufrieden.
Ich wünschte, er wäre neben mir. Ahnte er nicht meine innere Not? Warum sollte er? Rosaline, sei aufrichtig: Ist dieser Übergang gefährlicher als manche Überquerung des Baches im Dorf? Ein Baumstamm – fertig! Lachhaft, dein Getue.
Über die Unebenheiten des Bodens tippelte ich auf unsicheren Beinen zu Paul. »Ein neues, waghalsiges Unterfangen für dich«, spottete er. »Und ob«, antwortete ich, mutig lächelnd. Beherrsche dich, bezwinge deine übertriebene Ängstlichkeit, predigte ich mir unermüdlich.
Und doch, als die Überfahrt begann, klammerte ich mich an das Gestell der Ladefläche unseres Wagens, bedeckte mein Gesicht mit meinem Tuch. Ich wollte dem Anblick dieser bedrohlichen Wasserfläche um mich herum nicht ausgesetzt sein. Was spielte mir trotzdem übel mit: die Aufregung, die Nervenanspannung, das unaufhörliche Schaukeln der Fähre oder der widerwärtige Gestank des Motors? Weiß ich es? Plötzlich befiel mich Übelkeit, verspürte ich Brechreiz. Dann wurde mir wieder wohler zumute. Mein Frühstück, Ignam und rote Boh-

nenkerne, tanzte verspielt auf den Wellen dahin. Die sichtbaren Zeichen meines Unbehagens veranlassten zwei Frauen herbeizueilen. Sie betteten mich auf den Boden, Paul stand ratlos neben mir, fragte unablässig, mit Besorgnis in der Stimme: »Geht's schon besser?«
Die Fahrt verlangsamte sich. Neugierig hob ich den Kopf, blickte zum Ufer. Bäume, Hütten, Menschen, zum Greifen nahe. »Großer Gott, ich lobe dich«, sang ich leise vor mich hin. Ich hätte tanzen mögen.
Vor uns eine grau-schwarze Wand. Wolken türmten sich bedrohlich am Himmel, brodelten, wallten. Da, dort zuckte ein greller Blitz. Donner war noch fern, erst als unheilvolles Gemurmel zu vernehmen. Geradewegs in diese Düsterheit führte unsere Straße.
»Hoffentlich erreichen wir noch die kleine Siedlung«, sagte Paul. »Sonst bricht das Unwetter in freier Landschaft über uns herein. Wäre unangenehm ohne ein schützendes Dach über dem Kopf.«
Unser Fahrer verfolgte dasselbe Interesse. Mit erhöhter Geschwindigkeit raste er dahin, ungeachtet der Schlaglöcher und Querrillen. Wir wurden durcheinander geschüttelt, als wären wir Säcke, gefüllt mit leichtem Stroh.

Geschafft! Der Wind fegte, wirbelte Staub, Blätter und Zweige, Unrat auf. Die ersten Tropfen fielen, groß, schwer. Hastig hatten die Männer eine Plane über unsere Ladung ausgebreitet. Der gütige, dickliche Besitzer der Bar des Ortes gewährte uns Unterstand. »Gerade jetzt, vor den Steigungen«, brummte der Fahrer, dann schwiegen alle, das donnernde Prasseln der Regentropfen auf dem Blechdach ließ uns verstummen. Unmöglich, das Wort eines anderen zu verstehen. Paul kaufte Zuckerrohr. Zufrieden an einen Balken gelehnt, saugte ich die Süße aus dem Mark. Wir werden schon durchkommen …
Der Fahrer wusste um die Gefahren: Nicht mehr Geschwin-

digkeit war von Belang, jetzt, nach dem Regen. Sein Augenmerk galt nun dem Bemühen, das Fahrzeug auf der Straße zu halten, nicht abzurutschen und im Graben zu landen. Die Räder arbeiteten sich mühsam durch den tiefen Schlamm. Wir schlidderten dahin, kamen immer wieder ins Schleudern, doch der Fahrer fing den Wagen jedes Mal auf, und jedes Mal war allgemeines Aufatmen zu hören: »Noch mal gut gegangen«, doch sogleich sahen alle wieder voller Anspannung dem nächsten Erschwernis entgegen.

Es kam! Ein Lastwagen stand quer, hing fest. Seine Hinderräder drehten durch, hatten sich schon bis zur Achse eingegraben. Kein Vorbeifahren möglich.

Unfreiwilliger Aufenthalt – nichts zu machen. »Diese Steigung da, eine gefahrvolle Stelle«, meinte unser Fahrer. »Die Jungen aus der Gegend wissen Bescheid. Regelmäßig nach schweren Gewitterregen rücken sie an, ausgerüstet mit Schaufeln, Macheten, Ästen, Zweigen, verdienen sich ein bisschen Geld.«

Auch hier waren sie zur Stelle, schufteten mit viel Lärm und Wichtigtuerei. Einige Fehlversuche. Aber dann – mit voller Motorkraft und viel Schlamm spritzend entkam der Lastwagen dem Hemmnis, konnte seine Fahrt fortsetzen. Und wir ebenfalls.

Aufsteigen! Mit Blicken, einem Mann von zierlicher Gestalt zugeworfen, sagte unser Fahrer amüsiert lächelnd: »Andere Chauffeure wählen ihre Fahrgäste sorgsamer aus: keine Frauen, keine Schwächlinge, nur kräftige Männer – zum Schieben.«

Je näher wir der Stadt kamen, desto ungeduldiger drängten manche Mitfahrer: »Chauffeur, stopp! Hier gibt es Fleisch!« »Ich will Gazellenfleisch kaufen.« »Ich Wildschwein.« »Ich Affe.« »Hier sind die Preise gut, in Richtung Yaoundé werden sie immer höher.«

Fortan hielt der Wagen in jeder Siedlung, bei jedem Anbieter entlang der Straße an. Preise wurden verglichen und diskutiert, aufs Niedrigste heruntergehandelt. Lehnte der Verkäufer ab, schlenderten die Reisenden davon, kamen zurück, kauften endlich. Die ewig Zögernden, die auf noch günstigere Gelegenheiten hofften, mahnte der Fahrer zur Eile. Er kannte seine Lieferanten, machte in Kürze ein gutes Geschäft. Augenzwinkernd ließ er mich wissen: »Verkauf ich in Yaoundé, hab drei Frauen und elf Kinder zu Hause.«

Paul überraschte mich mit einer Wildschweinkeule. Zu meinem Bedauern sagte er: »Für meinen Chef, muss ihn gütig stimmen wegen meines langen Wegbleibens.«

In Säcke verpackt, lagerten die Fleischstücke zwischen uns. Der Fahrtwind strengte sich wahrhaftig an, den sich ausbreitenden aufdringlichen Geruch von uns wegzutragen, es gelang ihm nicht. Und die großen, schwarzen, glänzenden Fliegen, was zog sie an? Der Geruch sehr wohl. Aber was bot sich ihnen? Ein paar Blutflecken nur an der Außenseite der Säcke, dort labten sie sich genüsslich, breitbeinig, um nicht vom Luftzug weggeblasen zu werden.

YAOUNDÉ

Yaoundé – Endpunkt unserer Reise, ein ersehnter Moment. Gerädert vom tagelangen Gerüttel, hundemüde trotz stundenlangen Dösens.
Bei schwindendem Tageslicht fuhren wir durch die ersten bewohnten Viertel. Dunkle Straßen, da und dort schwach beleuchtete Verkaufsstände, Bars, Menschen im zittrigen Schein ihrer Petroleumlampen.
Plötzlich erhellte Straßen, gedämpftes Licht wie beim Aufgang der Sonne. Neugierig schaute ich in die Runde, suchte nach der Quelle dieser Strahlkraft. Ah, ganz oben, am Ende eines hohen Pfostens, war ein … hm, beim Auto nennen sie es Scheinwerfer … angebracht. Nicht ganz so grell blendend, aber immerhin, die Nacht wird zum Tag. Die zweistöckigen Häuser, die ich rechts und links der Straße ausmachen konnte, bewunderte ich an diesem Abend nicht so sehr, vielleicht der Müdigkeit wegen.
Dreimaliges Klopfen auf das Dach des Fahrerhauses. Pauls Zeichen für den Chauffeur: Halt! Wir sind da! Kaum war der Lieferwagen zum Stehen gekommen, der Motor abgestellt, schon wurde die Haustür aufgerissen. Mit viel Geschrei, Lachen, Rufen – ein wahrer Ausbruch von Freude – kamen Frauen herausgestürzt, ihnen folgte eine Schar Kinder jeden Alters.
Umarmungen. Geschnatter, wie angenehm, in der Sprache des Dorfes. Kannten die mich? Sie bezogen mich ein, schenkten

mir Beachtung wie einer alten Bekannten. »Meint ihr, ich will hier übernachten?«, schnauzte eine aufgebrachte Stimme aus dem Fahrerhaus. Ach richtig, der Chauffeur. Auf ihn warten drei Frauen und elf Kinder. In Eile wurde abgeladen.

»Rosaline, meine Frau«, verkündete Paul laut, riss ungestüm meinen Arm in die Höhe. Ein vielstimmiger Empfangschor grüßte: »Willkommen, Schwester!« – die Frauen. »Willkommen, Mama!« – die Kinder. »Und diese charmanten, liebreizenden Damen, Rosaline, sind die werten Ehefrauen meines hoch geschätzten Patrons: Suzanne, Lucie, Jacqueline« – jeder Einzelnen schenkte er ein schelmisches, übermütiges Lächeln – »und ihr vom Glück begünstigter Kindersegen.« Mit einer weit schweifenden Handbewegung über ihre Köpfe hinweg schloss er sie alle ein. »Schätze dich glücklich, Rosaline! Hier, inmitten dieser herzlichen, hilfsbereiten Menschen, lassen wir uns nieder. Sie bieten uns Quartier.«

Oh, Güte des Geschicks! Mein Herz machte Luftsprünge. Mit Vergnügen, jubelte es in mir, liebend gern lebe ich in diesem Haus, unter diesen Frauen, mit diesen Kindern. Hier bin ich nicht tagelang ohne Ansprache, einsam, gelangweilt, wie mit Bangen befürchtet, wenn Paul arbeitet oder viel Zeit mit Freunden verbringt, wie es unter Männern üblich ist. Die Sprache des Dorfes verbindet uns. Mir bleibt es erspart, stumm, ausdruckslos mit fremden Menschen zusammen zu sein.

Beisammensein vor dem Haus. Fragen, Rückfragen nach kleinsten Kleinigkeiten. Grenzenlose Neugier, Ungeduld: Was hat sich ereignet im Dorf, im Nachbarort, in der nahen, fernen Umgebung? Was ist wem widerfahren? Paul gab Auskunft, erstattete Bericht, erwies sich als ergiebige Informationsquelle. Er kannte die Menschen, die die drei Frauen kannten.

Ich war nicht bei der Sache, hörte ihnen nur mit halbem Ohr zu. Mir bereiteten andere Überlegungen Kopfzerbrechen. Wem gehört das Haus, vor dem wir sitzen? Dem Ehemann?

Warum dann gehen die Frauen, die Kinder so unbekümmert ein und aus? Wo nur stehen die Häuser der Frauen? Die Gebäude rechts, links gehören nicht zu dieser Familie, das ist offensichtlich, die bewohnen Nachbarn. Und nicht zuletzt unser Quartier, das sie uns »bieten«, wie Paul sich ausdrückte. Wo ist es? Für ihn? Für mich? Eine Schlafstelle nur, ich möchte mich hinlegen, halte nur noch mit Mühe die Augen offen.
Endlich ... nicht, dass alle Fragen der Frauen erschöpfend beantwortet wären. Nein, Paul gähnte unaufhörlich, wirkte müde, sagte schließlich bedauernd: »Es tut mir Leid, morgen wieder ...«
Suzanne, sicher in der Stellung der »Ersten«, ging voraus. Das Haus war geräumiger, als es von außen wirkte, barg reichlich Zimmer. »Hier schläft Lucie mit ihren Kinder, hier Jacqueline, hier ich ...« Wir folgten dem Flur, sie deutete auf geschlossene oder halb offen stehende Türen. »Das Gemach des Hausherrn. Zu dieser Stunde ist er nie da. Er kommt immer spät, hat Geschäftliches oder so außer Haus zu erledigen.«
Also, der Beweis ... offenkundig, untrüglich. Nie Vorstellbares, Glaubhaftes bietet sich mir hier: keine für sich stehenden, gesonderten Häuser. Drei Frauen, das gesamte Kindervolk, hm, selbst der Mann, alle hausen gedrängt, dicht an dicht, unter einem Dach. Ein ärmlicher, Mitleid erregender Zustand! Bedenke ich, mein Vater im Dorf wohnte einfach so nebenan, im Zimmer neben Mutter, unter all den wirbelnden Kindern, tagtäglich ... Diese Vorstellung belustigte mich. Eine andere Welt. Wo empfinge er seine Freunde? Im allgemeinen Wohnzimmer? Bei der Geschäftigkeit, dem ewigen Kommen und Gehen? Ausgesetzt den lauschenden Ohren der Frauen, ihrer Neugier? Würdelos! Oder zöge er sich mit seinen Besuchern zurück in die Kammer? Noch jämmerlicher!
Die Frauen, wie erdulden sie die Enge, die ständige Beobachtung? Reißen sie sich nicht gegenseitig die Haare aus, gehen nicht mit Kochlöffeln aufeinander los?

Suzanne öffnete die letzte Tür des Flurs, lächelte einladend: »Da, euer Raum!« Ich blickte auf ein einziges Möbelstück: ein Bett. Beunruhigung, eine gewisse Ahnung überfiel mich. »Unser Raum? Versteh ich nicht! Wo ist mein Schlafplatz?«, murmelte ich todmüde und schaute scheu, Hilfe suchend zu Paul, dann zu Suzanne. Bleierne Stille. Viel sagende Blicke wechselten die beiden. »Sprich mit ihr, Suzanne«, entschied schließlich Paul, vergrub seine Hände tief in den Hosentaschen, spazierte leise pfeifend den Flur entlang.
Sie schloss ihre Arme um mich, liebevoll, fürsorglich, wie um eine kleine, schutzbedürftige Schwester. »Meine kindliche Dörflerin, unerfahren, ahnungslos«, flüsterte sie. Diese sanfte Stimme, die Wärme ihres Körpers, ihr verständnisvolles Geflüster – kein Zweifel, ich bin eine unaufgeklärte Dörflerin – ließen mich die Fassung verlieren. Meine Tränen flossen hemmungslos. »Komm!« Wie ein Kleinkind nahm sie mich bei der Hand, führte mich in ihr Zimmer. »Leg dich in mein Bett.«
Ich schlief in den Tag hinein, dämmerte langsam dem Erwachen entgegen. Eine Schwere lastete auf mir. Etwas betrübte mein Gemüt, was war es? Einem inneren Widerstand folgend, ließ ich mir Zeit, mich zurechtzufinden, der Erinnerung bewusst zu werden. Ach ja … der gestrige Abend – Pauls Verstimmung. Aber warum eigentlich? Gut, ich bin bereits zur Einsicht gekommen, habe gelernt, in der Stadt herrschen andere Bedingungen, bestehen räumliche Einschränkungen, aber das Recht auf ein eigenes Zimmer bleibt mir wohl, oder? Ich lasse mich nicht mit Paul jede Nacht zusammensperren, darauf hat man mich nicht vorbereitet. Im Dorf stünde mir ein Haus zu, wie meiner Mutter und all ihren Mitehefrauen.
Ein geruhsamer Tag – Alltag in der Familie. Erholsam für mich, nach der ungewohnten Anstrengung der Reise. Noch spürte ich Müdigkeit in allen Gliedern. »Paul hat das Haus mit seinem Chef verlassen.« So viel an Information über seinen Verbleib. Sein Name wurde tagsüber nicht mehr erwähnt.

Gegen Abend nahm mich Suzanne beiseite. »Hör zu, Kleines. Du schläfst bei mir, ich meine, für eine Weile. Ich unterweise dich, führe dich ein in die hiesigen Gewohnheiten, in das Normale, das Paul von dir erwartet.« »Wie eine Marâtre?«, fragte ich in freudiger Erwartung. »Gewissermaßen ... ›Rosaline braucht einige Zeit der Eingewöhnung‹, habe ich ihm erklärt. Er hat mich verstanden.« Wie von einem unsichtbaren Windstoß weggepustet, wich die innere Spannung und damit auch die Unsicherheit. Ein Gefühl der Ruhe durchströmte mich, Zuversicht.

Die Tage vergingen. Wir Frauen lebten in gutem Einvernehmen miteinander. So schien es mir, nicht ahnend, was unterschwellig schwelte. Ich begleitete die eine zum Markt, die andere zum Feuerholzkaufen. Kochte mit Lucie, wusch Wäsche mit Jacqueline. Paul sah ich selten, meistens morgens. Freundlich erkundigte er sich nach meinem Wohlergehen. Abends kam er mit seinem »Patron« spät nach Hause. Oft schlief ich schon. »Die letzte Nacht«, kündigte mir Suzanne eines Abends an. »Und dann ...?« »Komm!« Mit einer Handbewegung forderte sie mich auf, neben ihr auf der Bettkante Platz zu nehmen. Mütterlich legte sie den Arm um meine Schultern. »Kleines, hör zu: Du wusstest, es war nicht als dauerhafter Zustand gedacht, dass du bei mir schläfst.« Natürlich nicht, unnötig, es zu bestätigen. Ich blieb regungslos sitzen, den Kopf gesenkt. Ihre Stimme veränderte sich, ich hörte Belustigung heraus: »Der Patron murrt schon, sagt, deinetwegen bliebe ihm meine Tür verschlossen, wegen dir müsse er sich bescheiden.
Das Leben im Dorf ist dir vertraut. Vielleicht hast du in der Vorstellung gelebt, überall, auch in der Stadt, verläuft es geordnet wie zu Hause. Ja sicher, du hattest nur diese Erfahrung: der Mann ein Haus, jede seiner Frauen ein Haus ... An Baugrund mangelt es nicht im Dorf. In der Stadt dagegen – du ahnst es nicht – knöpfen sie dir eine Unsumme Geld ab für ein

Fleckchen Land, das dir im Dorf als zu klein erscheint, um Erdnüsse zu säen.« »Ich weiß, ich weiß«, erdreistete ich mich, ihren Redefluss zu unterbrechen, wollte gern meine Kenntnisse einbringen. »Mein Onkel in Bafoussam, er klagte in gleicher Weise. Nur wohlhabende Geschäftsleute, sagte er, könnten sich ausreichend Grund und Boden in der Stadt leisten.« »Und bedauerlicherweise gehört unser Patron nicht zu denen.« Sie zuckte mit den Schultern, schicksalsergeben.
Nur einen Augenblick später rief sie erfreut: »Wie gut du die Situation verstehst, Rosaline!« Sie nahm meine Hand, streichelte sie. Ausdruck ihres Gefallens, ihrer Zufriedenheit. »Was tun? Ungern, aber der Not gehorchend, leben wir, wie wir leben, in Zimmern statt in eigenen Häusern, auch der Patron.« Schon gut, schon gut, dachte ich. Fordere ich ein Haus? Diesen Anspruch habe ich längst verworfen. Aber ein Zimmer, für mich und meine zukünftigen Kinder. Will es nicht teilen mit dem Mann, jede und jede Nacht. Was würde Mutter dazu sagen?
»Nun zu dir! Wir haben euch Unterkunft geboten, dir und Paul. Hör zu, ein Mann und nur eine Frau teilen sich ein Zimmer, ganz normal, wäre Verschwendung, noch ein weiteres einzurichten. Wer stört euch, keine zweite, dritte, vierte Frau …« Ich presste trotzig meine Lippen aufeinander. Es war mir einfach unvorstellbar.
»Außerdem, Rosaline!« Ich horchte auf, vermisste den gewohnten sanften Ton in Suzannes Stimme. Entschieden, fast drohend fuhr sie fort: »In unserem Haus steht kein weiteres Zimmer leer. Gut, überzeuge Paul, dass er euch eine andere Bleibe sucht, wenn er das Geld dafür hat.« Das klang wie reiner Spott. Er hat es nicht, sie wusste es. Ich biss mir auf die Lippen, verkrampfte meine Finger ineinander, wollte Schmerzen spüren. Konnte ich auf andere Weise die Scham ertragen, die mir so plötzlich bewusst wurde?
Die Schelte hielt an: »Es könnte dir passieren, dass du unter fremden Menschen leben musst, mit Nachbarn, die die hiesige,

nicht deine Sprache sprechen. Paul arbeitet, ist unterwegs, den ganzen Tag.« Nach einem tiefen Atemzug fiel ihr das schlimmste aller Schrecknisse ein: »Männer sind empfindlich, unberechenbar sogar, wenn eine Frau ihr Ehrgefühl verletzt. Starrköpfigkeit könnte Paul kränken, ihn zum Äußersten treiben: Er schickt dich zurück ins Dorf. Wird dich dein Vater mit Freuden empfangen, dich mit offenen Armen willkommen heißen?«
Genug, genug. Ich bedeckte mein Gesicht mit den Händen, verbarg es reumütig, schuldbewusst, duckte mich wie unter Schlägen. Oh, wie gut ich sie verstand. Welch Unheil habe ich angerichtet? Ich, das dümmliche Mädchen, verbohrt, einfältig. »Verzeih, bitte, verzeih mir«, flüsterte ich, ganz willens zu tun, was sie von mir verlangte. »Du verstehst, Kleines?« »Ja, ja«, erwiderte ich eilfertig in meinem kindlichen Verlangen nach Versöhnung. »Ich wollte dir unmissverständlich, ohne Umschweife klarlegen: Spiel nicht mit dem Feuer.« Welche Erleichterung! Ihre Stimme hatte den gütigen Tonfall wiedergewonnen, das Bedrohliche, das Bitterernste war gewichen.

In unruhigem Schlaf drehte ich mich von einer Seite zur anderen. Durchlebte aufregende Szenen in Träumen, an die bis zum Morgen keine Erinnerung blieb. Entsprechend unausgeschlafen wachte ich auf. Die Stunden zogen dahin in erregender Nervosität.
In den späten Nachmittagsstunden dann: »Rosaline!« Ein Ruf aus Suzannes Zimmer. Klopfenden Herzens trat ich ein. »Ich muss mit dir sprechen – Verhaltensregeln für die Nacht, weißt du.« Zärtlich strich sie mir übers Haar. »Übrigens«, der Schalk blitzte ihr aus den Augen, »ab morgen nenne ich dich nicht mehr ›Kleines‹ … Vielleicht«, überlegte sie, »kleine Frau. – Bist du neugierig auf die Ehe?«, fragte sie mich unvermittelt. »Die erste Liebesnacht?« Ich reagierte mit stummem Achselzucken. Sie lachte. Amüsiert sie meine Unerfahrenheit?
»Wasch dich sauber. Am Abend, wenn die Männer noch ein

Weilchen mit uns Frauen zusammensitzen, stehst du irgendwann auf. In eurem Zimmer ziehst du dich aus, bindest dir frisch gewaschene Tücher um, legst dich ins Bett, wartest auf Paul. Nicht einschlafen, he!« Sie drohte mir schelmisch mahnend mit dem Finger. »Wenn sich Paul neben dich legt, sich an dich schmiegt, dich liebkost, Rosaline, sei willig, weise ihn nicht ab, lass zu, was er fordert. Vielleicht schmerzt es ein bisschen, einen Moment nur, beiß die Zähne zusammen, jammere nicht.«

Müde und mit Übelkeit kämpfend, lehnte ich am Türrahmen des Eingangs, trank schluckweise Zitronengrastee. Die Pflanze fand ich hinter dem Haus, vermutlich hatte sie irgendjemand vom Dorf mitgebracht. Suzanne saß auf einem Hocker, genoss die wärmenden Strahlen der frühen Morgensonne und schnippelte Maniokblätter für das Mittagessen. Ich sollte ihr helfen, dachte ich pflichtbewusst, doch fehlte mir jeglicher Antrieb. »Suzanne, was ist nur los mit mir? Kein heißer Kopf, kein Fieber, keine Gliederschmerzen, also keine Malaria, und dennoch …«

»Kleine Frau, sorg dich nicht, du bist schwanger.«

»Schwanger!« Ein Freudenschrei, ein Luftsprung.

»Rosaline, ist das eine Neuigkeit für das ganze Viertel? Noch bevor es Paul erfährt, he?«, zischte Suzanne.

»Mir egal!« Sie konnte mich nicht beirren. Glückselig wirbelte ich um sie herum, vergaß Müdigkeit, Brechreiz, Lustlosigkeit. Ganz außer Atem setzte ich mich zu ihr, bestürmte sie: »Bist du sicher? Du kannst dich täuschen.«

»Sitz still! Sag, wann hast du zum letzten Mal den Mond gesehen?«

»Eine Ewigkeit her.«

»Also, bester Beweis!«

Höchste Glückseligkeit! Den ganzen lieben, langen Tag hätte ich tanzen und singen mögen. Bald schon, frohlockte es in mir

– Zeit, verstreiche in Windeseile –, werde ich ein kleines Wesen in den Armen wiegen. Dann noch ein Weilchen Geduld ... das Kind muss aus dem Gröbsten heraus sein, vorher können wir die beschwerliche Reise nicht wagen.

Unsere Ankunft im Dorf, lebendig sehe ich sie bereits vor mir, male sie mir in den schönsten Farben aus. Mutter eilt uns mit großen Schritten entgegen, ruft schon aus weiter Entfernung: »Wo ist mein Enkelkind, das erste?« Sie wird es herzen und liebkosen, groß und kräftig finden, egal, ob Junge oder Mädchen. »Rosaline ist da, Rosaline ist mit ihrem Kind gekommen!« Schneller als ein Lauffeuer wird die Nachricht von meinem Eintreffen die Runde machen, von Haus zu Haus, von Mund zu Mund. Mein armes Kind! Sie werden es sich gegenseitig aus den Armen nehmen, jeder will es tragen, jeder will es küssen. Gleich beginnt es zu weinen, fürchte ich als besorgte Mutter. Doch nein, mein Liebling strahlt und lacht.

Fass dich, Rosaline, mäßige dich, rief ich mich zurück in die Wirklichkeit. Sammle deine Gedanken für das Bekenntnis am Abend. O Gott, wie sag ich's, schüchtern, befangen, wie ich bin? Vielleicht morgen. Unmöglich – er könnte empört reagieren, wütend auf mich werden, wenn er es von anderen erfährt. In meiner Ratlosigkeit fragte ich Suzanne. »Sag einfach: Du, Paul, schon lange habe ich den Mond nicht mehr gesehen.«

Er begriff sofort, war sogleich im Bilde. »Was? Schon?«, rief er laut, hocherfreut, mit strahlender Miene. »Bin doch ein verdammt gutes Mannsbild, was?«, prahlte er. Doch als erreichte ihn plötzlich die neue Erkenntnis, dass zur Zeugung zwei Personen vonnöten sind, fügte er mit sanfter Stimme schnell hinzu: »Ich bin stolz auf dich!«

Wir nannten unseren Sohn Emmanuel. »Suche einen wohlklingenden, würdigen Namen«, hatte Paul mir aufgetragen. Außerdem kamen wir überein, dass unser Kind wie mein Vater, Todjo, heißen soll. Es begann eine aufregende Zeit. Die Frauen nannten einen Kalender ihr Eigen, nicht mehr gültig, aus irgendeinem der vergangenen Jahre, aber von unschätzbarem Wert. Neben jedem Datum standen ein oder zwei Vornamen, Namen aus der Bibel, christliche Namen. Zum Glück, Jacqueline war des Lesens kundig. Wir hörten ihr aufmerksam zu, lauschten gespannt, nickten zustimmend, schüttelten ablehnend den Kopf, diskutierten, entschieden, verwarfen. Nach langem Abwägen traf ich die Wahl: Emmanuel. Und warum? Ich erinnerte mich der Worte eines Evangelisten: »Emmanuel heißt: Gott mit uns.« Wenn schon unsere Ehe ohne Gottes Segen geschlossen worden ist, überlegte ich, setze ich mit dieser Namensgebung ein Zeichen: Himmlischer Vater, ich bitte dich, sei mit uns.

Erfreulich, Paul nahm seine Rolle ernster als irgendein anderer Vater, den ich kannte. Nun verbrachte er nicht mehr jeden Abend mit seinen Freunden, kam manchmal früh nach Hause. Dann wusch er seinen Sohn, nahm ihn auf den Arm, spazierte umher, kaufte ihm bei der Mama an der Ecke süße Bananen. Hörte er irgendwo Musik, Gesang, auch dorthin trug er Emmanuel. Welch Glück für Paul zu sehen, wie freudig sich schon der kleine Körper im Takt hin und her wiegte. Die Frauen des Patrons spöttelten, belustigten sich über »sein Gehabe mit dem Kind«, wie sie es nannten. »Sollen sie«, sagte er lächelnd zu mir.

Meine kleine Familie lag mir am Herzen, ich liebte sie, für sie lebte ich. Der Traum vom reichen Kindersegen wird sich verwirklichen, mit der Zeit, mit den Jahren. Auch genoss ich die Gemeinschaft mit den anderen Frauen, das Miteinander unter einem Dach. Hagelte es Donnerwetter, lagen sie sich in den Haaren, zog ich mich zurück, wartete, bis sich die Gewitterwolken aufgelöst hatten. Manchmal stritten sie wegen des Mannes, der nach Meinung der einen oder der anderen seine Gunst, sein Wohlwollen ungleich verteilte, meistens wegen

der Kinder. Mit der gleichen Angriffslust, mit der eine Hündin ihre Jungen verteidigt, ergriffen sie Partei für ihre Sprösslinge, ihr eigen Fleisch und Blut, ohne sich für den strittigen Punkt zu interessieren. Emmanuel war noch zu klein, um Ärger zu verursachen, ihm waren noch alle Dummheiten erlaubt.
Eigentlich hätte ich frohen Herzens sein können, zufrieden, unbeschwert, doch da war ein immer währender, nagender Schmerz, der mein Gemüt traurig, schwermütig werden ließ: das Heimweh nach dem Dorf, die Sehnsucht, die Meinen wiederzusehen. Manchmal überbrachte mir jemand Grüße, erreichte mich eine Mitteilung: Alle wohlauf. Aber ich wollte sie vor mir sehen, mich mit eigenen Augen vergewissern: Es mangelt ihnen an nichts.
Mit meinem Herzenswunsch stieß ich bei Paul auf taube Ohren, er wollte die Reise nicht auf sich nehmen: Das Kind sei zu klein. Doch Emmanuel wuchs, gedieh, war schon zwei Jahre alt. Kein Geld! Mit dieser Begründung verteidigte er dann seinen Widerstand, rechtfertigte er seine Weigerung. »Du siehst nur das Fahrgeld«, hielt er mir vor, »vergisst die Geschenke, die sie erwarten, die Väter, Mütter, Mitehefrauen, Tanten und Onkel, die Kinder. Für alle zusammen – einen Lieferwagen voll.« Ich schwieg, wusste zu genau, er hatte Recht.

Etwas ging vor in Pauls Kopf. Einige Tage lang verhielt er sich schweigsam, unnahbar, um mir dann das Ergebnis seines inneren Ringens zu offenbaren: »Fahr mit dem Kind, ohne mich.«
»Ich allein mit dem Kind … und Gepäck? Ausgeschlossen, nie und nimmer.«
»Nimm nur eine Tasche mit Kleidung, keine Geschenke in diesem Fall. Verteilst ein bisschen Geld.«
Noch lehnte ich den Gedanken entschieden ab, wies ihn weit von mir, doch allmählich, nach und nach, begann er in meinem Kopf zu spuken, wurde verlockender, vertrauter … bis die Sehnsucht siegte.

Die Reise war eine einzige Strapaze. Im Bus: Enge, Hitze, Staub, Mief, dazu das Geratter, das Gerüttel – ungewohnt für meinen Sohn, unerträglich. Er schrie, schlief ein vor Erschöpfung, wachte auf, wimmerte, quengelte. Er litt an Durchfall, wohl vom verschmutzten Wasser. Mich quälten Gewissensbisse: Mutete ich ihm nicht zu viel zu, dem kleinen Kerl?

Ende des Nervenkriegs, Schluss mit der Quälerei, Erlösung, Befreiung – Reiseziel erreicht. Stopp an der mir bekannten Kreuzung. Ich hielt inne, stand einen Moment lang still, atmete in tiefen Zügen, schöpfte reine, frische Luft. Wie anders als in der Stadt, wo es stets rauchig, brenzlig riecht, weil in allerlei Ecken Feuerchen glimmen.

EMMANUEL

Ich sah mich um: rote Erde, grünes Buschwerk. Ja, hier war ich in den Bus gestiegen, der mich in die unbekannte Welt gebracht hatte. Mein Herz war bange gewesen seinerzeit, ich hatte ängstlich in die Zukunft geschaut. Vor wie langer Zeit? Ich hätte es schlechter treffen können. Ein rührseliges Gefühl der Heimatverbundenheit überkam mich. Keine Zeit verlieren! Eilig hob ich meine Tasche auf den Kopf, Emmanuel war auf meinen Rücken gebunden. Schnellen Schrittes marschierte ich unserem Hof entgegen – heim.

Totenstille! Die Häuser lagen da wie verlassen, menschenleer. Nanu! Schreck fuhr mir in alle Glieder. Was ist los? Ach ... Mit der flachen Hand schlug ich mir gegen die Stirn. Rosaline, du Städterin! Markttag! Natürlich, die Frauen sind früh aufgebrochen, wollen ihre Ware unter Bäumen ausbreiten, geschützt vor der sengenden Sonne, und Schattenplätze sind begehrt, gesucht, auch wegen der Kleinkinder auf den Rücken.

Hinter einem Haus entdeckte ich spielende Kinder. Sie musterten mich kritisch. Ihre Blicke verrieten die Frage, die sie sich stellten: Wer ist diese Frau? Sie erkannten mein Gesicht nicht mehr. Und ihr?, dachte ich. Ihr seid gewachsen, habt euch verändert ... Als ich ging, saugten sicher noch viele von euch an den Brüsten eurer Mütter.

»Ich bin Rosaline«, stellte ich mich ihnen vor. »Aus Yaoundé?«, brüllten sie fragend wie mit einer Stimme. »Ja.«

»He, he, he.« Sie hüpften ausgelassen um mich herum. »Wir

sagen deiner Mutter Bescheid.« Idee eines Einzelnen, alle stoben davon. Voll Wohlgefallen schaute ich ihnen nach, fühlte, ich bin noch nicht vergessen. Erschöpft ließ ich mich auf einem Hocker nieder. Emmanuel spazierte umher, sammelte Stöckchen und Blätter.

Sie verloren keine Zeit auf dem Weg – nicht die Kinder, sie rannten zum Markt, nicht die Frauen, sie hetzten hierher. Welch ein glückliches Wiedersehen, wunderbarer, bewegender noch als in meinen schönsten Träumen.

Doch gleich danach verfielen sie in lebhafte Geschäftigkeit, werkelten, hantierten mit Feuereifer, wo immer sich Platz bot. Reges Kommen und Gehen. Unnötig, den Grund ihrer Betriebsamkeit zu erfragen, ich wusste doch, sie bereiten Nkui und Couscous zu – für mich. Oh, diese Frauen! Ich schmunzelte amüsiert. Nkui, die stärkende, pikante und, wie es allgemein heißt, reinigende Soße für die Mutter nach einer Geburt. Emmanuel läuft schon, spricht seit langem, spielt mit anderen Kindern, zeigt bereits eigene Willenskraft und Entschlossenheit … trotzdem, Brauchtum ist Brauchtum. Diesen beliebten überlieferten Akt ließen sie sich nicht nehmen, undenkbar für sie, darauf zu verzichten.

Unaufschiebbar – Mutter erinnerte mich an die drängende Pflicht: den Besuch bei der Schwiegerfamilie. Noch am Tag meiner Ankunft? Zu kraftlos war ich für den Marsch, zu müde für einen weiteren Empfang. Gleich morgen, in frühester Stunde, denn keinesfalls dürfen sie auf Umwegen, gerüchteweise von meiner Ankunft erfahren. Die »Erste« und die »Jüngste« trugen sich an, mich zu begleiten: »Wie dereinst, vor Jahr und Tag, lange her«, meinten sie.

»Oh, danke!«

Gut gelaunt, ausgelassen, wie halbwüchsige Mädchen übermütig kichernd über gemeinsame Erinnerungen, bewältigten wir den Weg zwischen den zwei Höfen. »Wisst ihr noch, hier,

genau hier unter diesem ausladenden Baum ...« »... hast du die Kleider gewechselt ...« »... stülpten wir dir den Sack über ...« »... hier empfing uns die Hochzeitsgesellschaft ...« »... hier klagten wir über müde Füße ...«
Pauls Mutter saß in der Morgensonne, wärmte sich die Glieder. »Lindert die Gelenkschmerzen«, erklärte sie später. »Auch die Augen lassen nach!« Muss wahr sein, sie erkannte uns erst, als wir unmittelbar vor ihr standen. »He, he, he ... Rosaline, mit Pauls Sohn, he, he, he, dass ich das noch erlebe!« Sie klatschte in die Hände, streckte sie uns dann entgegen, bat um Unterstützung beim Aufstehen von ihrem niedrigen Hocker.
Sie nahm Emmanuel auf den Arm, ihren Enkelsohn, Pauls erstes Kind, hatte nur Augen für ihn. Mit kleinen Tanzschritten, wiegenden Hüften umkreiste sie uns, bewegte rhythmisch zwei Finger auf ihren Lippen, trällerte – Ausdruck höchster Freude. Voll Erstaunen eilten die Mitehefrauen aus ihren Häusern. Neugierige Blicke ... Welch beglückende Aufregung erlebt eine der ihren bereits in der heutigen Morgenstunde? »Pauls Sohn!«, rief sie ihnen zu, hob das Kind unter Aufwand ihrer gesamten Kräfte für alle sichtbar in die Höhe. Emmanuel, Pauls Erstgeborener, ein Junge, war aus der Großstadt angereist, zu ihnen ins Dorf. Endlich, endlich ... Ich, seine Mutter, aufgeblasen vor Stolz, stand etwas abseits, beobachtete ihre Hochstimmung, ihren Überschwang.
Der Tag ging schnell dahin. Wir wollten aufbrechen, uns verabschieden, zurückkehren vor Einbruch der Nacht. Sie erhoben Protest. Erst nach einem festen Versprechen, bald wiederzukommen, und dann für lange Zeit, ließen sie uns ziehen.

Die Tage verflogen. Emmanuel ließ es sich wohl ergehen, erforschte das dörfliche Leben, genoss die Freiheit, die Weitläufigkeit, war überall zu Hause. Der Alltag der Frauen hatte sich nicht verändert, war arbeitsreich, beschwerlich wie eh, nahm aber dennoch seinen gewohnten Lauf. Trotzdem spürte ich Veränderung, einen bemerkenswerten persönlichen Wandel: Das Kind, das Mädchen Rosaline, aufgewachsen in diesem Gehöft, war vor Jahren fortgezogen. Zurück kam eine junge Frau, Mutter eines Sohnes, eine Person, die sich in einem Leben außerhalb des Dorfes zurechtfindet, ja behauptet. Jetzt genieße ich allgemeines Ansehen, man schenkt mir Beachtung. Selbst Vater sucht mich als Gesprächspartner, der über Erlebnisse und Beschwernisse des Reisens Auskunft geben kann, über Geschehnisse in Yaoundé, er stellt Fragen über Fragen. Wie kann er ahnen, dass meine Welt in der Stadt kleiner, begrenzter ist als im Dorf?

»Rosaline, meinst du nicht, es wäre an der Zeit?«, bemerkte Mutter eines Tages. »Ja«, ich konnte einen unwilligen Seufzer nicht unterdrücken, »du hast Recht. Verärgerung, Kränkung haben schwerwiegende Folgen.«

Tags darauf packte ich meine Tasche, tat es zögernd, mit unberechtigtem Unwillen, unerklärbarem Widerstreben. Rosaline, du bist herzlos, schäm dich, schalt ich mich. Den herzlichen Empfang, den sie dir bereitet haben, den Stolz, den du empfunden hast bei ihrer Freude an Emmanuel – alles vergessen? Musst dich nun überwinden, dir gar Zwang antun, einige Tage bei ihnen zu verbringen? Versteh ich mich selbst? Dabei, gerecht beurteilt, dürfen auch sie erwarten, dass Emmanuel, ihr Enkel, mit seinem Lachen ihren Alltag eine Zeit lang bereichert.

Herzensfreude beim Empfang. »Ha, für eine gute Weile gehört ihr allein uns, das Kind und du. Wir verwöhnen euch Städter, wirst erstaunt sein: mit Früchten, Nüssen, frisch geröstetem Mais …« Beschämt fragte ich mich: Warum nur war ich so voll innerer Abwehr gewesen?

»Erinnere dich, du gabst mir dein Versprechen, damals.« Meine liebenswürdige, sanftmütige Marâtre von einst drängte, ließ es

sich nicht nehmen, uns zu beherbergen. Ihr Haus bestand aus nur einem Raum: die Feuerstelle in der Mitte, an drei Wänden je ein Bambusbett. In einem Winkel verwahrte sie die Küchengeräte: Töpfe, Kalebassen, Tongefäße … Eine Liane, quer über Eck gespannt, darüber hingen ihre Tücher. Ausgerechnet im Haus dieser guten Seele geschah es, begann das Schicksal seinen verhängnisvollen, unglückseligen Lauf zu nehmen.
Emmanuel lebte sich gut ein, fühlte sich schnell heimisch. Er spielte, wurde umhergetragen, fiel hin, weinte, lachte, aß mit Heißhunger seinen abendlichen Maisbrei. Sauber, frisch gewaschen brachte ich ihn ins Bett. Wenn ich müde wurde, legte ich mich zu ihm.
An einem Abend kam Besuch. »Sohn eines Freundes deines Schwiegervaters«, stellte mir die Marâtre den jungen Mann vor. Wir unterhielten uns, auch er stellte viele Fragen, es wurde spät. »Warum dich durch stockfinstere Nacht tasten, dort steht ein Bett, schlaf bis Tagesanbruch.«
Ich erwachte aus wohligem Schlummer, reckte und dehnte mich, hörte noch schlaftrunken, wie die Marâtre aufstand, sich daranmachte, den Docht der Lampe zu entzünden. Knarren auch vom Bett gegenüber, der junge Mann erhob sich mit Schwung. Spärliches Licht erhellte den Raum. Er schaute freundlich lächelnd zu mir herüber, trat hastig einen Schritt näher, sein Blick verfinsterte sich, erschrocken rief er aus: »Dem Kind rinnt Blut aus der Nase.«
Ein Schrei des Entsetzens drang aus meiner Brust. Voll Verzweiflung riss ich Emmanuel hoch, flehte ihn weinend an: »Schlag deine Augen auf, schlag deine Augen auf.« Er tat es nicht. Ich sah sofort, fühlte sofort: Das Leben war aus ihm gewichen. Die Marâtre packte den leblosen Körper, hielt ihn an den Füßen, ließ ihn kopfüber baumeln, massierte, knetete ihn. Vergebens – ich wusste es. Schmerz überwältigte mich. Ich rannte nach draußen, warf mich in den Staub, schrie mir die Qual aus dem Leib: »Hu li li, hu li li, hu li li«, wimmerte, weinte.

Frauen, Kinder, Schwiegervater, alle stürzten erschrocken aus den Häusern. Wirres Durcheinanderreden. Entsetzte Fragen: »Ein Todesfall?« »Wer?« »Wo?« »In unserer Familie?« »Niemand war krank, oder?« »Bei welchen Nachbarn?« »Hu li li, hu li li, hu li li« – das Wehklagen meiner Marâtre wies ihnen die Richtung. Sie trat aus dem Haus. Auf ihren Armen trug sie mein totes Kind, ging langsam der Familie entgegen. Entgeisterte, schmerzerfüllte, schreckensstarre Gesichter, stumm, reglos ... bis sich endlich der Schmerz Ausdruck verschaffen konnte. Der Klagegesang wurde angestimmt.
Ich saß auf der Erde, den Rücken an die Hauswand gelehnt. Jemand hatte mir ein verwaschenes, zerlumptes Tuch um die Hüfte gebunden, ein Zeichen der Trauer. Schluchzend flüsterte ich immer und immer wieder: »... nicht wahr, nicht wahr ... nur ein Traum, glaub mir, Paul, nur ein böser Traum ...« Frauen und Männer der Familie, Nachbarn hatten sich um mich herum niedergelassen, saßen wie ich im Staub, wiegten sich im eintönigen Gesang der Klage.
Trauergäste strömten von überall herbei, bekundeten ihre Anteilnahme, ihr Beileid. Bei jedem neuen Besucher halfen mir entgegengestreckte Hände auf die Beine. Begleitet von Pauls Mutter und meiner Marâtre, begrüßte ich einen jeden und führte ihn laut weinend ins Haus. Dort lag mein Sohn, bekleidet mit seinem schönsten Hemdchen und Höschen, aufgebahrt auf einem Tisch.
Trauergesang in großer Entfernung, noch kaum hörbar, doch er kam näher. Meine Familie. Die Nachricht war schnell geeilt, wie vom Wind getragen. Auch wir machten uns auf den Weg, ihnen entgegen. Welch unglückseliges, todtrauriges Wiedersehen! Ich sank Mutter in die Arme, vor Schmerz fast von Sinnen. Sie umschlang mich, hielt mich lange Zeit mit festem Griff, flüsterte mir sanft ins Ohr, bedachte mich mit Trostworten, wischte mir mit ihrem Tuch die Tränen aus dem Gesicht. Verstört starrte Vater auf das leblose Menschenkind, dem

er noch vor Tagen mit großväterlicher Freude beim Herumtollen zugeschaut hatte.
Handwerkliche Geräusche drangen ins Haus, übertönten den Klagegesang. Hämmern, jeder Schlag ein Hieb auf meine wunde Seele. Ja, sie zimmern bereits aus zurechtgeschnittenen Raphiastücken eine Kiste zusammen, Emmanuels Sarg. Auf der anderen Seite wird gehackt, geschaufelt. Der Boden ist hart, ausgetrocknet. Das Grab. Sie werden ihn noch heute in die rote Erde betten.

Vater und Schwiegervater standen abseits, besprachen sich, ernsthaft, entschieden ihre Mienen. Sie riefen mich herbei, befragten mich nach dem genauen Ablauf des gestrigen Tages, der Nacht, des Morgens. Ich berichtete, es kostete mich Anstrengung, doch ich spürte die Bedeutung, die Wichtigkeit meiner Aussage. »… er stellte viele Fragen, interessierte sich für Pauls Arbeit, das Leben in Yaoundé, für alles …« Bohrendes Nachsuchen, einem Verhör gleich: »Wer war der junge Mann? Sohn von wem?« »Die Marâtre kennt ihn.« Schwiegervater eilte zu ihr, erfragte den Namen, kam noch erregter, noch beunruhigter zurück. »Wann verließ er das Haus?« »Er blieb … auf Einladung der Marâtre, legte sich in das freie Bett … er bemerkte als Erster, dass Blut aus Emmanuels Nase rann … danach sah ich ihn nicht wieder«, fügte ich hastig mit leiser Stimme hinzu, spürte, dass sich die Welt um mich zu drehen begann, dann wurde es Nacht um mich.
Wenig später hatte es sich herumgesprochen, war in aller Munde: »Der junge Mann … wie sonst ist der Tod des Kindes zu erklären? So plötzlich?« »Sein Verhalten: Er sah Blut, floh … sehr verdächtig, bestätigt nur …« »Er hat es von seiner Mutter geerbt … ihr sagt man nach …«
Ihre Bemerkungen, Überlegungen zogen an mir vorbei, ohne einzudringen, ohne mein Interesse zu wecken. Ich saß da, unbeteiligt, geistesabwesend, dachte an mein Kind. Er schlief so

glücklich ein, starb ohne Anzeichen von Krankheit. Alle hier sind überzeugt: Es handelt sich nicht um einen natürlichen Tod. Jemand hat in der Absicht gehandelt, Böses zu tun. Zeugen nicht auch Schwiegervaters Ausrufe von dieser Überzeugung? »Was wirft man mir vor? Was habe ich Unrechtes getan, dass man mir einen Dolch ins Herz stößt?« Aber der junge Mann …? Was habe ich, was hatte mein kleiner Emmanuel mit ihm zu tun? Wir sind uns gestern zum ersten Mal begegnet.
Meine Marâtre nahm mich zur Seite. »Hast du verstanden, was manche vermuten, andere mit Gewissheit behaupten?«
Ich schüttelte den Kopf. »Der junge Mann, warum sollte er …? Und wie sollte er …? Emmanuel lag in meinen Armen.«
»Rosaline, sie glauben, er betreibe Vampirismus, begreifst du jetzt?«
»Natürlich, die Leute reden, erzählen Geschichten von Vampiren, die des Nachts ihre Opfer aufsuchen.«
»Ja, so ist es. Diese böswilligen Personen brauchen den Raum nicht zu verlassen, sich nicht einmal vom Bett zu erheben. Ihr Geist löst sich vom Körper, schlüpft in ein Tier – eine Maus, Fliege, Eidechse, ein Moskito –, das dann das tödliche Werk vollbringt: Es saugt das Blut der Opfer, zerstört ihre Organe. Rosaline, verstehst du?«, fragte sie mich voll Ungeduld.
»Schon, schon, aber sag mir, warum sollte er mein Kind …? Auch Vampire töten nicht wahllos irgendjemanden, oder?«, schrie ich mit schriller Stimme. Ein Weinkrampf schüttelte mich.

Vater und Schwiegervater betraten das Gehöft. Wo sind sie gewesen? Ich hatte ihr Weggehen nicht bemerkt. Ein Mann, mir unbekannt, ging zwischen ihnen. Wundersame Person! Er trug die Haare lang wie niemand sonst, hatte einen Zweig des »Friedensbaumes« in der Hand. Um seine Schulter hing eine aus Raphiafasern gewobene Tasche.
Mutter saß neben mir. Auch ihr Blick folgte dem Fremden.

»Wer kann das sein?«
»Ich glaube ...«, Mutter zögerte noch. »Ein Hexer ... Ihn suchen Menschen auf, die ein Problem zu lösen haben. Auf bestimmte Art und Weise.« Leise, wie im Selbstgespräch, sagte sie: »Er wird die Wahrheit herausfinden. Pauls Vater sucht den Schuldigen, um sich zu rächen.«
Allgemeines Geraune, Getuschel. Auch zustimmendes Nicken. Hm, weiß jeder, was es mit dem Erscheinen dieser Person auf sich hat? Sie betraten das Haus der Marâtre. Dort lag Emmanuel, aufgebahrt. Nur einen Moment später kamen Vater und Schwiegervater wieder heraus. Sie lassen den fremden Mann allein mit meinem toten Kind. Was nur wird er tun mit ihm?
Vater trat zu uns, berichtete mit knappen Worten: »Er besitzt Zauberkraft, kennt Pflanzen, Wurzeln, Rinden, Muscheln mit magischer Wirksamkeit, versteht es, sie einzusetzen zum Verhängnis anderer. Ist der junge Mann schuldig, wird er sein Leben lassen ...«

Wir beerdigten Emmanuel ohne die Teilnahme seines Vaters. Was anderes hätten wir tun können? Warten? Unmöglich. Selbst auf traditionelle Art und Weise lässt sich ein Leichnam nicht vor dem Verfall bewahren, nicht für so lange Zeit, nicht auf unbestimmt.
Wir beweinten Pauls Sohn drei Tage lang, empfingen immer wieder Menschen, die sich, von nah oder fern kommend, eine Weile zu uns setzten, in den Trauergesang einstimmten, uns ihre Anteilnahme zeigten. Des Nachts streckten wir Frauen uns auf Bananenblättern aus, getreu dem Brauchtum. Schlossen unsere leer geweinten Augen.
Am Abend des dritten Tages. Meine Familie traf Vorkehrungen, auf ihren Hof zurückzukehren, aber nicht ohne Rasur der Haare. Wir alle unterzogen uns dieser Prozedur. Ein kahl geschorener Kopf ist ein Zeichen für Fremde: Ich bin in Trauer,

habe einen meiner Lieben verloren. Sie werden innehalten, nachfragen, Worte des Trostes finden. Streng genommen hätte ich mich als Christin der Rasur widersetzen sollen. Pfarrer und Evangelisten predigen gegen solche Praktiken, aber … mir fehlte die Kraft.
Noch am selben unglückseligen Tag erkundigte sich Schwiegervater, fragte allerorten: »Kennst du eine vertrauenswürdige, zuverlässige Person, die nach Yaoundé reist?« Wenigstens in dieser Hinsicht waren wir vom Glück begünstigt: Einem bekannten Nachbarn konnte er auftragen, Paul in seinem Viertel aufzusuchen, um ihm persönlich die leidvolle Botschaft zu überbringen. »Wähle deine Worte mit Bedacht, bringe es ihm schonend bei«, bat er ihn flehentlich.
Ich wartete. Eine Nervenprobe begann. Tagtäglich übte ich mich in Geduld, suchte verbissen nach Gründen, die seine Ankunft verzögert haben könnten: Der Überbringer der Nachricht – ich hatte keinen Zweifel an seiner Zuverlässigkeit, aber ich weiß, Probleme können auftreten, unvorhergesehen, über Nacht, gar von einem Augenblick zum anderen, und Vorhaben verzögern oder zunichte machen. Vielleicht musste er das vorgesehene, bereitgehaltene Fahrgeld für einen dringenden Krankheitsfall ausgeben oder lag tagelang reiseunfähig in Bafoussam, ein Malariaanfall tritt urplötzlich auf. Transportprobleme, Pannen auf der Strecke sind alltäglich, gang und gäbe. Angenommen, die Todesnachricht hätte Paul auf schnellstem Wege erreicht, was könnte ihn hindern, in fliegender Hast herbeizueilen? Geldmangel nicht. Sein Chef oder andere Freunde hätten ihm ausgeholfen. Krankheit? Meine Stimmung wechselte mehrmals täglich, mal machte ich mir unbändige Sorgen, dann wieder war ich ärgerlich, aufgebracht, gereizt. Warum kommt er nicht?
Emmanuel hinterließ in mir eine trostlose Leere. Ich spielte mit dem Gedanken abzureisen, nach Yaoundé zurückzukehren, beriet mich diesbezüglich mit meiner Marâtre.

»Oh, meine Tochter«, seufzte sie, ihr Blick war betrübt, leidvoll. »Unmöglich ... die Riten ... kennst du sie nicht?«
»Nein, wahrhaftig, welche? Wer muss sie durchführen? Ich? Was?« Ich stotterte vor Schreck, dachte lustlos: Was noch? Mein Körper ist erschöpft, entkräftet, mein Geist zermürbt, ertrage keine weiteren Strapazen. Ungeachtet dessen wusste ich es: Riten sind zu respektieren, sonst bleibt die quälende Angst, das Schicksal werde sich rächen, ein weiteres Unglück werde geschehen. Oh, meine Marâtre, sie kennt mich, vor ihr lässt sich nichts verbergen, sie las meine innere Stimmung aus meinem Gesicht.
»Nicht anstrengend, nicht qualvoll«, ihre Worte klangen tröstlich, »und vorher erwarten wir Paul, er muss kommen, unter allen Umständen ... Ich kann dich unterweisen, heute schon. Du musst wissen, üblicherweise vollzieht das Ehepaar diese Riten sofort nach dem Tod des Kindes: Sie trinken gemeinsam Wasser, halbieren eine Kochbanane, eine Makabo, eine Süßkartoffel, auch ein Stück Kolanuss. Ein Freund der Familie, er muss ebenfalls das Leid des Verlustes eines Kindes erfahren haben, rasiert ihnen die Köpfe. Ein sichtbares Zeichen: Wir, die Eltern des verstorbenen Kindes, teilen nicht nur Wasser und Nahrungsmittel, die Voraussetzung für Leben, auch Schmerz, Kummer. Wir trauern Seite an Seite.«
Mit Tränen in den Augen schaute ich meine Marâtre an. »Er ist nicht gekommen ... bin schon ohne Hoffnung.«
»Rosaline, meine Tochter!« Sie nahm mich in die Arme, strich mir tröstend übers Haar. »Triftige Gründe halten ihn ab, Gründe, auf die er anscheinend keinen Einfluss hat. Der Tod seines Sohnes kann ihm nicht gleichgültig sein, er kommt, ich kenne Paul.«
Gern wollte ich ihr Glauben schenken, sehnte ihn so sehr herbei.
»Die Riten, Rosaline, du hast mich unterbrochen. Ja, die Rasur der Köpfe ... Dann bittet man das Elternpaar, sich aufs Feld

zurückzuziehen, sich dort zu lieben wie Mann und Frau. Selbst wenn die beiden nicht mehr zusammen sind, seit Jahren getrennt leben, sie sind gezwungen, kommen nicht umhin, diese Riten zu befolgen. Die Ahnen wachen darüber, in der Hoffung, Sympathie erwache aufs Neue, fördere den Frieden in den Gehöften. Verweigerung hat ernste Folgen: Verfluchung, den mit anderen Partnern gezeugten Kindern wird kein langes Leben beschieden.«

»Oje, oje, Marâtre«, jammerte ich. »Ganz gewiss, die Ahnen werden uns zürnen. Paul … Mit seinem Fernbleiben stürzt er uns ins Unglück.«

»Fasse dich, beruhige dich, Rosaline«, redete sie besänftigend auf mich ein, »das Ritual lässt sich nachholen, sofort nach eurem Wiedersehen.«

»Meinst du?«

Sie nickte.

»Der junge Mann hat seine Pfeife zerbrochen, er hat keinen Atem mehr, also: schuldig.« Genugtuung hörte ich aus Schwiegervaters Stimme.

Meine Marâtre erzählte mir Näheres: »Kurze Krankheit. Es begann wie ein Malariaanfall. Dann setzten heftige Leibschmerzen ein, er spuckte Blut, starb.« Auch ihre Miene drückte Zufriedenheit aus.

Und ich? Tot oder lebendig – Emmanuel ist nicht mehr.

»Ha, wir haben Gegenmaßnahmen getroffen«, sagte die Marâtre, »die finden keinen Einlass mehr bei uns, denen haben wir jegliche Möglichkeit, ihr grausames Spiel zu treiben, verbaut.« Ich schaute sie verwundert an. »Die Vampire …«, flüsterte sie.

»Man kann sie fern halten, sich vor ihnen schützen?«

»Und ob!«

»Durch Pflanzen, Amulette, Gris-gris …«, überlegte ich. Was wusste ich schon über Mittel zur Abwehr dieser Blutsauger.

»Richtig, du kennst den Busch vor Vaters Haus? Der mit den kleinen, weiß-grünen Blüten? Die duften des Nachts, stark, süß, betäubend, verjagen Eindringlinge. In unserem Fall, in unserem Gehöft, wo bereits ein Vampir Verderb angerichtet hat, schützen nur stärkere Mittel, wirkungsvollere Gris-gris. Unser Mann … du weißt, von wem ich spreche?«

»Ja, von … dem Hexer.«

»Er versteht sein Handwerk, der Beweis ist erbracht. Er half uns nochmals, stellte Kräuter und Wurzeln zusammen, gab vielleicht Hühnerköpfe dazu … es bleibt sein Geheimnis … vergrub diese Abwehr in nächtlicher Zeremonie in allen vier Richtungen am Rande unseres Gehöfts. Für diese Praktiken verlangt er kein unbescheidenes Sümmchen Geld. Aber was sollen wir machen? Eine Notwendigkeit.« Sie zuckte ratlos mit den Schultern. Dann stand sie auf, ging zu ihrem Bett, hob ihre Matratze, tastete, fand, was sie suchte, drückte mir etwas in die Hand. »Da, für dich! Nimm es mit nach Yaoundé, lege es unter eure Matratze, es wird euch beschützen.«

Neugierig betrachtete ich das Päckchen, eingewickelt in einen leuchtend roten Stofffetzen. »Darf ich es öffnen?« Sie nickte. Es enthielt sieben Kaurimuscheln und ein Puder. »Zermahlene Gugubre-Kerne, sehr wirkungsvoll, vermischt mit Salz.« Wie dankbar war ich der guten Seele, dass sie so fürsorglich an mich dachte.

Ich wartete, wartete, wartete … Ein Tag nach dem anderen verging. Die Jahreszeit wechselte, der Regen hatte eingesetzt: Zeit der Einsaat. Arbeit der Frauen. Ich schuftete, plagte, erschöpfte mich. War auch oft zu Besuch bei den Meinen, kehrte jedoch stets abends zurück. Pauls Familie darf keinesfalls den Eindruck gewinnen, ich miede sie. Sie könnten mutmaßen, ich gäbe ihnen insgeheim die Schuld am Tod meines Kindes.

Niemand mehr sprach von Emmanuel, erwähnte noch seinen

Namen. Keiner machte Bemerkungen über Pauls Fernbleiben, noch stellte mir jemand die Frage, wann ich nach Yaoundé zurückkehren wolle. Wir spielten normalen, ungetrübten Alltag. Sie wollten mir helfen, über den Verlust meines Kindes hinwegzukommen, zu vergessen.

Aber ich konnte nicht vergessen, fand keine Antwort auf die drängende Frage: Welcher Gott hatte es für nötig befunden, mich so unbarmherzig, so gnadenlos zu bestrafen? Und für welche Sünde?

Vater gab mir den Segen der Götter unseres Gehöfts mit auf den Weg. Warum sollten sie grollen, mir Böses zufügen? Vielleicht weil ich dem himmlischen Vater mein Versprechen gegeben habe? Andererseits vermute ich gerade bei ihm Ingrimm und Zorn: eine Ehe ohne seinen Segen. Dabei weiß er, das war nicht mein Verschulden. Trotzdem, ich kam nicht umhin, fühlte mich im tiefsten Herzen schuldig. Oh, meine kindliche Arglosigkeit! Hatte ich erhofft, ich könnte den Herrn gütig stimmen, ihn durch die Namensgebung meines Kindes bitten: Sei mit uns?

Ich lebte dumpf vor mich hin. Auf den Feldern keimte die Saat. Pflänzchen entwickelten sich. Das Unkraut wucherte. Mit vereinten Kräften sagten wir ihm den Kampf an.

Dann, eines Tages … Müde, verschmutzt, durstig, hungrig kehrten wir von der Feldarbeit zurück. Die Sonne sank bereits. Träge verweilte ich im Hof, schwatzte noch mit den anderen Frauen. Die Marâtre rief mich ins Haus, voller Ungeduld. »Der Patron, Pauls Chef, ist bei Vater. Wasch dich, halte dich bereit. Sie werden dich rufen.« Hitze stieg mir in den Kopf, mein Herz begann zu rasen. Moment der Entscheidung! Befreiung von der Ungewissheit! Das unerträgliche, zermürbende Warten hat ein Ende, wie auch immer die Botschaft lauten wird. In fliegender Hast wusch ich den Schweiß, den roten Staub von meinem Körper, wollte bereit sein, die Zeit der Besorgnis um keine Minute verlängern.

Geduldsprobe. Sie ließen sich Zeit, die beiden. Was hatten sie nur zu bedenken, zu entscheiden? Wie nur sieht meine Zukunft aus?

Sie ließen mich nicht rufen. Schwiegervater selbst begleitete den Patron zu uns, ins Haus der Marâtre. Herzliche Umarmung. Nie zuvor hatte ich ihn so liebenswürdig erlebt. »Liebe Rosaline, Paul schickt mich, bittet dich, zurückzukehren.« »Was ist mit ihm? Warum kommt er nicht?« Erhalte ich endlich Antwort auf die brennenden Fragen, die ich mir tagtäglich von früh bis spät und in schlaflosen Nächten gestellt habe? »Er war leidend, reiseuntauglich. Man wird dir Einzelheiten erklären.«

»Meine Tochter, morgen früh wirst du uns verlassen«, teilte mir Schwiegervater mit. »Ihr beide reist zusammen.« »Morgen früh?«, flüsterte ich entgeistert. »Aber, Papa ... die Riten. Wir müssen sie hier durchführen, Paul und ich, hier an diesem Ort. Andernfalls«, ich schluckte, Angst schnürte mir die Kehle zu, »beschwören wir Unheil herauf. Ich werde nur noch Missgeburten zur Welt bringen – Fluch der Ahnen.« Ich schlug die Hände vors Gesicht, schluchzte hemmungslos.

Schwiegervater und Marâtre redeten mir gut zu, hatten Mühe und Not mit mir. Ich wollte und wollte nicht glauben, mir nicht einreden lassen, dass die Riten auch in Yaoundé durchgeführt werden könnten, »allerdings sofort nach deiner Ankunft«. »Paul weiß Bescheid, er ist dafür«, fügte der Patron noch bekräftigend hinzu. »Außerdem«, versprach Schwiegervater, »wird uns keine Opfergabe zu groß sein, um die Ahnen zu besänftigen.« Was tun gegen so viel Überzeugungskraft?

Fröstelnd machten wir uns auf den Weg. Die Morgenkühle drang unangenehm durch das dünne Tuch meines Kleides. Es hatte geregnet während der Nacht, entsprechend tief war die aufgeweichte Erde, zäh der Schlamm, durch den wir uns kämpfen mussten.

Mein Reisebegleiter sprach nur das Nötigste. Sein Schweigen kam mir gelegen. Leid, Traurigkeit, Schwermut lasteten auf meiner Seele, drückten mich nieder. Wie nur hatte das alles geschehen können?
Dann, beim ersten Halt, nahm er mich beiseite, bat mich, ihn etwas abseits der lärmenden Geschäftigkeit zu begleiten. »Rosaline«, väterlich legte er den Arm um mich, sprach liebevoll, mit warmer Stimme, »dir ist Schmerzliches widerfahren, das Schicksal hat dir übel mitgespielt. Glaube mir, wir alle sind mit unseren Gedanken bei dir gewesen, die ganze Zeit. Und Paul …« Der Patron schüttelte leicht den Kopf. »Er hat uns große Sorgen bereitet … sein Zustand war bedenklich.« Er schwieg. Überlegte er, was er mir anvertrauen, was lieber vorenthalten sollte? »Natürlich, die Nachricht traf ihn schmerzlich, er war nicht mehr zu beruhigen. Sofort wollte er aufbrechen, sich auf die Reise machen. Wir hielten ihn zurück, aus Sorge um ihn. Danach verfiel er in Teilnahmslosigkeit, aß unregelmäßig, selten genug, beteiligte sich kaum noch an Gesprächen, wirkte unaufmerksam, geistesabwesend, auch bei der Arbeit. Glück für ihn, dass ich sein Chef, gleichzeitig sein Freund bin. Ein anderer Patron hätte ihn entlassen.«
Jeden Zwischenstopp, jede Pause nahm er fortan als Gelegenheit, mich detailliert in Pauls Besorgnis erregendes Verhalten, seine Lebensart seit Emmanuels Tod einzuweihen. Auch in dem Dorf, das für mich mit unvergesslichen Erinnerungen verbunden war: ein Fleischgenuss wie nie zuvor, Bewunderung der Mamas, die sich aus reiner Geschäftstüchtigkeit Wörter aus der Sprache der Weißen angeeignet hatten, mein Stolz auf Paul, meinen Mann, der sich selbstsicher in all den verschiedenen Lebensbereichen bewegte …

Wir standen uns gegenüber, Paul und ich. Er schaute mich an, einen Augenblick nur, senkte dann traurig den Blick, wendete sich ab, ging langsam davon. Der Tod hatte eine Barriere zwischen uns errichtet, Lähmung und Verkrampfung hinderten uns, zueinander zu sprechen. Er war mager geworden, hatte sichtbar an Gewicht verloren. Langsame Bewegungen. Wo war seine Lebendigkeit geblieben, seine Spannkraft? Sein strahlendes Lachen? Es war einem traurig-schüchternen Lächeln gewichen.

Lucie, Jacqueline, Suzanne, die drei rührigen, geschäftigen Frauen, hatten Vorkehrungen getroffen. Ein Freund aus unserer Heimatgegend hielt sich bereit, unsere Köpfe zu rasieren, brauchte nur noch gerufen zu werden. Ihm war, wie es die Tradition forderte, das gleiche Schicksal widerfahren: Tod eines Kindes.

Die Dunkelheit der Nacht ermöglichte es uns, zueinander zu finden. Die Riten waren vollzogen, endlich. Ich konnte aufatmen, spürte Erleichterung, wartete nur noch auf Pauls Aufforderung: Rosaline, erzähle. Dann berichtete ich, schilderte die Geschehnisse, die Bestürzung und Trauer, das Geraune, redete mir den Schmerz von der Seele, eine ganze Nacht lang. Endlich durfte ich mein Leid mit ihm teilen.

»Pauls Augen leuchten wieder«, warf Lucie eines Tages in die Frauenrunde. Wir saßen zusammen, jede etwas müde von der Hausarbeit, verschnauften, schwatzten. »Ja, er findet wieder Gefallen am Leben, hat seine frühere Unbeschwertheit zurückgewonnen«, bestätigte Suzanne. »Und ich habe gehört, wie der Patron lobend erwähnte, Paul nehme seine Arbeit wieder ernst, wie ehedem.«

Wie Vogelgezwitscher klangen ihre Bemerkungen in meinen Ohren. Oh, ein Leben, ungetrübt wie früher! Zudem hege ich ein Geheimnis, will die Frauen noch nicht einweihen. Doch Paul habe ich es vor ein paar Tagen zugeflüstert: Den Mond, den habe ich seit einem Weilchen nicht mehr gesehen.

DIEUDONNÉ

Irgendetwas bahnte sich an in der anderen Familie, nahm einen betrüblichen Verlauf. Der Friede war gebrochen. Erste Eigentümlichkeit, erstes Krisenzeichen, wenigstens für mich: Jacqueline kochte für sich und ihre Kinder, während wir anderen gemeinsam mit der Essenszubereitung beschäftigt waren, wie immer. Was ging vor? Unerklärliches. Suzanne und Lucie schnatterten mehr als sonst, lachten lauter ... Ich schwieg, hoffte aus tiefster Seele, die Gemüter mögen sich mit der Zeit beruhigen. Doch das Gegenteil geschah: Die Spannung wuchs. Kein Wort mehr zwischen den beiden und Jacqueline. Verwirrte, verunsicherte Kinder. Ich litt, kannte nicht die Gründe des Zerwürfnisses, wagte mich bei niemandem zu erkundigen, nicht bei Suzanne, nicht bei Lucie, nicht bei Jacqueline, aus Furcht, ich würde in die Verstimmung hineingezogen werden, müsste mich auf eine Seite schlagen.

Jacqueline. Meine Bewunderung galt ihren Schulkenntnissen. Sie hat schreiben und lesen gelernt und oftmals unseren Erklärungen noch einen weiterführenden Sinn gegeben. Mich verlangte, ihr beizustehen. Doch da war Suzanne, gegen sie würde ich mich stellen. Nein, keinesfalls. Sie hat mir von Anfang an Mutter ersetzt. Denke ich zurück an meine Forderung nach einem eigenen Zimmer, Suzanne leistete Verzicht, nahm mich auf, erklärte. Seither – was immer mein Herz bewegte, ich besprach es mit ihr.

Auch Lucie muss Suzanne die Treue halten. Sie, Mutter zweier

Kinder, lebte dahin in ärmlichen, beklagenswerten Verhältnissen, bis Suzanne den Patron beschwatzte und er sie aufnahm als dritte Frau, zusammen mit ihren Kindern, großzügig, nicht selbstverständlich, und sie weiß sehr wohl, ein wohlwollendes Wort, ein aufmunterndes Lächeln gegenüber Jacqueline genügte, Suzanne empfände eine solche Geste als Verrat. Oh, diese verflixte Abhängigkeit!

Und der Patron? Er mied den Schauplatz, ging der dicken Luft aus dem Weg. Kam des Abends noch später nach Hause, legte sich ins Bett zu derjenigen, die gerade an der Reihe war, stand morgens früh auf.

Eines Abends raunte Paul mir zu: »Ich weiß, worum es geht.« Voll Neugier erwartete ich den Moment unserer Zurückgezogenheit. »Eigentlich keine gewichtige Sache, eher eine Belanglosigkeit«, begann er seine Ausführungen. »Also, Jacquelines Kinder, Roger und Christine, sind fleißige Schüler, erzielen gute Resultate. Sie hilft ihnen beim Lernen, misst der Schulbildung großen Wert bei. Irgendwann, vielleicht am Ende des Schuljahrs, sagte der Patron lobend zu Roger – im Ernst, im Spaß? –: ›Du gibst einen tüchtigen Mann ab, so jemanden brauche ich später als Nachfolger für mein Geschäft.‹ Mehr nicht. Suzanne kam diese Äußerung zu Ohren, und sie wertete sie als gegebenes Versprechen, fühlte sich als ›Erste‹, als Mutter von älteren Söhnen, übergangen – die Zwietracht war gesät.«

Pauls Bericht war zu Ende. Wir schwiegen, schauten traurig vor uns hin. Plötzlich stieg Unmut in mir auf. »Der Anlass … so nichtig!«, zischte ich gereizt. Nächtelang hatte ich mir den Kopf zermartert, welchen Fehltritt Jacqueline wohl begangen haben mochte, welche Schuld sie auf sich geladen hatte, so folgenschwer, so unverzeihlich, dass man sie und ihre Kinder hinausekelte, bewusst aus dem Hause trieb. Ich hatte an Diebstahl gedacht, an Verleumdung, Hexerei, Gewalttätigkeit, sogar an Prostitution.

Jacqueline zog aus.

Unser Kind kam gesund zur Welt. Ein Geschenk! Ein Zeichen des himmlischen Vaters, er zürnt uns nicht mehr. Seine Großmut würdigend, nannten wir unseren Sohn Dieudonné, von Gott gegeben. Bei aller Glückseligkeit, eine Sorge trieb mich um, beunruhigte mich. Dieudonné ähnelte Emmanuel auf verblüffende Weise, sie glichen sich aufs Haar. Entsprechende Bemerkungen von jedermann missfielen mir, ja, waren mir verhasst, weil ich wusste, was in den Köpfen der Leute vorging: Emmanuel ist wiedergeboren mit all seinem Unglück, dieses Kind wird das gleiche Schicksal ereilen. Haben sie denn keine Asche auf Emmanuels Sarg gestreut, um diesen Fluch zu verhindern?
Ich ließ niemanden teilhaben an meiner inneren Unruhe, selbst vor Paul verbarg ich diese stetige Bangigkeit, zeigte mich als glückliche, stolze Mutter, erklärte gelassen: »Ganz natürlich, diese Ähnlichkeit. Dieudonné hat dieselben Eltern wie Emmanuel.« Doch besonders in den ruhigen Momenten des Stillens, wenn er genüsslich saugte, schaute ich besonnen auf mein Kind, bat es inständig: »Zu meiner und zu deines Vaters Freude, wachse zu einem tatkräftigen Mann heran.«
Er gedieh prächtig, als setzte der kleine Kerl alles daran, mir meinen Herzenswunsch zu erfüllen. Trotzdem, beim geringsten Anzeichen von Unwohlsein, Fieber, Appetitlosigkeit quälte mich unbändige Sorge, ich fragte jedermann um Rat, wie das Übel zu beheben sei.
Ich besaß noch das kleine Päckchen meiner Marâtre. Diesen Schutz vor Vampiren hatte ich wohl gehütet, er war mir ein wertvoller Besitz. Zu Beginn der Schwangerschaft hatte ich es unter die Matratze gelegt, Vorkehrung für das Ungeborene. Nach der Geburt veränderte ich seine Lage, verschob es mehr dorthin, wo Dieudonnés kleiner Körper des Nachts ruhte.
Er lernte früh laufen. Von dem Moment an zog es ihn zu den anderen Kindern, er befand sich stets in ihrer Mitte, stand ihnen beim Fußballspielen hinderlich im Weg.

Eines Nachmittags kam er weinend in die Küche, kratzte sich an seinem Bauch. »Mama, das brennt, das juckt«, brachte er schluchzend hervor. Nicht einmal hastig legte ich meinen Kochlöffel zur Seite, ich rührte gerade den Couscous. Ach, Kinder weinen des Öfteren, mal sticht sie ein Moskito, mal verletzen sie sich an einem Dorn, doch zu meinem Schrecken fand ich eine zerquetschte Raupe in seinem Höschen, keine gewöhnliche Raupe, die gefährliche Art, eine mit langen, feinen Härchen auf der Rückenpartie. Schon manchmal bei der Feldarbeit war ich mit ihnen in Berührung gekommen, hatte sie beim Unkrautjäten aus Versehen angefasst. Weiß ich, wie sie es machen, jedenfalls, die Stellen werden hart wie bei Insektenstichen, brennen, jucken, tagelang.

Oh, mein armes Kind! Gewiss hat dieses Biest in seinem Todeskampf seinen ganzen Giftvorrat ausgespritzt. Schmerzhaft, aber nicht lebensbedrohend wie ein Schlangenbiss. Trotzdem, ich überlegte fieberhaft: Was tun?, rief Suzanne, Lucie. »Was tun?«, fragte ich auch sie. »Vermische Erde mit Wasser, das kühlt, lindert«, so ihrer beider Rat. Ein Mittel, das wirkte, Dieudonné beruhigte sich. Um ihn ganz zu versöhnen, kaufte ich an der Ecke süße Bananen.

Die Nacht verlief ruhig. Doch am Morgen musste ich feststellen, die betroffene Stelle hatte sich vergrößert. Mit zunehmender Schwüle im Verlauf des Tages fing Dieudonné wieder an zu kratzen, zu jammern.

Ach, wäre ich nur im Dorf, dachte ich voll Bedauern, Mutter kennt sich aus, fände sicher ein wirksames Heilkraut. »Geh lieber zur Krankenstation«, riet Suzanne. »Die Heiler dort sind erfahren, ausgebildet von den Weißen, verkaufen auch deren Medizin, zum Beispiel kleine, weiße, runde Etwas, wie gepresstes Maniokmehl, Tabletten, die man schlucken muss. Versuch es dort, warte, ich begleite dich.«

Ein Mann, gekleidet in Weiß, betrachtete eingehend Dieudonnés nun nässende Schmerzstelle. Nickte, brummte ein »Hm«,

kritzelte etwas auf ein Schnipselchen Papier, reichte es mir. »Kauf das dort am Schalter.« Er wies in irgendeine Richtung. Zum Glück kannte sich Suzanne aus.
Tabletten zum Einnehmen, Puder für die Wunde brachten Besserung, doch nur für kurze Dauer. »Komm, Rosaline, richte dein Kind her, wir gehen in das große Krankenhaus in der Stadt«, entschied Suzanne, der meine sorgenvollen Blicke zu Herzen gingen.

Ich machte große Augen. Was für ein Gebäude! So lang und breit und hoch! Verblüfft stand ich davor, voll Verwunderung. Wir traten ein. Welche Großflächigkeit! Die Häuser eines ganzen Dorfes hätten darin Platz.
Auch Paul begleitete uns, hatte sich entschieden mitzukommen, der Verständigung wegen. Jacqueline wohnt nicht mehr bei uns. Suzanne und Lucie waren »sprachlos« wie ich. Heutzutage zählt die Sprache der Weißen, in ihr verständigen sich Kameruner aus verschiedenen Landesteilen, Himmelsrichtungen.
Geschäftigkeit. Kommen und Gehen. Wartende überall. Auch wir harrten aus, mussten uns gedulden, einen ganzen Vormittag lang, bis wir eingelassen wurden. Welch unerwartetes Bild, welch ungewöhnliche Erscheinung bot sich unseren Blicken: In einem strahlend hellen, sonnendurchfluteten Raum saß eine Frau. Sie lächelte uns entgegen. Weiß ihre Kleidung, weiß ihre Haut, weiß auch ihr Haar, glatt, leicht, luftig. Ich hatte Derartiges noch nie gesehen. Mich verlangte es, sie zu berühren. Rosaline! Augenblicklich rief ich mich in die Wirklichkeit zurück, sammelte meine Gedanken, besann mich auf mein Kind. Paul sprach mit der Frau, erklärte, beantwortete ihre Fragen. »Das schaffen wir«, ließ sie für mich übersetzen, unterstrich ihre Worte mit aufmunterndem Lächeln. Sie verschrieb Medikamente.
Gewissenhaft, mit größter Sorgfalt behandelte, pflegte ich Dieudonné. Die ersten Anzeichen der Besserung hätte ich

feiern mögen wie ein Fest. Doch danach verschlimmerte sich sein Zustand erneut.

»Ein Ausschlag, verursacht durch nichts als eine Raupe, will trotz Behandlung nicht heilen – sonderbar.« Der Patron selbst sinnierte diesbezüglich, denn Dieudonnés Gequengel und meine Niedergeschlagenheit legten sich belastend auf die Gemüter aller Hausbewohner. »Bin überzeugt, eine verhexte Sache … da mischt jemand mit in diesem Spiel. Kein Fall für die Medizin der Weißen, die zeigt keine Wirkung. Rein unsere Angelegenheit.« »Also suchen wir nach einem traditionellen Heiler«, sagte Paul besonnen, als überlege er bereits, wo er eine solche Person finden könne. »Aber bedacht!«, warnte der Patron. Seine Handbewegung bedeutete Abwehr. »Keinen von hier, niemanden aus dem Volk der Ewondo. Ihr wisst ja, die sind uns Bamileké nicht besonders wohlgesinnt. Die meinen, wir seien Eindringlinge, die aus dem Westen. Nein, nein, denen von hier vertraue ich kein Leben an«, rief er. »Die uns wahrscheinlich auch nicht«, fügte er verschmitzt lächelnd hinzu. »Was bleibt uns dann? Die Reise ins Dorf?«, fragte Paul ergeben. »Nichts anderes, aber diesmal ihr beide.«

Erschöpft und mit verkrampften Gliedern stiegen wir aus dem Bus, machten uns müde auf den Weg zum Gehöft. Ein alter Mann kreuzte unseren Pfad, blieb kurz stehen, hob seine Hände in demütiger Haltung, drückte uns sein Beileid aus. »Was? Was sagst du da?«, schrie Paul ihn an. Der Arme! Erschrocken zuckte er zusammen, bat mit flehendem Blick um Nachsicht. Konnte er ahnen, was er heraufbeschworen hatte? »Aber … aber…«, stotterte er hilflos, »kommt ihr nicht zur Beerdigung?« »Wer, wer?« Erneut bestürmte Paul den Verstörten, dem nun zu Bewusstsein kam, wie ahnungslos wir noch waren. Er ergriff die Flucht, wollte nicht der Überbringer der Todesbotschaft sein.

»Los, los!« Paul hastete davon, angetrieben von der großen

Ungewissheit: Wer nur? Ich hetzte hinterher, keuchte, die Last meines Kindes drückte auf meinen Rücken. Schon von weitem hörten wir Wehklagen, Trauergesang, dann sahen wir die Frauen. Paul verlangsamte seinen Schritt, blieb stehen, flüsterte: »Also er ...«

Sie saßen vor dem Haus seines Vaters, verstreut auf dem Stückchen Rasen und im schmalen Schattenstreifen entlang der Wand. Als wir in ihr Blickfeld traten, sie uns gewahr wurden, versiegten die Tränen, verstummten die Klagen: Bass erstaunte, fassungslose Blicke waren schweigend auf uns gerichtet. Pauls Mutter fasste sich als Erste, erhob sich: »Seid ihr es wirklich?« Sie befühlte den Arm ihres Sohnes, als müsste sie sich durch Berührung von seiner Leibhaftigkeit überzeugen.

»Ihr ... hier? Wie ... wie ist das möglich?«, stammelte sie.

»Dein Vater ist in der Nacht gestorben. Heute Morgen haben wir einen Boten nach Bafoussam gesandt, der nach einer Möglichkeit suchen soll, euch zu benachrichtigen, auf dem schnellsten Wege.«

Wir erklärten den Grund unserer Reise, reichten Dieudonné herum. Er vergnügte die Frauen nicht mit strahlendem Lachen wie einst Emmanuel. Er war nicht frohen Mutes, weinte bitterlich. Trostworte, Zusprüche, jede versuchte auf ihre Art, mein Kind zu beruhigen, vergebens. Ich schaute verzweifelt zu Paul hinüber. Trotz des Schmerzes, trotz der Trauer über den Verlust seines Vaters flüsterte er mir zu: »Heute noch.«

Mutter führte uns hinter das Haus. Dort, im Schatten des weit ausladenden Mangobaums, hatten Männer am Morgen eine Grube in der Größe eines Grabes ausgehoben, jedoch nur knietief. Sand vom Bach bildete die unterste Schicht. Sie hatten Bananenstauden geschlagen, das Blätterhaupt entfernt, die Stämme längs halbiert, in der Grube nebeneinander gelegt, mit der Schnittfläche nach oben. Darauf war der Tote gebettet und mit einer weiteren Schicht bedeckt worden, Schnittfläche nach unten. Von Zeit zu Zeit gossen sie Wasser darüber. Der

Feuchtigkeitsvorrat der Pflanze erzeugt Kühle, der Leichnam bleibt frisch über mehrere Tage. Doch nun waren wir wider Erwarten bereits angekommen. Die Beerdigung wurde für den nächsten Tag festgelegt.

Paul hatte sich zwei seiner Onkel anvertraut, sich mit ihnen zu Überlegungen – was tun für seinen Sohn Dieudonné? – zurückgezogen. Der Kummer über den Tod meines Schwiegervaters reichte tief, ein so gütiger Mensch, doch die Sorge um mein Kind betäubte diesen Schmerz, raubte mir fast den Verstand. Warum also darf ich nicht dabei sein? Ich weiß, ich habe nichts zu sagen, wollte nur zuhören, was erwogen wird. Nein, Männersache! Frauen werden in Kenntnis gesetzt, hinterher.

Das tat Paul sehr wohl, er überbrachte mir die Erkenntnis der Onkel: »Die Ahnen«, meinte er, »müssen verstimmt, verärgert sein, hab sie wahrscheinlich vernachlässigt, lebe ja seit langem in der Stadt. Doch selbst wenn ich mich hier aufhielt, Tradition war mir nicht wichtig, ich dachte: Das ist Sache der Alten … Hm, Unbedacht, Sorglosigkeit meinerseits.« Er zuckte mit den Schultern, machte eine schuldbewusste Miene.

»Paul, ja und? Sag, was ist zu tun?« Ich brannte darauf, etwas zu erfahren, wollte handeln, unverzüglich, ließ Paul nicht antworten, fuhr fort: »Wir müssen ihnen unsere Ergebenheit zeigen, unsere Hochachtung, aber wie? Wie, Paul, können wir sie gütig stimmen?« »Ja, Rosaline …« Warum nur zögert er? Sprich endlich! Meine Geduld kam an ihre Grenzen. »Nach der Erfahrung der Onkel, nach ihrem Rat sollen wir den ›Tshop‹ durchführen, ›die Erde graben‹.« Ich überlegte: »die Erde graben« – an einer Stelle, an der vielleicht zwei, drei Personen, Vorfahren Pauls, gestanden und sich schändlich über ein Familienmitglied ausgelassen, ja, es sogar mit einem Fluch belegt hatten. Bisher hatten sich die Ahnen sanftmütig, gnädig verhalten, waren wahrscheinlich mit reichlich Opfergaben bedacht worden, doch Pauls Nachlässigkeit könnte sie verstimmt haben.

Ah, ein Fall kam mir ins Gedächtnis, ja, ein Fall genau wie unserer: Ein Ehepaar, wohnhaft in Nkongsamba, begleitete ihr von Krankheit geplagtes Kind ins Dorf, um dort, im heimatlichen Gehöft, »die Erde zu graben«. Das Kind wurde überraschend schnell gesund. Also … Warum nicht auch unser Dieudonné? Ja, den Rat der Alten begrüßte ich, er war nach meinem Herzen, ließ mich augenblicklich wieder hoffen. »Dazu bedarf es einer Person, die die Verbindung zu den Ahnen herstellt«, sagte ich eilfertig. »Überlass das den Onkeln.«

Nun wünschte ich inständig, die beiden würden die Dringlichkeit erkennen, ließen nicht allzu viel Zeit verstreichen. Ungeduldiges Warten. Ich schaute den Weg entlang, immer wieder, nach Momenten nur wanderte mein Blick erneut dorthin, bis ich sie kommen sah, in Begleitung eines kleinwüchsigen Mannes. Paul ging ihnen entgegen – auch er hatte also den Weg im Blickfeld gehabt –, sie sprachen miteinander, wahrscheinlich über seine Geldforderungen. Ich setzte mich wieder zu den Klagenden, mein Kind tröstend in den Armen wiegend, sagte mir, die Männer werden mich zu gegebener Zeit rufen.

Dieudonnés Ausschlag hatte sich verschlimmert, besonders während der anstrengenden Reise. Er weigert sich zu essen, ich füttere ihn, spreche dabei liebevolle, aufmunternde Worte. Ein paar Happen, dann beginnt er zu weinen. Meistens mischen sich seine und meine Tränen.

Mein Kopf ruhte auf meinem Arm. In Gedanken hielt ich bereits Zwiesprache mit den verärgerten Ahnen, versprach ihnen mein Hab und Gut als Opfergabe, bat sie flehentlich, unsere Versöhnungsgeste anzunehmen. Eine Hand berührte mich sanft, eine Stimme flüsterte: »Paul ruft dich.«

»Unser Mann hat das Gehöft abgeschritten, ist über die Felder gegangen«, erklärte mir Paul. »Dort draußen«, er deutete auf einen kleinen Hügel, »hat er eine Stelle gefunden. Irgendetwas, ein versteckter Gegenstand, den er unablässig in dem Hohlraum zwischen seinen beiden Händen schüttelte, hat ihm den Weg gewiesen.«

Der Kleinwüchsige unterhielt sich mit den Onkeln. Seine Kleidung unterschied sich nicht, außergewöhnlich nur war ein schwerer, metallener Armreif und seine Kopfbedeckung, eine schwarze Kappe mit roter Feder. Ich betrachtete forschend sein Gesicht, suchte nach Zügen, die Vertrauen erweckten, die mir versicherten: Rosaline, hab Zuversicht. Fand ich sie? Nein, sein Antlitz war eher reizlos, langweilig – doch seine Augen sprachen, stachen, sie erschreckten mich und flößten mir gleichzeitig Ehrfurcht ein.
Ich schaute umher, suchte den Boden ab nach der Stelle, wo »die Erde gegraben« werden sollte. Ah, zu Füßen der Onkel entdeckte ich ein Loch in der Oberfläche, so groß wie eine Kinderfaust. Da? Wahrscheinlich. Wir hatten Gugubre und Kolanüsse mitgebracht: Ihr Ahnen, seht, die traditionellen Früchte des Friedens. Die Hände hinter den Rücken haltend, öffnete jeder seine Schoten, pulte die Kerne heraus, brach die Nüsse auseinander und verstreute seine Hand voll um die »Stelle«.
Moment des Grabens. Der Kleinwüchsige nahm die Hacke, bearbeitete den Boden. An der Oberfläche war die Erde hart, knochentrocken, wurde jedoch feiner, bröseliger, je tiefer er grub. Die Öffnung erwies sich als Gang ins Innere, wie erwartet. Verzweigt er sich? Wir alle hielten den Atem an, starrten … der nächste Hieb der Hacke … in wie viele andere? Vier! Die Onkel wichen erschrocken zurück, schnalzten entsetzt mit der Zunge. Paul blickte mich entgeistert an. Meine Knie zitterten, ich musste Halt an seinem Arm suchen. Schweigen. Kein Wort, jeder wusste: Die Ahnen beben vor Wut, beabsichtigen, hart mit uns ins Gericht zu gehen. Vier Gänge, das heißt, sie haben beschlossen, vier Mitglieder der Familie zu sich zu rufen: Emmanuel, Schwiegervater … schoss es mir durch den Kopf … nein, nein … nicht Dieudonné! »Höchste Zeit!«, deutete der Kleinwüchsige unsere Lage. Er hegt Hoffnung, ich konnte mich beruhigen.

Die Erde, die er nun aushob, war feinkörnig, fast wie Staub. Aus einer mitgebrachten Kalebasse goss er Wasser darüber, mischte. Von diesem Erdbrei strich er Onkel, dem Ältesten unter uns, auf die Hand. Der leckte daran, fuhr mehrmals mit der Zunge darüber. Ein wenig auch verrieb er mit den Fingern auf seiner Fußsohle. Er wandte sich zu seinem Bruder, dann zu Paul, zu mir. Jeder erhielt seinen Teil, vollzog das gleiche Ritual.

Ich hieß Dieudonné lecken, natürlich weigerte er sich. Ich schob ihm ein Klümpchen in den Mund, er spuckte angewidert, weinte. Die so lebenswichtige Erde rann ihm, mit Speichel getränkt, in braunen Spuren aus den Mundwinkeln. »Er muss«, sagte Paul. »Wir versuchen es zu zweit.« Ich hielt meine Hand auf Dieudonnés Lippen, er war gezwungen zu schlucken. Erleichtert atmeten wir auf, geschafft. Noch seine Fußsohlen, damit war die Zeremonie vollzogen. Unwillkürlich schaute ich zum Himmel, dorthin, wo mein christlicher Vater regiert, meine Gedanken aber weilten bei den Vorfahren: Nun, ihr Ahnen, haben wir uns ergeben, unterwürfig genug gezeigt? Lasst Milde walten, verschont uns von eurem Vorhaben … »Wir wollen sichergehen, nichts unversucht lassen«, hörte ich Pauls Stimme neben mir. »Morgen, bei Sonnenaufgang, werde ich ihnen einen Hahn, Palmöl und Salz opfern.«

Schwiegervaters Körper ruht nun tief in der Erde, unmittelbar an der Wand des Hauses, in dem er eine Ewigkeit lebte, eine Schar von Kindern zeugte. Bekannt in der Region, gab ihm eine beträchtliche Menschenmenge aus der näheren und weiteren Umgebung die letzte Ehre, bevölkerte unser Gehöft.

Der Sarg wurde noch vor dem Höchststand der Sonne versenkt. Sofort begannen junge Männer, die der Familie und ihre Freunde, Erde in die Grube zu schaufeln. Von Zeit zu Zeit hielten sie inne, unterbrachen diese Arbeit für den traditionellen Tanz auf der noch locker aufgeschütteten Erde. Singend und tanzend, auf der Stelle tretend, stampften sie sie fest. Wehklagen von Jung und Alt, Beweinung der Familie. Im großen Kreis, einer hinter dem anderen, bewegten wir uns mit kleinen Schritten rhythmisch vorwärts, mit klagendem Gesang, Tränenströmen ... Nach und nach schlossen sich Freunde an, fädelten sich in die Runde ein.

Jeder hegte seine Erwartungen: Ein langer Anmarsch, sengende Hitze, aufgewirbelter Staub, auch die verstreichenden Stunden ließen Hunger und Durst aufkommen. Mit wenigstens zwei Hand voll Erdnüssen, mit gerösteten Maiskolben, Ignam, reifen Bananen darf man rechnen, und der Palmwein muss fließen. Paul musste tief in die Tasche greifen. Die Früchte der Felder reichten nicht aus für eine großzügige Bewirtung. Er ist der Einzige, der Arbeit hat, regelmäßige Einkünfte bezieht, einen unbegrenzten Geldsegen in den Augen der Dörfler, der Familie.

Pauls Vater hatte sich als Mitglied in die Chefferie eingekauft, bereits vor vielen Jahren. Das heißt, er hatte seinerzeit dem Chef ein angemessenes Sümmchen Geld bezahlt, um im Dorf als eine Person von Würde angesehen zu werden. Seine finanziellen Mittel hatten ihm nicht mehr als den untersten Rang erlaubt, zu seinem stetigen Leidwesen. Doch dieser Rang genügte, dass seine fünf Frauen die Riten der Witwenschaft statt sieben Tagen nunmehr vier Wochen ausführen mussten.

Eine lange Zeit für viel beschäftigte Frauen, drei von ihnen Mütter von Kleinkindern. Trotz dringender Feldarbeit, der Beginn der Regenzeit stand bevor – die Tradition zwang sie zur Untätigkeit. Tagsüber saßen sie vor dem Haus ihres verstorbenen Mannes nebeneinander, die »Erste«, »Zweite«, »Dritte« ..., jede auf ihren Bananenblättern. Des Nachts schliefen sie bei ihren Kindern. Ihre Glieder, müde vom Nichtstun, streckten sie auf dem harten Fußboden aus, bedeckt mit Bananenblättern. Der Gang zum Bach, jeder Tropfen Wasser zur

Reinigung, zur Erfrischung ihres Körpers war ihnen verwehrt, vier Wochen lang. Sie harrten aus, ertrugen es ohne Murren, diese Zeit geht vorbei. Sie wussten, Aufbegehren, Verweigerung erzürnt die Ahnen, sie fürchteten ihren Zorn.
Doch eine Nachricht erwarteten sie inständig. »Noch nichts gehört?«, fragten sie täglich. Sie erhofften den Tod eines Mannes in einem näher gelegenen Dorf, an dessen Beerdigung sie teilnehmen könnten. Eine Gelegenheit, heimlich einen Stock aufs Feld seines Gehöfts zu werfen, den Stock der Witwenschaft. Ein solches Ereignis muss eintreten, denn erst danach können sie wirklich ihre Trauerzeit nach vier Wochen beenden, sonst gilt es zu warten, bis ein solcher Fall eintritt.
Dieudonné. Ich hoffte, hoffte … Unablässig schaute ich nach, prüfte mit angehaltenem Atem, wie sich sein Ausschlag entwickelte. Breitet er sich weiter aus wie vorher, verschlimmert er sich? Nein. Erleichterung, wenigstens das nicht. Doch sein kleiner Körper war so schwach, wurde immer leichter in meinen Armen. Er aß wenig, übergab sich oft. Das bisschen Nahrung reichte nicht aus, um ihn bei Kräften zu halten, gar zu stärken. Was soll ich noch tun?, überlegte ich. Ich bedrängte Paul, bestürmte die erfahrenen Mütter, befolgte jeden Rat.
Unterdessen herrschte ständiges Gerede, jeder stellte Fragen, jeder wusste Antworten: »Wen hat die Raupe verkörpert?« »Einen Vampir, was sonst?« »Wer hat sie in Dieudonnés Höschen gesteckt?« Sie ereiferten sich, sie beharrten zuletzt auf der Schuld meiner Gefährtinnen, meiner Vertrauten in Yaoundé. »Suzanne und Lucie, die hatten ihre Hände im Spiel.« Böse Zungen – abgetan! Ich hatte keine Kraft, gegen diese Unterstellung aufzubegehren.

Die Ahnen kannten keine Gnade, ließen trotz all unserer Versöhnungsversuche keine Schonung walten. Unbarmherzig nahmen sie uns Dieudonné, unser zweites Kind.
Ich befürchtete sein Ende seit langem, mein Verstand flüsterte

es mir zu, doch mein Herz lehnte sich dagegen auf. Ich hoffte ..., hoffte bis zu seinem letzten Atemzug. Sein Körper war leicht wie der eines Vogels, dann kam Fieber hinzu, Durchfall, er wehrte sich nicht. Ich begriff, auch er war ein Kind »der Durchreise«, wie wir sagen, nicht für diese Welt bestimmt. Die geweinten Tränen um ihn gingen unter in der allgemeinen Traurigkeit, Freudlosigkeit, die seit dem Ableben meines Schwiegervaters im Gehöft herrschte.
Paul war viel mit den Onkeln zusammen, fortwährend standen sie beieinander, redeten gedämpft, ernsthaft, schwiegen nachdenklich. Das war kein normales, geselliges Beisammensein, kein Plausch unter Männern, um sich die Zeit zu vertreiben. Was nur treibt sie um, was nur ersinnen sie? Ich erfuhr es, als die Entscheidung getroffen war: »Rosaline«, sagte Paul eines Tages, »ich gebe meine Arbeit in Yaoundé auf, wir kehren zurück ins Dorf. Die Stadt hat uns kein Glück gebracht.« Wortlos nahm ich diese Neuigkeit auf. Was auch hätte ich sagen sollen? Dieser Entschluss, so plötzlich ... hätte nie daran gedacht. »Die Stadt hat uns kein Glück gebracht.« Wahrhaftig ... Ich wollte Paul zustimmen, doch dann besann ich mich: »Hat nicht Emmanuel Yaoundé als gesundes, munteres, fröhliches Kind verlassen? Sein Schicksal hat ihn im Dorf ereilt.« »Gewiss«, bestätigte Paul, »weil die Ahnen uns unsere Pflichtverletzung verargen. Hier im Dorf können wir alles tun, um sie wieder versöhnlich zu stimmen.«
Auch ich hegte keinen größeren Wunsch. Bin zu jedem Opfer bereit, möchte endlich gesunde, lebensfähige Kinder, so wie sie scharenweise um uns herumspringen. Es erwies sich, Paul hatte bereits über unser zukünftiges Leben reiflich nachgedacht, Einzelheiten geplant, er hatte klare Vorstellungen.
»Ich werde in den Handel einsteigen«, erklärte er mir einen Tag später schwärmerisch, mit neuem Auftrieb. »Die Onkel haben mich darauf gebracht, sie meinten, ich sei herumgekommen, erfahren im Reisen, kenne die Städter, spreche die Sprache der

Weißen, kurz, ich sei befähigt.« Ich hörte ihm schweigend zu, dachte an den Onkel, Mutters Bruder in Bafoussam, der – mit was noch gleich? – durch die Straßen zieht …
Als könne er Gedanken lesen, meine Vorstellung von einem Händler erahnen, beeilte Paul sich, mir seine Idee vom Geldverdienen zu unterbreiten: »Du weißt ja, Kolanüsse sind sehr gefragt, auch in Yaoundé, nur, dort wachsen diese Bäume nicht wie bei uns im Bergland. Ich kaufe hier billig Kolanüsse ein, reise in die Stadt, verkaufe sie dort teuer, mit Gewinn. Nicht Stück für Stück, sondern säckeweise«, fügte er erklärend hinzu, um mein Bild vom dörflichen Kleinmarkt zu erweitern. »In Yaoundé kaufe ich dann Tücher, die ich hier in den Dörfern an den großen Markttagen verkaufen werde.«

Paul schmiedete Pläne. Ich bestärkte ihn darin, wie auch immer sich dieser Handel entwickeln mochte. Geschäftigkeit erfüllte seine Gedanken, ließ ihn nicht wieder in diese Starre, diese Interesselosigkeit verfallen, wie nach Emmanuels Tod. Ich glaube, er zwang sich zur Stärke, er tröstete mich. Fühlte er sich aufgrund seines Versäumnisses mitschuldig? Jedenfalls meinte er eines Tages voll Zuversicht: »Ein Leben in Einmütigkeit mit den Ahnen wird uns noch viele Kinder bescheren.«
Paul stürzte sich in die Arbeit. Von morgens bis nach Sonnenuntergang streifte er durch die Gegend, besuchte Freunde, fragte nach Kolanüssen, ließ sich weitere Besitzer dieser Bäume nennen, verhandelte Preise, kaufte viele kleine Mengen, füllte damit zwei Säcke auf. Er begab sich auf Tour, versuchte sein erstes Glück im Handel. Eine Gelegenheit auch, seine Arbeit in der Stadt zu kündigen und unser Zimmer im Haus der Freunde zu räumen, ihnen Lebewohl zu sagen. Sie werden Einsehen haben, unsere Entscheidung auch unumgänglich finden. Wehmütig dachte ich an Suzanne, an Lucie, hätte ihnen gern persönlich gedankt.
Pauls Reise dauerte lange. »Habe mit unzähligen Abnehmern

verhandelt, sie wollten kaufen, doch zu welchem Preis? Fast umsonst. Und die Beschwerlichkeiten der Reise? Meine Ausgaben? Fand einen, der angemessen zahlte«, erklärte er mir nach seiner Rückkehr. »Dann die Tücher. Der Patron brachte mich mit Verkäufern zusammen. Langwierige Verhandlungen, doch das Geschäft wird sich entwickeln ... Ja, Grüße vom Patron, von den Frauen, sie bedauern, aber verstehen.« Ich war zufrieden, mir schien, Paul schätzte sich erfolgreich.
Abwechslung, Zerstreuung, Vergessen suchte ich in der Feldarbeit. Pauls Mutter hatte mir mein eigenes Stück Land zugeteilt. Mit all meiner Kraft hackte ich auf die Erde ein, wollte am Abend todmüde in tiefen Schlaf versinken. Ich arbeitete auch für andere, half, wo ich konnte, vorwiegend den älteren Frauen, am liebsten meiner Mutter. Ich besuchte sie oft, blieb zuweilen des Nachts. Abends saßen wir um das glimmende Feuer in der Küche, schwatzten, erzählten uns die Geschichten, die umgingen, deuteten sie, legten sie aus nach unseren Ansichten, wie früher.
Ich wurde schweigsam. Betrübt begegnete ich anderen Frauen, jung wie ich: Sie waren entweder schwanger oder trugen einen Säugling auf dem Rücken, manche führten noch einen Knirps an der Hand. Mein Bauch war leer, mein Rücken unbelastet, in der Hand hielt ich meine Hacke.
Dann hatte ich Gewissheit. Ich freute mich sehr, doch nicht ausgelassen, übermütig wie früher. Ging es Paul ähnlich? Der Verlust unserer Kinder hatte uns verändert, zu ernsteren Menschen gemacht Trotzdem, er zwinkerte mir verschmitzt zu, sagte: »Diesmal, Rosaline, machen wir alles besser, demnächst, bald schon werden wir die Ahnen beehren, ihnen diesmal frühzeitig rituelle Opfer darbringen, nicht warten, bis sie in hellen Zorn geraten und uns den schmerzlich spüren lassen. Ich habe schon meine Pläne.« Er sah mich erwartungsvoll an, als wollte er mein Interesse prüfen. »Erzähl!« Ich war voll Spannung.
»Das traditionelle Haus da drüben hat Vater für die Schädel ei-

niger der einflussreichsten Vorfahren bauen lassen. ›Ihnen gebührt ein ehrenvoller Platz‹, meinte er, ›damit sie sich nicht vergessen wähnen dort draußen, so ständig dem Regen ausgesetzt.‹ Ich erinnere mich noch gut an die verschiedenen feierlichen Handlungen: Nach zwei, drei Regenzeiten werden die Schädel den Gräbern entnommen und im Boden dieses Hauses eingegraben, nicht tief, nur gerade eben mit Erde bedeckt. Vor noch nicht so langer Zeit begrub man sie im Hause des Familienchefs, neben dessen Bett. Manche Familien pflegen diesen Brauch auch heute noch. Bei Überfall oder Feuer kann man sie in Eile ausgraben, um mit ihnen zu fliehen. Undenkbar wäre es, das Gehöft zu verlassen und das Wertvollste den Eindringlingen oder den Flammen preiszugeben. Die Ahnen würden eine solche Ehrlosigkeit nie verzeihen.

Ich versuche, genügend Geld für den Kauf einer Ziege aufzutreiben, bitte dann einen Onkel, mit unseren Vorfahren in Verbindung zu treten. Sie beherrschen das entsprechend würdige Ritual. Hast du schon solchen Zeremonien beigewohnt?«

»Noch nie!«

»Also, Onkel weiß, wo die Schädel vergraben sind. Auf diese Stellen gießt er etwas Wasser, nimmt ein wenig von der aufgeweichten Erde auf, um sich damit die Brust einzureiben. Erst dann nimmt er Verbindung zu den Ahnen auf, wird sie bitten, unser Kind unter ihren besonderen Schutz zu nehmen, es im Mutterleib, während und nach der Geburt vor bösen Einflüssen zu bewahren, es gesund und lebensfähig zu machen.

Um die Ernsthaftigkeit unseres Wunsches, gleichzeitig unsere Verbundenheit mit ihnen unter Beweis zu stellen, wird Onkel noch das Erdreich um die Schädel mit Palmöl tränken. Unterdessen wird die Ziege zubereitet: Kleine Happen dienen ebenfalls als Opfergabe, den Rest isst die Familie. Ameisen werden kommen, sich gütlich tun, das Fleisch zerlegen, davontragen … diese kleinen, göttlichen Helfer.«

EIN VERHÄNGNISVOLLER TAG

Eine solche Zeremonie fand nie statt, denn kurze Zeit später ereignete sich jener verhängnisvolle Tag ... Meine Marâtre, die gute Seele, war mir noch immer die vertrauteste Person im Gehöft, stand mir näher als Pauls Mutter. Ich liebte sie, sie mich, wir waren uns zugetan. »Das Knie«, jammerte sie, »da sitzt der Satan drin. Rosaline, heute ist großer Markttag, kauf mir Öl, geräucherten Fisch und weitere Kleinigkeiten, willst du?« Allzu gern war ich bereit.

Auf dem Nachhauseweg schlenderte ich, Gedanken nachhängend, den schmalen Pfad entlang, den beide Seiten mit Buschwerk säumten. Niemand befand sich in Sichtweite. Ich achtete nicht darauf, warum auch? Vor mir, jedoch in einiger Entfernung, trat ein Mann, nicht mehr ganz jung, aus dem Gebüsch auf den Weg, blieb stehen, machte keinerlei Anstalten, zur Seite zu treten, als ich näher kam. Ein kurzer, forschender Blick in sein Gesicht bestätigte: ein Unbekannter. Ich verlangsamte meinen Schritt. Was will er? Mir meine Einkäufe entreißen? Das sind Geschichten aus der Stadt! Mir etwas antun?

Verriet mein Gesicht meine aufsteigende Bangigkeit, mein Herzklopfen? Lächelnd trat er näher. »Keine Angst, meine Tochter, ich tue dir nichts, bin kein Bandit«, sagte er. »Übrigens, Gauner wären an Bargeld interessiert, nicht an Trockenfisch. Und was hast du für mich gekauft?« Ein Mann, so freundlich, dachte ich beruhigt, kann nur ein Bekannter, ein Verwandter sein, von Paul vielleicht, von Schwiegervater ...?

Jemand, der mich kennt, denn eigentlich darf sich keine verheiratete Frau allein mit einem fremden Mann unterhalten. Aber warum hat sich mir sein Gesicht nicht eingeprägt? Vielleicht war es eine zu flüchtige Begegnung? Nun geneigter, entgegenkommender, beantwortete ich höflich seine Frage: »Nichts habe ich für dich gekauft, Papa, wusste nicht, dass ich dir begegne.« »Nein, wie könntest du? Sah dich auf dem Markt ... deine Erscheinung, deine Anmut ... wusste sofort, kam augenblicklich zu einer Erkenntnis: Deine Schönheit ist von so großem Wert, kostbarer als der teuerste Gegenstand, den es auf dem Markt, selbst in Yaoundé, zu kaufen gibt.«
Irritiert schaute ich zu Boden, seine Bekundung warf mich aus dem Gleichgewicht, ließ mir Hitze in den Kopf steigen. Ich ahnte ..., zögerte jedoch, wollte seine Worte nicht verstehen. Nie zuvor hatte ein Mann, dazu ein Fremder, mich derart angesprochen. Was erwidern? Wie mich verhalten? Gib dich als ahnungslose, unbedarfte Dörflerin, entschied ich. Verlegen sagte ich: »Versteh dich nicht, Papa! Besitze nichts, nicht das Mindeste, was ich dir darbieten könnte.« Er lachte amüsiert, erfreute sich sichtlich an meiner Harmlosigkeit. »Oh, du bist wunderbar! Die jungen Frauen aus dem Dorf, wie liebreizend, noch wirklich unverdorben. Du täuschst dich, mein Kind. Beschenke, beglücke mich mit deiner ›beauté‹.« »Eh?«, brachte ich nur hervor, verstand nichts. »Klingt reizvoll, das Wort der Weißen für Schönheit, findest du nicht?«
Meine Schönheit ... wer sprach je von ihr, hatte sie je bemerkt? Niemand. Deshalb, ich musste es mir eingestehen, konnte es nicht leugnen: Seine Bemerkung tönte wie froher Gesang in meinen Ohren. Doch ich überhörte auch nicht die leise innere Stimme, die da flüsterte: Rosaline, besinn dich, vor dir steht kein Verwandter, genauso wenig einer von Pauls Freunden. Die Situation erfordert Klarstellung. »Mein Herr, ich bin eine verheiratete Frau«, ließ ich ihn wissen, und erwarte ein Kind, fügte ich in Gedanken hinzu.

»Ja, mit Tagne, Paul, Sohn des Tagne.« »Woher wissen Sie das?«, fiel ich ihm barsch ins Wort. Er strahlte mich an. »Hab mich auf dem Markt erkundigt bei den herumsitzenden, geschwätzigen Weibern. Übrigens ... Paul ...« Er hielt inne, weit zurückliegende Erinnerungen schienen aufzutauchen. »Wir wuchsen miteinander auf. Paul, das schmächtige Kerlchen, immer strotzend vor Dreck, und« – er lachte – »unter seinen Zehennägeln nisteten jede Menge Sandflöhe. Der, der hat eine so hübsche Frau? Verdient er nicht! Dein Vater hat sich schön von seinem Brautpreis blenden lassen.«
Schäumend vor Wut platzte ich los, unbeherrscht, meine Schüchternheit vergessend: »Was wagst du, was erdreistest du dich? Derart verächtlich, niederträchtig, schändlich über meinen Mann zu sprechen, he? Ich rate dir, mein Herr, hüte deine Zunge, bezähme dein böses Mundwerk, sonst ... sonst ...« Ich rang nach Luft, mir fehlten die Worte – und er? Er stand da, schaute mich wohlgefällig an, fand Gefallen, ja, ergötzte sich an meinem Zornausbruch. Noch ingrimmiger, noch aufgebrachter rief ich: »Paul ist ein eleganter, sauberer, gepflegter Mann ... erfolgreich ... verdient sein Geld ... hat lange Zeit in Yaoundé gelebt. Was zählen da noch seine ungewaschenen Füße von damals? Und du, hast keine Dreckfüße gehabt? Deine Mutter hat dich wohl bis zum Mannesalter auf dem Rücken getragen, he?«
Auf diese Frage erhielt ich nie eine Antwort. Stimmen wurden hörbar, Leute kamen des Weges. Mit einem Schritt ins höhere Gras gaben wir den ausgetretenen Pfad für die Vorübergehenden frei. Unbekannte, doch – als Letzter folgte ihnen Pauls Onkel. Er erblickte mich, nickte grüßend. Plötzlich erstarrte seine freundliche Miene zur Maske, seine Augen wanderten von dem Mann zu mir, zurück. Er warf mir einen vernichtenden Blick zu, ging wortlos vorbei. Ich starrte ihm nach, verstand augenblicklich seine Drohung, seine Kampfansage. »Wer war das?«, fragte der Fremde, dem das Verhalten des

Mannes und meine darauf folgende Verwirrung nicht entgangen war. »Pauls Onkel«, sagte ich leise, eher zu mir selbst als zu ihm.

Mein Gott! In welch misslicher Situation hatte er mich angetroffen! Erst jetzt wurde ich mir dessen bewusst. Was nur wird seine Fantasie aus dieser Begegnung entwickeln? Panik ergriff mich. Was tun? Ihm nach, sofort, keine Zeit verlieren, erklären, ihn von der Harmlosigkeit des Gesprächs mit »dem« überzeugen. Ich wollte davoneilen, ohne mich umzuschauen. Doch der Fremde packte mich am Arm, sprach beruhigend auf mich ein: »Reg dich nicht auf. Diese Männer, Dörfler, fühlen sich groß und mächtig gegenüber ihren Frauen und Kindern, beherrschen sie, lassen sie schuften, welche Aufgaben haben sie sonst? Wenn sie dich bedrohen, sag es mir am nächsten Markttag.« Ich riss mich los, wollte nur fort, hatte kein Ohr mehr für ihn. »Ich nehme dich jederzeit auf, mit offenen Armen«, rief er mir nach.

Der Satan, plötzlich wusste ich es, hat Anteil an diesem Spiel. Er wollte mich in Versuchung führen, stellte mir diesen Mann in den Weg, legte ihm gehobene Worte über meine Schönheit, herabwürdigende Äußerungen über Paul in den Mund. Wüsste ich sonst eine Erklärung, warum ich stehen blieb, eine Weile ausharrte, dabei allgemeingültige Mahnungen vergaß: Sei wachsam als verheiratete Frau, vermeide Situationen, in denen du mit einem fremden Mann allein bist. Wer immer dich sieht, dich ertappt, bringt dich in Schwierigkeiten. Ein untrügliches Gefühl sagte mir, ich hatte mir mit Gewissheit nichts als Unheil eingehandelt.

Schwitzend, zitternd erreichte ich das Gehöft. Von weitem schon sah ich, Onkel scharte bereits eine ansehnliche Zuhörerschaft um sich, zu der auch Paul gehörte. Seine Miene war hart, ein Gesicht wie aus Stein gemeißelt. Aufgebrachte Angehörige lauschten aufmerksam, den Atem anhaltend, Onkels Beschuldigungen. »Dort stand sie im halbhohen Gras, neben ihr ein wildfremder Mann. Beide warteten nur, bis die Vorbeigehenden außer Sichtweite waren. Mit mir rechnete sie nicht, ich habe sie überrascht. Oh, welche Beschämung, welche Bloßstellung für unsere Familie!«

Ich stand da mit hängendem Kopf, für alle sichtbar: sündig. Mein Blick fiel auf ein Pflänzchen am Boden, einige Blättchen nur, eine unscheinbare Blüte. Im trockenen Staub führt es seinen Überlebenskampf. Mag es auch noch so ringen, es läuft Gefahr, dass es die sengende Sonne, unachtsame Füße, eine hungrige Ziege hinwegraffen, noch ehe seine Samenkörner reifen, herausfallen als Garantie für eine nächste Generation. Ich fühlte eine herzliche Verbundenheit mit der kleinen Blume, fragte: Wer von uns beiden …?

Onkels Stimme erreichte wieder mein Ohr. Hatte er noch nicht geendet? »Seit einer Weile schon habe ich Verdacht geschöpft, hielt ich bei ihr Ausschweifungen für möglich … Denn haben wir nicht ›die Erde gegraben‹ und den ›Tshop‹ für den kleinen, kranken Dieudonné durchgeführt?« Zustimmendes Gebrumme. »Er starb … und das war mir verwunderlich. Wie unrecht taten wir den Ahnen, unterstellten ihnen Verstimmung, Unzufriedenheit mit uns, ihren Nachkommen. Nein, diese Kinder sind nicht wegen des Zorns unserer Vorfahren gegangen. Sie haben uns als Fremde verlassen, hatten hier kein Lebensrecht, denn unser Gehöft war nicht ihr eigentliches Zuhause.« Pause. Worauf wartet er noch, warum zögert er? Sag es, sag es, schrei es heraus, laut, weithin vernehmbar, dass jeder hört, welche Fantasien dein Hirn ausgesponnen hat. »Denn der Name ihres Vaters war nicht Paul, er hieß … sie hießen … irgendwie … wie auch immer. Schicken wir diese Frau weg, weg zu denen.«

Beklemmendes Schweigen. Was wird folgen? Stürzen sie sich auf mich, schlagen, beschimpfen sie mich? Vorerst geschah nichts dergleichen. Ich blickte nicht auf, stand da, schicksalsergeben, den Einkaufskorb hielt ich noch immer in der Hand, wagte nicht, ihn abzusetzen, bot das wahre Bild einer ertappten Sünderin. Welche andere Wahl hätte ich? Niemand wird mich um eine Erklärung bitten. Ich bin eine Frau, jung an Jahren dazu, alle würden mich der Lüge bezichtigen. Und überdies, dem Onkel widersprechen, seine Aussage, seine Mutmaßung in Frage stellen – nein, das wäre ein weiteres Spiel mit dem Feuer. Rosaline, lass! Lass geschehen.

Plötzliches Geraune, aufgeregtes Durcheinanderreden. Eine Frauenstimme, laut, schrill, entschlossen: »Nein, das dulde ich nicht, niemals. Nein, das darf nicht sein, lass sie in Ruhe, rühr sie nicht an.« Meine Marâtre, fuhr es mir durch den Kopf. Was tun sie ihr, was geschieht ihr? Erschrocken, erfüllt von Sorge um sie, blickte ich auf. Mein Körper erbebte vor Schauder, zitterte unbeherrscht. Was sah ich? Pauls Gesicht, entstellt, verzerrt vor Hass und Abscheu, verflogen war das liebenswürdige, jungenhafte Lächeln. Seine Hand umfasste eine Liane, geschnitten, um mir eine Tracht Prügel zu versetzen. Zwei mutige Frauen hinderten ihn an seinem Vorhaben, umklammerten seine Arme, redeten beruhigend auf ihn ein: meine Marâtre, die gute Seele, und seine Mutter. Wenn schon keine Schläge, so wollte er mir doch wenigstens eines entgegenschleudern: »Den Balg in deinem Leib, wo hast du den aufgelesen?«

Die Menge verlief sich. Zu zweit, zu dritt kehrten sie zu ihren Häusern, zu ihren Beschäftigungen zurück, ratlos: Was dazu sagen? Onkels vernichtendes Urteil, diese Schmähung kam ihnen zu überraschend. Rosaline, Pauls hilfreiche, stets freundliche Frau, vom Schicksal so hart geprüft, sie …? Ihr wirft der Onkel Ehebruch vor – hätten nie an Derartiges gedacht.

Wie ein Kind nahm mich meine Marâtre an der Hand, führte mich wortlos in ihr Haus. Dort warf ich mich schluchzend aufs Bett, weinte, bis die Anspannung der letzten Stunde völliger Erschöpfung wich. Die Marâtre ließ mir Zeit. Sie hatte sich draußen auf einem Hocker vor der Tür postiert, gleich den Wachposten vor der Chefferie.

Ich war außer Fassung, betäubt. Welche Geschehnisse seit dem frühen Morgen, der so harmlos mit einer Bitte der Marâtre begann! Hab einem fremden Mann zugehört, ein paar belanglose Sätze nur, Gefasel über meine Schönheit, dann mit Feuereifer Pauls Ehre verteidigt. So weit mein Vergehen. Eine Versündigung? Ausreichend, mich des langjährigen Ehebruchs zu bezichtigen? Grund genug, dass Paul mich grenzenlos hasst, mich mit einer Liane peitschen wollte, mich verstößt, wahrscheinlich davonjagt? Und wohin? Mir bleibt nur Mutter. Aber Vater ...? Mit Gewissheit, auch er wird mir keinen Glauben schenken, mich als Schande der Familie ansehen. Ich seufzte schwer, legte meine Hand auf meinen Bauch. Du winzig kleines Wesen, noch unfähig, dich zu regen ... wo immer sie uns hinschicken, ich versichere dir, meine ganze, uneingeschränkte Liebe gehört dir.

Das Haus der Marâtre bot mir Schutz. Am Abend schlüpfte Pauls Mutter herein. »Erzähl, Rosaline, aber die Wahrheit, verstehst du? Die Götter hören mit.« Was sollte ich ihnen verheimlichen? Gut, ich war stehen geblieben, hatte dem Fremden zugehört – Fehlverhalten einer verheirateten Frau, dazu bekenne ich mich. Auch sie schüttelte missbilligend den Kopf.

»Onkel sagte, die Vorbeigehenden hätten euch gestört, ihr hättet nur gewartet, um dann ...«

»Mama, glaube mir. Der Fremde hat sich erdreistet, mir gegenüber Beleidigungen über meinen Mann auszusprechen. Seine Verunglimpfungen brachten mich auf, machten mich wütend, versteht ihr nicht? Wollte dem noch mit bissigen, verächtlichen Worten ins Gesicht schleudern, welch widerwärtiger, schlechter Mensch er ist.«

»Nichts weiter, Rosaline?« Pauls Mutter fragte voll Nachdruck, ihr Blick musterte mich scharf.

»Nichts weiter, Mama, ich schwöre dir beim Leben meiner Mutter, nichts, gar nichts weiter.«

»Und deine Kinder? Wer ist ihr Vater? Paul? Onkel zweifelt daran.«

»Mama, was soll ich erklären? Wen hätte ich in Yaoundé empfangen können? In unserem Haus wimmelte es von Menschen, von früh bis spät, die Frauen, die Kinder, deren Freunde … Und außerhalb, nie verließ ich das Haus allein, war stets in Begleitung einer der Frauen zum Wasserholen, zum Einkaufen. Versteht doch, ich bin Dörflerin, in der Stadt bin ich gehemmt, unbeholfen, voller Angst.«
»Was meinst du dazu«, ein wenig zögernd fragte die Marâtre ihre Mitehefrau, »wir bitten Paul, uns anzuhören, vermitteln ihm Rosalines Schilderungen?«
»Versuchen wir's. Doch selbst wenn er sich überzeugen ließe, bereit wäre, einzulenken … der Onkel!«
»Ja!« Die Bestätigung der Marâtre kam einem Seufzer gleich. »Seit unser gütiger, verständiger Ehemann tot ist, beherrscht er das Gehöft.« Mit vorsichtigen Worten deuteten sie an, was jeder längst erfahren hatte. Ihre Augen zeigten Traurigkeit. Hingen ihre Gedanken guten, vergangenen Zeiten nach?
»Zumal er glaubt«, die Marâtre nahm das Gespräch wieder auf, »oder sich einredet, die Ahnen unberechtigterweise des Zorns bezichtigt zu haben. Es ist möglich – oh, Rosaline, diese Vorstellung tut mir weh –, dass er nun meint, mit Härte dir gegenüber die Aufgebrachten besänftigen zu müssen.«
Keine frohe Botschaft. Ich barg mein Gesicht in den gekreuzten Armen, nichts als Hoffnungslosigkeit tat sich vor mir auf. Dann fühlte ich zwei Hände, die zart, sanft, liebevoll zu beiden Seiten über meinen Rücken strichen, eine gehörte meiner Marâtre, eine meiner Schwiegermutter. Welche Wohltat, welcher Trost, diese Geste des Verstehens, des Mitgefühls in meiner Niedergeschlagenheit. Wenigstens diese zwei Frauen schenkten mir Glauben, hielten meine Aussagen für wahr und richtig. Ich hatte mich schon von allen im Stich gelassen geglaubt. Ich hob den Kopf, lächelte beide dankbar an.
Ich wollte Mutter sehen, fand es zwingend, ihr von dem unliebsamen Vorkommnis zu berichten, ihr den wahren Hergang

zu erklären, bevor sie anderweitig davon hören würde. Auch Vater ... Nach Geschichten, besonders nach anstandswidrigen, anrüchigen, wie es die meine zu sein scheint, lechzen die Leute, sie verbreiten sich in Windeseile. Ich wandte mich an die beiden Frauen, erbat ihren Rat. »Wir begleiten dich.«

Gleich am nächsten Tag, in aller Frühe, machten wir drei uns unbemerkt auf den Weg. Mutter war freudig überrascht, außer mir auch die Marâtre und Pauls Mutter zu sehen. »Seltene Besucher«, rief sie uns froh gestimmt, in bester Laune entgegen. Doch plötzlich stockte sie, ihre Miene verfinsterte sich, fast im Flüsterton fragte sie: »Was, schon wieder ...?« »Wenigstens kein Trauerfall«, tröstete Pauls Mutter sie. »Was dann? Ich erahne es schon, nichts Erfreuliches.«
Schweigend bat sie uns ins Haus, setzte sich uns sichtlich beunruhigt gegenüber. Schwiegermutter begann zu berichten, bediente sich meiner Worte von gestern. Dann folgte die Schilderung über Onkels Anschuldigungen, über Pauls aufgebrachtes, unversöhnliches Verhalten. Stille. Die Frauen ließen Mutter Zeit, das Gehörte aufzunehmen, einzuordnen. Doch ihr Gesicht zeigte nichts als Ratlosigkeit. »Was ist zu tun, ihr kennt den Onkel! Er allein kann Paul umstimmen, ihn dazu bringen zu glauben, was Rosaline sagt.«
»Das schon, Schwester ... aber wo er nun einmal behauptet hat, Rosaline sei eine Ehebrecherin, kann er es ohne Verlust seiner Manneswürde zurücknehmen? Und selbst wenn Paul zu Rosaline zurückfände, könnte der Onkel ein weiteres Zusammenleben der beiden auf seinem Gehöft dulden? Unwahrscheinlich. Eine vertrackte Geschichte.«
»Davon müssen wir Vater unterrichten«, sagte Mutter, an mich gewandt, und zu den Frauen: »Eigentlich Männersache, die sollen verhandeln und eine annehmbare Lösung finden.«
»Wie wird er es aufnehmen, wie wird er sich gebärden?«, jammerte ich, als stünde er bereits stockschwingend vor mir.

»Kommt, Schwestern, suchen wir ihn auf. Rosaline, bleib hier.« Entschlossen erhob sich Mutter, ging den beiden voran. Mutters Bett zog mich geradezu an. O ja, mich ein Weilchen ausstrecken, ausruhen! Nun, allein für mich, merkte ich, wie entkräftet, erschöpft, wie todmüde ich mich fühlte. Zu der Aufregung, der Anspannung – seit wann, seit gestern erst? – kamen noch Übelkeit, Kopfschmerzen, Schweißausbrüche, Beschwerden, Begleiterscheinungen der Schwangerschaft. Doch Entspannung, ein wenig Ruhe finden – undenkbar. Ein Wirrwarr von Gedanken beherrschte meinen Kopf. Unsägliche Empörung, Erbitterung bewegte mein Gemüt, innerer Aufruhr drängte mich zu Protest, zu Widerstand, den ich laut in die Welt schreien wollte, weithin hörbar: Dieser Onkel ist nichts als ein niederträchtiger, gewissenloser Verleumder, dieser Paul sein erbötiger Höriger, Mitläufer, Nachbeter. Jedoch, mir sind die Hände gebunden, ich bin gefangen in meiner Machtlosigkeit, muss Vernunft walten lassen, darf nicht das Leben meines Kindes aufs Spiel setzen.

Nun zu Papa! Ich dachte an die Berichterstattung der Frauen, die anschließende Beratschlagung, die sich wahrscheinlich in diesem Moment vollzog. Vaters Betrachtungsweise, seine Anschauung der Geschehnisse ist ausschlaggebend, sein Vertrauen in meine Glaubwürdigkeit ist entscheidend: Lässt er sich ein auf Verhandlungen mit diesem Onkel? Gibt er wenigstens seine Zustimmung, dass mein Kind und ich im Notfall bei Mutter Aufnahme finden?

»Der Onkel ist eigenwillig, selbstherrlich, ich kenne ihn von der Chefferie, das Gegenteil seines Bruders, meines verstorbenen Freundes. Er wird nicht einlenken, keine Zugeständnisse machen, der nicht! Für ihn gilt: Gesagt ist gesagt – wenig friedfertig, dieser Mann!« So Vaters Erwiderung, berichteten die beiden Frauen, nachdem er sie aufmerksam angehört und ein Weilchen schweigend nachgedacht habe. »Und, Rosaline, er bezweifelte keinen Moment deine Aussagen, wider Erwarten.

Du weißt ja, wie vorschnell, oft unbesonnen Männer uns Frauen der Untreue bezichtigen. Nein, er schenkte dir vollen Glauben, bekräftigte sogar sein Vertrauen in dich: ›Rosaline ist ein tapferes Mädchen. Nach diesen Schicksalsschlägen, hat sie da noch Verlangen nach Liebhabern mit all dem Wagnis, der Geheimnistuerei, dem Versteckspiel?‹ Er hat ungläubig den Kopf geschüttelt und versprochen: ›Werde die Angelegenheit überdenken.‹«

»Glück für dich, für uns!« Mutter nahm mich in den Arm. Wahrlich, begünstigt vom Schicksal konnte ich mich schätzen. Vater auf meiner Seite zu haben, nun, das heißt, der Weg zurück zu Mutter bleibt mir jederzeit offen. Er hätte mich verfluchen, mich ausstoßen, mich für alle Zeit der Familie entfremden können.

Noch immer glaubte ich beharrlich an Aussöhnung, trotz der Aussichtslosigkeit, der Entmutigung, die ich aus allen Ausführungen, denen von Mutter, Schwiegermutter und Marâtre, und selbst aus Vaters Worten heraushörte. Unvorstellbar, sagte ich mir, es kann nicht Wirklichkeit sein, dass Paul unsere kleine Familie verloren geben will, in einem Moment, da wir ein Kind, gesegnet von den Ahnen seines Gehöfts, erwarten. Dieses wird leben, Paul! Doch der Onkel, übt er einen zerstörerischen Einfluss auf ihn aus? Ein Verdacht schlich sich bei mir ein, ließ mich nicht mehr los: Onkel war schon früher überzeugt gewesen, dass ich Schuld trage am Sterben der Kinder. Entsprechend bearbeitete, bedrängte er Paul, vielleicht schon seit Dieudonnés Tod. Sie hatten auf eine Gelegenheit gewartet – nun, offensichtlich, war der Beweis meiner Untugend erbracht.

»Wo soll ich die Nacht verbringen, wie mich verhalten?«, fragte ich die beiden Frauen auf dem Nachhauseweg. »Auf dem Lager in deiner Küche, warte ab«, schlugen sie übereinstimmend vor. Gute Idee, dachte ich. Keine wirkliche Flucht. Dort neben der wärmenden Glut habe ich schon mehr als eine

Nacht verbracht, wenn ich kränkelte. Ich kochte, wurde schläfrig, streckte mich aus auf dem Bambusbett. Paul kam spät, aß nichts, als hätte er Angst vor mir, der Giftmischerin, legte sich hin, stand früh auf, verließ wortlos, grußlos das Haus. Dieses Verhalten machte er zur Gewohnheit, so lief es fortan, Tag für Tag. Bisweilen schon war ich versucht, ihn anzuflehen, doch unterließ ich es.

»Hat Paul dich angesprochen?«, fragte mich die Marâtre eines Morgens. Wie jeden Tag war ich nach getaner Hausarbeit zu ihr geflüchtet. Ich wirbelte herum, eine Neuigkeit? »Warum sollte er?«

»Wir hatten eine Unterredung mit ihm, seine Mutter und ich, um ihm den tatsächlichen Hergang zu schildern.«

»Und, und? Sag doch endlich … War er überrascht? Hat er nicht ausgerufen: Was, nur so eine Geringfügigkeit, mehr nicht?«

»Nein, meine liebe Rosaline!«

Oh, dieser Ton! Wusste schon … erfolglos, umsonst.

»Wie soll ich es erklären? Er hörte zu, ja, das tat er. Aber sein Gesichtsausdruck verriet: Bin nicht zugänglich, habe eine Mauer um mich errichtet, alle eure Erklärungen, Rechtfertigungen, eure Aussöhnungsversuche prallen an ihr ab.« Sie schnalzte mit der Zunge, verlieh ihrem Missmut Ausdruck. »Er stand auf, verließ das Haus, ohne Stellungnahme, ohne Einwand.«

Ich saß da, starrte auf den Boden. Ein Küken pickte geschäftig um meine Füße herum, welche Krümelchen fand es wohl auf dieser festgestampften, harten Erde?

»Marâtre, ich gehe. Meine Mutter nimmt mich auf. Unerträglich ist diese gegenwärtige Situation. Ich will fort, brauche Ruhe, Frieden, denke an mein Kind. Hab keine Hoffnung mehr. Kein weiteres Zusammenleben mit Paul, glaube nicht mehr daran. Aus.«

»Nein, nein«, rief die Marâtre erschrocken.
Ich fiel ihr ins Wort: »Mein Vater hat Wort gehalten, hat sich bemüht, mit dem Onkel ins Gespräch zu kommen. Er vertraute Mutter an: ›Der ist stur wie ein Ziegenbock, den man zum Markt führen will.‹ Du siehst – keinerlei Bereitwilligkeit, weder vom Onkel noch von Paul.«
»Aber, Rosaline, bedenke, gehst du, kommt dies einem Schuldbekenntnis gleich. Die warten darauf – vielleicht ...«

Ach, Rosaline, hättest du nur ... Hättest du nur auf deine innere Stimme gehört, sie ernst genommen. Hättest du nur deinen Entschluss verwirklicht, den du gefasst hattest in der Küche der Marâtre, wärest unverzüglich gegangen, zurück zu deiner Familie. Ein Vorwurf, der mich begleitet, bis zum heutigen Tag, der mir treu bleibt bis ans Ende meines Lebens. Die Marâtre, die gute Seele, hielt mich zurück, aus Zuneigung, aus Liebe.
Ich besuchte meine Mutter, ging oft zu ihr in dieser einsamen, unglückseligen Zeit. Mich verlangte immer häufiger nach der dortigen freien, reinen Atemluft, um erneut zurückkehren zu können, durchzuhalten, auszuharren in dem vergifteten Dunst, der mich umgab.

Der Fußmarsch war mühsam an jenem Morgen, jeder Schritt eine Anstrengung. Die Glieder bleiern, die Stimmung unleidlich, überdies leichtes Drücken, Stechen, Ziehen da und dort, am ganzen Körper. Ein Tag wie dieser bleibt nicht aus während der Schwangerschaft, sagte ich mir und bestätigten die Frauen, die mich mit süßen Bananen, saftigen Mangos verwöhnten. Früher als üblich trat ich den Rückweg an. Mutter und Catherine, die »Jüngste«, an meiner Seite während des ganzen langen Wegs. Dankbar nahm ich ihre Gesellschaft an. Ihr unterhaltsames Geplauder mäßigte die Beklommenheit, die gewöhnlich mit jedem Schritt wuchs, mit dem ich mich meinem Zuhause näherte.

Ich musste mich hinlegen. Döste vor mich hin, hörte im Halbschlummer das Quietschen der Tür, Geraschel, das Knarren unseres Bettes, das nun einzig und allein Paul gehörte. Tränen tropften auf mein Kissen. Irgendwann erlöste mich der Schlaf von meinen schwermütigen Gedanken.

Leise schlich sich ein Traum in dieses Vergessen, ein übler, böser Traum. Vor mir steht Paul. Seine rechte Hand umklammert eine Liane, so wie an jenem verhängnisvollen Tag. Er hebt seinen Arm. Ich flehe ihn an, bitte ihn inständig: »Denk an dein Kind, Paul!« Die falsche Mahnung, Zündstoff eher, Aufreizung. »Mein Kind?«, zischt er hämisch, duckt sich, steht da in Angriffsstellung, wie ein wild gewordenes Tier ... und schlägt zu, trifft meinen Bauch, genau dort, wo mein Kind sich bereits mehrmals geregt hat. Ich schreie auf, stöhne vor Schmerzen, erwachte, richtete mich auf. Paul? Ah, ein Traum, ein Alptraum. Erleichtert seufzte ich auf. Doch nein! Wieder durchfuhr ein qualvolles Stechen meinen Leib, immer und immer wieder, ließ mich auf mein Kissen zurückfallen. Was mache ich nur, so allein? Paul wecken? Nein. Mein Kopf arbeitete fieberhaft, entschied: Die Marâtre muss her! Entschlossen raffte ich mich auf, tastete mich vor zu Pauls Zimmertür, riss sie auf, gebot mit energischer Stimme: »Hol die Marâtre, schnell!«

»Hmm, was ist?«, klang es verschlafen.

Erneut befahl ich, unmissverständlich: »Hol die Marâtre, sofort.«

Kurz darauf hörte ich die Eingangstür zufallen.

Da lag ich, hingestreckt auf meinem Lager. Meine Hände umklammerten meinen Bauch, darin lag mein Kind, drückend, schwer, als hätte es sein Gewicht verdoppelt in den wenigen Stunden seit gestern. In den kurzen Momenten nachlassenden Schmerzes beschwor ich es mit flehender Stimme: Du kleines Wesen, ich dulde keine Torheiten, spiel mir keinen dummen Streich. Die anderen beiden sind fortgegangen, haben mich todtraurig zurückgelassen. Wie oft schon ist mir der Gedanke

gekommen: Folg ihnen, doch immer wieder habe ich diese Erwägung verworfen. Nein, Rosaline, lebe! Es lohnt sich zu leben, befahl ich mir: wegen dir, mein Kind, einzig und allein wegen dir.
Gott, du Allmächtiger, erhöre mich! Lass es nicht geschehen, nicht schon wieder. Ich will dieses Kind. Begehre ich zu viel, nein, unmöglich. Andere Frauen gebären Jungen wie Mädchen in hellen Scharen, mehr als erwünscht – und ich, ich bitte dich nur um dieses eine. Doch dann war da nichts mehr als meine Schmerzen, sie zerrissen mein Inneres.

Ganz langsam, noch immer dumpf, verstört, näherte ich mich der Wirklichkeit. Verschwommen, wie durch einen Schleier, entrückt, wie vom Wipfel eines Baums, sah ich die Marâtre und Schwiegermutter im Schein der Petroleumlampe hantieren. Riesige Schatten huschten beängstigend über die Wände. Wo bin ich? Was war? Ach ja – die qualvollen Schmerzen. Unbewusst, wie von selbst, legte sich meine Hand auf meinen Bauch, ließ sie liegen, drückend, ein bleischweres Gewicht. Meine Augen wanderten suchend durch das Zimmer, blieben an einem Bündel hängen. Winzig klein, eingewickelt in ein Tuch, lag es dort auf einem Hocker. Schwiegermutter folgte meinem Blick: »Es wäre ein Mädchen gewesen.« »Gott sei Dank, du hast überlebt.« Die Marâtre streichelte mir liebevoll übers Gesicht, setzte sich auf die Bettkante.
Also doch. Ich schloss die Augen, grollte mit allen zugleich, den Göttern, den Ahnen, dem allmächtigen Gott: Welch grausames Spiel spielt ihr mit mir? Wenn schon – gut, ich habe keine Macht, euch daran zu hindern. Doch unbarmherzig, wie ihr seid, lasst ihr mich zurück, hier, auf diesem Flecken Erde, wo ein verleumderischer Onkel und sein höriger Neffe ein Gehöft befehligen. Warum, sagt mir, darf ich nicht wenigstens in irgendeinem Himmel im gepriesenen ewigen Leben mit meinen Kindern zusammen sein?

»Rosaline« – Schwiegermutters Stimme unterbrach meine Anklage, meine Schelte mit denen, »wir wollen den Tagesanbruch abwarten, erst dann werden wir der Familie die traurige Nachricht bekannt geben. Versuche zu schlafen, sammle Kräfte, bevor die Leute hereinströmen.«

»Dok dok dok«, erklang es vor dem Haus. Der Ruf einer Männerstimme, eine Bitte um Einlass. »Der Onkel!« Erschrocken schauten wir zur Tür. »Der? Jetzt schon? Kann's wohl nicht erwarten?«, fauchte die Marâtre gedämpft zwischen zusammengebissenen Zähnen hervor. Und ich? Hätte ihm gern ins Gesicht geschrien: Verschwinde, du verhasste Gestalt, will dich nicht sehen.
Schwiegermutter öffnete.
Der Onkel, gefolgt von Paul, trat aus der Nacht in den Lichtkreis der Lampe. Sie ließen ihre Blicke im Zimmer schweifen. Dort, auf dem Hocker, lag es, was sie suchten: das kleine Bündel. »Aha, aha!« Dieser niederträchtige, gehässige Ton. Ich schloss die Augen, wandte meinen Kopf zur Seite, als könnte ich dadurch verhindern, dass seine Schmähungen an mein Ohr dringen. »Aha, fein ausgedacht, ihr beide, dein Liebhaber und du … durchtriebenes Ding!« Seine Stimme bebte vor Empörung. Jemand wie ich schien ihm noch nie begegnet zu sein. »Meinst wohl, du könntest deine Situation mit einer Abtreibung retten, he?, dich dadurch vom Vorwurf des Ehebruchs befreien, he? – und zurück zu ihm.« Väterlich schützend legte er seinen Arm auf Pauls Schulter. »Paul verdient gutes Geld … willst es nicht missen, willst fein leben, was? Aber er hat dich längst durchschaut.«
Rosaline, lass dich nicht aufwiegeln. Halte durch, ertrag es, schweig … nur noch morgen, befahl ich mir mit Strenge. Schwäche lähmte noch meine Glieder, doch mit aller Kraft, die ich aufbringen konnte, krallte ich die Fingernägel in meinen Oberschenkel. Meine Sinne konzentrierten sich auf den

Schmerz, dennoch trieb mich diese bösartige Person, von meinem Entschluss zu schweigen abzulassen.
Ich richtete mich auf, dachte: Wart's ab, mein lieber Mann! Mein Vorhaben verschaffte mir Genugtuung. »Paul!« Ich verlieh meiner Stimme den festesten Ton, den ich aufbieten konnte. Meine Augen fixierten ihn. »Du bezichtigst mich der Abtreibung! Mit anderen Worten, du behauptest, ich habe dieses Kind dort getötet? Nun, es gibt verschiedene traditionelle Praktiken, um Schuld oder Unschuld eines Menschen herauszufinden. Eine davon ist allgemein bekannt: Man wäscht den Leichnam, und der Verdächtigte trinkt dieses Wasser. Ein Unschuldiger überlebt, ein Schuldiger stirbt. Ist es nicht so?«, fragte ich in die Runde. »So ist es!« Bestätigendes Kopfnicken. »Ich bin bereit«, rief ich, »das Waschwasser dieses toten Kindes zu trinken, hier vor aller Augen. Ja, dann warten wir ab … Bitte, Marâtre, reich mir die Schüssel.« »Oh, Rosaline«, jammerte sie und murmelte betreten: »Hab es weggeschüttet.«
Pauls Miene blieb ausdruckslos, Onkel belächelte mich hämisch. »Dank ihr, sonst wärst du jetzt eine Todgeweihte. Übrigens … dieser Balg dort wird nicht der Erde unseres Gehöfts übergeben. Solche Fehltritte verscharrt man üblicherweise im Busch.« Sein Gesichtsausdruck verriet: Mir diesen Schiedsspruch mitzuteilen war ihm Befriedigung. Er wandte sich um, verließ das Zimmer. Paul folgte ihm auf den Fersen.

Morgendämmerung. Schon schimmerte das fahle Licht des neuen Tages durch das Geäst der Bäume. »Kein Klagelied also«, stellte Pauls Mutter fest. »Sie selbst werden die Neuigkeit unter die Leute bringen, ohne Zweifel.« »Ihre Auslegung, ihre Deutung«, setzte die Marâtre hinzu.
»Mama, Marâtre, ihr zwei guten Geister! Unbestreitbar, ohne euren Beistand könnten sie jetzt meinen Tod beklagen. Gewiss, heute Nacht hätte ich die Wahl gehabt, ich wäre bereitwillig meinem Kind gefolgt, aber jetzt – mein Dank an euch. Trotz-

dem möchte ich fort, schnell. Versteht ihr mich?« Sie nickten traurig. »Wir senden einen Boten zu deinem Vater, benachrichtigen ihn. Er wird Frauen schicken. Schlaf, ruh dich aus, du bist noch schwach. Besucher halten wir fern.«

Stimmen drangen in meinen Schlaf, entfernt noch, ah, vor dem Haus. Dann ein leises Knarren, jemand öffnete vorsichtig die Tür, einen Spalt nur, trotzdem erkannte ich das liebe Gesicht meiner Mutter. Ich streckte ihr meine Arme entgegen. Wortlos deutete ich auf das kleine Bündel. Sie umschlang mich, hielt mich lange so, sagte nur: »Meine arme Tochter.« »Ich will hier weg, nach Hause, sofort.« »Du bist noch zu erschöpft für den langen Marsch.« »Es geht, es geht«, beteuerte ich. Dann stand ich auf meinen Beinen. Wo ist ein Halt? Sie drohten einzuknicken. Doch ein einziger Gedanke hämmerte beharrlich in meinem Kopf: Fort, fort, nur fort von hier. Ein eiserner Wille stärkte mich, hielt mich aufrecht: Ich schaffe es. Davon ließen sich schließlich alle überzeugen: die Schwiegermama, die Marâtre, Mutter, die »Erste« und die »Jüngste«.

Angekommen! Geschafft! Unterwegs fürchtete ich zuweilen, die Kräfte würden mir versagen. Die Frauen trugen meine Habe. Sie drückte nicht schwer auf ihre Schultern, ich besaß nicht viel, ein paar Kleider nur, ein paar Tücher, und eben dieses tote, eingewickelte Wesen: meine Tochter, die sich geweigert hatte, an meiner Seite aufzuwachsen. Mutter trug sie in einem Korb. Nur nicht darüber nachdenken, Rosaline, welcher schicksalhafte Schritt sich heute in deinem Leben vollzieht.

STELLA

Mutter, die Geschwister und ich bildeten wieder eine Familie. Wäre eine unwahrscheinliche Vorstellung gewesen, seinerzeit, als ich an meinem Hochzeitstag, begleitet von der »Ersten« und der »Jüngsten«, Catherine, das Gehöft verlassen hatte, für immer, wie wir alle dachten. Ich bezog ein Zimmer des geräumigen Hauses – mein Brautpreis, das einzig Dienliche, was mir von Paul geblieben war. »Er könnte ihn zurückfordern«, meinte Vater.

Ich lebte. Meine Beine trugen mich überall hin, meine Arme hantierten, hielten die Hacke, wuschen Wäsche, zerkleinerten Feuerholz, kochten, meine Augen betrachteten die Welt um mich, mein Gesicht lächelte freundlich. Doch meine Gedanken trieben ihr Unwesen. Die erlittenen Demütigungen, Kränkungen ließen sich nicht vergessen, wühlten mich auf. Schmerz und Trauer nagten an meiner Seele. Verbittert fragte ich mich: Womit nur habe ich diesen Leidensweg verdient?

Die Jahreszeiten zogen vorüber: Trockenheit, Regen, Ernte, jeder Tag glich dem anderen, für lange Zeit. Nur die Sonntage brachten Zerstreuung: der Kirchgang. Nicht, dass ich mich mit dem himmlischen Vater ausgesöhnt hätte, noch nicht ... Der Gesang zog mich an. Beim gemeinsamen Singen, begleitet von Händeklatschen, Trillern, Rasseln, Klopfen, konnte ich für Momente meine Tragik vergessen. Das rhythmische Wiegen im Takt vermittelte mir für Augenblicke ein Gefühl des Glücks.

Die Zeit nahm ihren Lauf. Meine jüngere Schwester brachte

ihr drittes Kind zur Welt. Sie lebt mit ihrem Mann, einem traditionellen Heiler, im selben Dorf, jedoch einen beträchtlichen Fußmarsch von uns entfernt. Mutter plagte der Husten, schmerzten die Kniegelenke. »Geh allein, steh ihr bei in den ersten Tagen.« Selbstverständlich! Leise Wehmut überfiel mich, aber doch auch Entzücken, als ich die kleine Kreatur in meinen Armen wiegte. Noch uninteressiert an Bekanntschaften, kniff sie fest die Augen zusammen.

Es war großer Markttag. Ohne Eile bummelte ich dahin, eine Fremde unter Heimischen. Die Mamas hatten ihren Spaß, mich auf liebenswürdige Weise zum Kauf ihrer Kochbananen, Süßkartoffeln, Ignam, Avocados, Gewürze aufzufordern. Plötzlich horchte ich auf, drehte mich um. Rief da jemand meinen Namen? – unmöglich! Hier bin ich eine Unbekannte. »Mama!« Ein kleiner Junge berührte meinen Arm: »Dort, der Mann«, überrascht folgte ich mit meinem Blick der Richtung seines ausgestreckten Fingers, »der will dich sprechen.« Ah, mein Schwager, der Mann meiner Schwester.
Er war nicht allein, unterhielt sich mit seinem »väterlichen Freund Jean, traditioneller Heiler wie ich«, wie er mir seinen Gesprächspartner vorstellte. Hm, eine stattliche Erscheinung. »Meine Schwägerin, die älteste Schwester meiner Frau. Sie lebt im anderen Dorfteil, im elterlichen Gehöft.« »Ohne Ehemann?«, fragte dieser Jean unverhohlen. Ich nickte verlegen. Eine solche Frage, so geradeheraus gestellt, traf mich überraschend. »Mein Lieber«, mit tadelnd erhobenem Zeigefinger und gespielt düsterer Miene warf er meinem Schwager vor: »Du enttäuschst mich, bist kein wahrer Freund. Verschweigst mir deine hübsche Schwägerin, jahrelang. Und obendrein, noch unverzeihlicher, du bist im Bilde über meine Schwäche, kennst meine ausgeprägte Leidenschaft für liebreizende Geschöpfe, und, mein Gehöft ist weitläufig, ich kann noch manches Häuschen für Schönheiten bauen.« Er amüsierte mich,

ich genoss den Moment, fühlte plötzlich eine Leichtigkeit wie schon lange nicht mehr, ließ mich aber nicht betören. Große Worte. Eine Begegnung ohne einschneidendes Erleben, also schnell vergessen.
Am Vorabend meiner Rückkehr in den gewohnten Alltag erwartete mich eine unverhoffte Freude. »Setz dich, Rosaline, eine Besprechung.« Meine Schwester und ihr Mann gaben sich ernst, geheimnisvoll.
Voll Erwartung, doch leicht beunruhigt kam ich ihrer Aufforderung nach, hoffte: Nur keine Unterredungen mit folgenschweren Auswirkungen.
Der Schwager sprach: »Danke, Rosaline, für deine Hilfe. Hast dich bestens eingefunden bei uns. Gut, deine Schwester kennt dich seit ihrer Geburt, aber ich …, ich habe dich in diesen Tagen schätzen gelernt, und die Kinder bringen dir eine überschwängliche Liebe entgegen.«
»Besonders Stella«, warf meine Schwester ein.
»Ja, vor allem Stella«, bestätigte der Schwager. »Nun, ein Gedanke beschäftigt uns, jetzt, morgen verlässt du uns ja … Das Mädchen könnte unter der Trennung leiden, dir nachtrauern, Kinderseelen sind empfindsam. Unser Vorschlag, Rosaline: Stella könnte mit dir leben. He?« Sein Blick forschte in meinem Gesicht, wollte sich nicht die geringste Regung entgehen lassen. Unfähig, mein Glück in Worte zu fassen, stand ich auf, umfasste meinen Schwager, schlang die Arme um den Hals meiner Schwester, drückte sie fest an mich. Ein Kind von ihr ist wie mein eigen Fleisch und Blut. Sie sagten, die Kleine verlange nach mir, begehre meine Zuneigung, Liebe. Ich wusste es besser, in Wirklichkeit sahen sie meine innere Einsamkeit, mein gedemütigtes Herz. Das kleine Mädchen soll mich trösten, beleben, mir helfen, Daseinsfreude zurückzugewinnen.

Tatsächlich, sie hatten die wahre Medizin gefunden: Stella als Balsam für meine kranke Seele. Ich lebte für sie, sie für mich, zwei Unzertrennliche. Außer mir schloss sie nur noch eine Person so uneingeschränkt in ihr kleines Herz: Großmama. Und Mutter erfreute sich, fand Gefallen an der Anhänglichkeit der Kleinen, denn ihre Kinder, meine Geschwister, waren längst dem Schmusealter entwachsen. Einzig ihr kleiner Bruder weckte zuweilen Stellas Sehnsucht nach zu Hause. Ich kam ihrem Wunsch nach, wir besuchten ihn oft.

Hatte ich seit jener amüsanten Begegnung auf dem Markt noch einen Gedanken an Jean, meines Schwagers »väterlichen Freund«, verschwendet? Keinen tiefgründigen jedenfalls. Eines Tages nun erschien ein junger Mann, ein Neffe, wie er sich vorstellte, mit der Ankündigung, Jean wünsche mich zu sehen. Morgen, beim Höchststand der Sonne, im Haus meiner Schwester.

»Was noch hat er gesagt?«, fragte ich, bemüht, Gelassenheit, Gleichmütigkeit in meine Stimme zu legen.

»Nur dass ich mit einer festen Zusage zurückkommen soll.«

»Zu viel gefordert«, gab ich zur Antwort, entließ damit den jungen Mann.

Ich ergriff meine Hacke, ging aufs Feld, setzte mich dort in den Schatten eines Baumes. Wollte allein sein, nachdenken. Was will er? Kein Zweifel: mich als Frau. Und wie nehme ich sie auf, diese »frohe Botschaft«? Wie begegne ich ihr? Eine erneute Gelegenheit, eine Familie zu gründen, mit Kindern? Bin ich bereit dazu, nach all den Erfahrungen? Hingegen, will ich ewig leben als Frau ohne Mann, ohne Nachkommen, als Mensch ohne Anerkennung, als im Leben gescheiterte Person?

Und noch etwas … Eine stattliche Erscheinung wie er, mit seiner »ausgeprägten Leidenschaft für liebreizende Geschöpfe« – seine Worte, erinnere ich mich richtig? –, ein solcher Mann hat zweifellos ein Gehöft voller Frauen. Wie viele? Und unter ihnen, wie viele sind achtbar, wie viele zänkisch, streitsüchtig? Habe ich die Willenskraft, mir Ansehen, mir eine achtbare

Stellung unter ihnen zu erkämpfen? Fragen über Fragen purzelten in meinem Kopf durcheinander.
Am Abend suchte ich ein ungestörtes Beisammensein mit Mutter. Wir saßen um die Feuerstelle, ich erzählte, berichtete, welche Entscheidung mich wohl am folgenden Tag erwartete. Sie hörte zu, schwieg. Dann, nach einer guten Weile, fragte sie: »Rosaline, möchtest du ewig unter Mutters Dach leben, auf Mutters Feld arbeiten, auf Mutters Feuerstelle kochen?«
»Nein, Mama, es wäre absonderlich.«
»Meine Tochter, was dann?«
»Schon … einen eigenen Hausstand, Familie …«
»Eine Zusage morgen könnte so manchen deiner Wünsche verwirklichen.«
»Hm«, brummte ich nur.
»Was schreckt dich ab?«
»Mama, die Angst … vor erneuten Demütigungen.« Ich barg mein Gesicht in den Händen. Hässliche Szenen erschienen mir wieder vor Augen.
»Ja, meine Tochter, das waren leidvolle Erfahrungen, aber die liegen hinter dir. Vielleicht, wer weiß es, hat das Schicksal entschieden, dir das Leben von nun an von einer schöneren Seite zu zeigen.«
»Du meinst, ich soll zusagen?«
»Sprich mit deiner Schwester, berate dich mit dem Schwager. Finden die beiden ermutigende Worte – wag es.«
Eine durchwachte Nacht. Ängste tauchten auf, wurden verdrängt von Zuversicht, Zukunftsglaube, gedämpft von Befürchtungen. Dösig, kraftlos erhob ich mich, machte mich mit Stella an der Hand auf den Weg. Die Kleine plapperte unentwegt. Ich hörte ihr nicht zu. Zum ersten Mal waren mir meine eigenen Gedanken wichtiger.
»Geh spielen, Stella!«
Wir saßen zusammen, der Schwager führte das Wort. »Jean kannte schon meinen Vater. Der, gleichfalls traditioneller Hei-

ler, war für ihn ein väterlicher Freund, so wie nunmehr Jean für mich. Unsere Freundschaft begann, als mein Papa starb, überraschend, zu früh. Er ließ mich zurück, jung, noch unerfahren. Ihm war nicht die Lebenszeit gegönnt, die nötig gewesen wäre, um mir sein gesamtes Wissen über die Heilkunde anzuvertrauen. Jean half mir, erklärte mir viele kleine Dinge. Die großen Weisheiten, natürlich, die behält er für sich. Wird sie eines Tages mit ins Grab nehmen, leider …
Jean genießt einen weitreichenden Ruf, seine Patienten nehmen Tagesmärsche auf sich, bleiben oft für langwierige Behandlungen. Ein Haus mit Betten steht bereit. O ja, der macht sein Geld, hat drei Frauen, du bist die vierte.«
Langsam, langsam, lieber Schwager, dachte ich, noch nicht!
»Und wie behandelt er die drei?«
»Was weiß ich? Gutherzig, liebenswürdig, wie er ist, hm, kann mir nicht vorstellen, dass er ihnen gegenüber allzu gebieterisch, barsch auftritt.«
»Und die drei untereinander?«
»Das übliche Weibergezänk, wahrscheinlich.«

Höchststand der Sonne. Pünktlich zeigte sich Jean auf der Türschwelle des Hauses. Seine »gute Erscheinung« überraschte mich erneut. Er lachte, schnalzte mit dem Finger, rief mit lauter, dröhnender Stimme, für die gesamte Nachbarschaft unüberhörbar: »Sie ist gekommen!« Er hielt meine Hand, streichelte sie sanft. »Du bist da, ich freue mich.« Ah, wer hat mich je so gefühlvoll begrüßt?
»Setzen wir uns.« Schwager und Schwester hatten unbemerkt den Raum verlassen. »Erzähl mir von dir.«
»Ich?«, fragte ich zögernd, hielt den Atem an. Diese Aufforderung erschreckte mich, war unerwartet. Spiegelte sich die Verwirrung in meinem Gesicht wider?
Besorgt erkundigte er sich: »Was ist?«
»Nun … weißt du … da ist …« Nein, nicht jetzt, nicht in die-

sem Moment wieder eintauchen in diese düstere Zeit! Ich spürte, alles in mir sträubte sich. Doch wie erkläre ich mich? Dann entschied ich: Rosaline, gib dich gelassen, sag einfach: »Bitte, verlange keinen Lebensbericht, nicht heute. Über gewisse Erlebnisse zu sprechen zermürbt mich noch immer.« Unversehens verschwand sein Lächeln, mit besorgter Miene sagte er: »Verzeih mir«, nahm meine Hände in die seine, »wir haben Zeit …«

»Die Baumreihe hier bildet die Grenze meines Anwesens. Der hohe Mais verdeckt uns die Sicht, sonst könntest du die Wohnhäuser sehen.« Jean ging mir voraus, stieg bedächtig den schmalen, ansteigenden Pfad hinauf. Eine letzte Biegung, dann lagen die Gebäude sichtbar vor uns: unverkennbar, das Reich des Hausherrn, in jeweils entsprechender Entfernung die Heimstätten der Frauen und ihrer Kinder. Niemand schien daheim zu sein. »Sind alle auf dem Feld, Frauen und Kinder. Maisernte«, erklärte Jean.
»Das Patientenhaus. Drei Zimmer, sieben Betten. Zur Zeit habe ich keine Kranken in längerer Behandlung, kommt selten vor«, erklärte Jean. Draußen ertönten Frauenstimmen, Kindergeschrei, Lachen. »Sie kehren zurück, ich werde dich vorstellen.« Sie entledigten sich erstaunlicher Lasten, Säcke und Körbe, voll gestopft mit Maiskolben. Auch die Kleinsten wollten nicht zurückstehen, hatten sich gebündeltes Feuerholz auf die Köpfe geladen.

»Darf ich bekannt machen: Rosaline«, mehr sagte er nicht. Dann nannte er mir ihre Namen: Thérèse, Nkenge, Bekou. Gefälliges Händeschütteln. Verbindliches Zulächeln. Sie sind im Bilde, folgerte ich, bin längst als ihre Mitehefrau angekündigt. Werden uns gut verstehen, wie in Yaoundé, die Frauen und ich. Voll Zuversicht schaute ich in die Zukunft.

MACHTKAMPF

Stella, wir ziehen um.« Vorsichtig begann ich, das Kind auf die Veränderung vorzubereiten.
»Zu Mama?«
»Nein.«
»Mit Oma?«
»Nein.«
»Dann will ich nicht!«
»In die Nähe deiner Mama, dann besuchen wir ganz oft dein Brüderchen.«
»Aber seltener Oma.«
»Nein, Stella, ich verspreche dir: häufig, häufig. Sie ist meine Mama, ich muss sie einfach sehen, von Zeit zu Zeit.«
»Ja«, sie nickte mitfühlend. Mein Bedürfnis schien ihr selbstverständlich, war ihr gleichermaßen Beruhigung.

»Rosaline, diese Neuigkeit macht mich glücklich!« Mutters Augen leuchteten. Mit größter Aufmerksamkeit folgte sie meiner Darstellung.
»Ein weitläufiges Gelände«, ich unterstrich seine Ausdehnung mit einer kreisenden Armbewegung, »wird keine Streitigkeiten unter den Frauen hervorrufen. Denke mir, jede bestellt das Stück Land, das ihrem Bedarf entspricht. Und, Mutter, du hättest sehen sollen, wie zuvorkommend, wie freundlich sie mich begrüßt haben.«
Ich ging von Haus zu Haus, verabschiedete mich von Vater,

den Frauen, den Kindern, von Mutter. Begleitet von allen guten Wünschen, dennoch ohne große Umstände vollzog sich unser Auszug. Jean hatte seinen Neffen geschickt. Mein Bruder und die »Jüngste«, Catherine, begleiteten uns. Stella schritt mutig aus. Doch irgendwann hielten ihre kurzen Beine nicht mehr Schritt neben mir, sie trödelte hinterher. Schwungvoll setzte sie mein Bruder auf seine Schultern.
Angekommen. Der Neffe ging uns voraus, steuerte geradewegs auf das Haus des Familienoberhauptes zu. Ein herzlicher Empfang. Aufrichtige Freude spiegelte sich auf Jeans Gesicht wider. Habe ich hier, in diesem Gehöft, endlich ein wohliges Zuhause gefunden?

Kinder schleppten Kochtöpfe herbei. Kochbananen und Erdnusssoße. Der Hausherr servierte Palmwein, noch süß, kühl, erfrischend. Eine Gaumenfreude. Gestärkt und selig vom köstlichen Genuss, wollten sich Catherine und der Bruder auf den Heimweg begeben. »Nicht ohne meine Mitehefrauen begrüßt zu haben. Und die schmackhafte Mahlzeit? Dank dafür seid ihr ihnen noch schuldig.«
»Beginnen wir bei der ›Ersten‹, Bekou.« Niemand war zu sehen. »Dok, dok, dok«, riefen wir, klopften mehrmals an die Tür. Endlich trat sie heraus. Hatte sie geschlafen? Ist sie krank? Oder …? Ihr Gesicht war leer, ausdruckslos, unzugänglich. Bestürzt über ihr verändertes Aussehen, fragte ich erschrocken: »Mama, was ist mit dir? Plagt dich ein Leiden? Hast du schlechte Nachrichten erhalten?«
»Nein«, war ihre Antwort, kurz, barsch, unfreundlich.
Fassungslos stand ich da. Was nun sagen, was nun tun? »Möchte dir die Mitehefrau meiner Mutter und meinen Bruder vorstellen. Und … hab Dank für das gute Essen.«
»Hm.« Mehr war nicht von ihr zu hören. Wortlos verschwand sie wieder im Haus.
Catherines irritierter Blick traf mich, kopfschüttelnd fragte sie:

»Was redest du von Herzlichkeit – und was noch? Liebenswürdigkeit?«
»Ja, gestern«, gab ich kläglich zu, »aber wo ist die geblieben?«

»Gehen wir zu Nkenge, der ›Zweiten‹?«, fragte ich vorsichtig.
»Ja, warum nicht?«
Auch dort klopften wir des Öfteren, und auch sie trug eine kühle, abweisende, unnahbare Miene zur Schau.
Aha! Ich verstand. »Catherine, begreifst du?«, rief ich aufgebracht. »Durchschaust du ihr abgekartetes Spiel? Es gilt mir, Jeans vierter Ehefrau …, bin unerwünscht! Die verstehen sich, kommen gut miteinander aus, wollen keinen Eindringling, keinen Störenfried. Hätte ich das geahnt. Warum hat er mir ihre Ablehnung verschwiegen?«, zischte ich ärgerlich. »Diese scheinheiligen, arglistigen Weiber, gestern freundlich und heute … ach.« Ich war verbittert, enttäuscht, mutlos, fühlte mich schwach und elend.
Ich bestürmte Jean: »Wie erklärst du mir das Verhalten der Frauen? Wussten sie nicht, dass ich hier einziehe?« Mein ganzer Körper zitterte, ich war aufgewühlt, gereizt.
»Aber, doch …!«
»Und? Waren sie einverstanden?«
»Na ja, muss zugeben, sie haben keinen Freudentanz vollführt.« Dann wieder ganz selbstbewusster Hausherr: »Bin ich genötigt, sie vor jeder Entscheidung zu befragen?« Mit verändertem, nun sanftem Ton fügte er liebevoll tröstend hinzu: »Meine Teure, quäle nicht dein schönes Köpfchen, die Gemüter der Frauen werden sich schnell beruhigen.«
»Oh, Jean«, seufzte ich, »hoffentlich! Du ahnst nicht, wie sehr ich Eintracht herbeiwünsche.«
Eine Auskunft musste er mir noch geben: »Wann hast du den Frauen mein Kommen angekündigt?«
»Heute Morgen.«

»Und gestern? Wen glaubten sie gestern zu begrüßen?« Ich brannte auf seine Erwiderung.
Mit einem schlecht unterdrückten, verschmitzten Lächeln ließ er mich wissen: »Eine Patientin!«
»Ach, die Ärmsten«, sagte ich, wahrhaftig voll Mitgefühl.

Die Sonne schien für mich, tagaus, tagein, in meinem neuen Leben, obwohl in der Ferne ständig bedrohliche Donner grollten. Ich wohnte mit Stella bei Jean, »bis das Haus dort drüben für euch gerichtet ist«, meinte er, auf ein halb zerfallenes Gebäude deutend. Die Zeit verging, ich drängte nicht, er muss es wissen ... Seit meiner Ankunft zürnte Jean seinen Frauen. »Sie zeigen sich von ihrer ruppigsten Seite«, schimpfte er. »Sie wollen keinen Frieden, also gut, dann auch keine Liebe ...«
Mir schmeichelte seine Anhänglichkeit, seine Zuneigung. Doch ich schmeckte auch den Schuss Bitterkeit in diesem Genuss: Jeder sinnenfreudige Tag, den Gott mir schenkte, vergrößerte die Eifersucht meiner Mitehefrauen, ließ ihren Hass auf mich wachsen. Ihr Groll, wie konnte es anders sein, richtete sich einzig und allein gegen die lüsterne Verführerin, das durchtriebene, ausgekochte Luder, das den wehrlosen Mann umgurrt, ihm den Kopf verdreht. Wohin treibe ich?, fragte ich mich zuweilen. Letztendlich bin ich auf ihre Freundschaft angewiesen.
Meine lieben Schwestern, ihr habt euch ein Bild von mir entworfen, das nicht auf mich passt, mir Eigenschaften zugeschrieben, die ich nicht besitze: Ich bin nicht selbstherrlich, rücksichtslos, hochmütig, sondern genügsam, hilfsbereit, friedfertig – voll guten Willens. Gewiss, es liegt an mir, euch den Beweis zu erbringen. Mit diesem Vorsatz, gefasst während der Nacht, erhob ich mich eines Morgens, begab mich sofort in meine Küche. Heute die erste, morgen die zweite, übermorgen die dritte Frau, so meine Überlegung. Ein köstliches Essen wird sie versöhnlich stimmen, eine nach der anderen.

Zumal, sie arbeiten zurzeit auf ihren Feldern, kommen müde nach Hause, welch angenehme Überraschung: eine dampfende Mahlzeit.
Wie einfältig, wie kindlich von mir! Hatte ich tatsächlich geglaubt, die Frauen ließen sich mit einem Topf Couscous und Soße ködern? Wie war ich nur auf die Idee gekommen, eine einzige Mahlzeit könnte sie vergessen lassen, was ich ihnen mit der »Beschlagnahmung« unseres Mannes antat? Annäherungsversuch gescheitert, sie lehnten mein Anerbieten unwirsch ab: alle, die erste, die zweite, die dritte Frau.
Jeans Vernachlässigung der anderen Frauen, ja, seine Gleichgültigkeit ihnen gegenüber, dachte ich, darf so nicht weitergehen, soll die Geschichte nicht eines Tages ein unglückseliges Ende finden. »Ich bekomme Angst«, gestand ich ihm, »renoviere mein Haus, mein Auszug entspannt die Lage.« »Ja, ja ...« Nichts geschah.
Stella lebte ahnungslos dahin, ihre Welt war in Ordnung. Sie bestand aus leichten Hausarbeiten, vielen Freunden, Spielen und Herumtollen. Dann und wann bat ich die ganze Schar zu mir: »Holt eure Teller, das Essen ist fertig.« Die Kinder griffen zu, freudig und herzhaft. Wie es scheint, haben es ihnen die Mütter noch nicht verwehrt, eine Einladung von mir anzunehmen. Auch Stella aß, wo es gerade etwas gab.
Ein Bote erreichte mich, richtete mir aus, dass Mutters älteste Mitehefrau in der kleinen Krankenstation liege. Natürlich wurde mein Besuch erwartet – ein Tagesmarsch. Entkräftet, müde, erfüllt von einem einzigen Verlangen – ausruhen, schlafen –, kehrte ich am Abend zurück, gerade noch vor Einbruch der Dunkelheit. Stella erwartete mich voll Ungeduld, ihre Welt war durcheinander geraten. »Mama, Thérèse hat mir meinen Teller weggenommen, behauptet, es sei ihrer«, rief sie mir schon von weitem zu. Ihre Stimme zitterte vor Empörung. »Beruhige dich, mein Kleines, unsere Teller sind gekennzeichnet, deinen aus den ihren herauszufinden ist kein

Problem.« Mit diesen Worten machte ich mich auf den Weg zu Thérèse.

Ich fand sie in ihrer Küche. Für die Begrüßung und die Erklärung meines Kommens wählte ich den freundlichsten Tonfall, den meine Stimme aufbieten konnte: »Nett von dir, Stella zum Mittagessen einzuladen, besten Dank. Es hat ihr vorzüglich geschmeckt, wie sie mir erzählte. Selbstvergessen im Spiel hat sie ihren Teller bei dir stehen lassen. Ich bin gekommen, um ihn zu holen.«

»Leider, leider irrst du dich, meine Liebe«, sagte Thérèse sehr sanft, dann mit beißender Schärfe: »In diesem Hause befinden sich nur Teller, die mir gehören.«

»Ah, dort ... Ich sehe, du hast dich für das gleiche Muster entschieden wie ich, gibt ja auch nur drei zur Auswahl auf unserem Markt. Ich habe meine gekennzeichnet, Stellas Teller wird mühelos herauszufinden sein.«

»Hast du taube Ohren, he? Alle diese Teller sind mein Besitz«, schrie sie in einer Lautstärke, hörbar überall im Gehöft und in der Nachbarschaft.

Vereinbartes Zeichen? Schon standen sie da: Bekou, die erste, und Nkenge, die zweite Frau, und erstachen mich mit ihren Blicken. Weg, dachte ich, fort aus dieser Gefahrenzone, nur kein Streit. Aber sie verstellten mir den Weg. Aufs Neue beschwor ich mich: Rosaline, keinen Wortwechsel. Lass dich nicht herausfordern, sie sind zu dritt, jede mit einer geballten Ladung Wut gegen dich im Bauch, zeig dich gelassen.

»Was hast du mit ihm gemacht?«, schrie Bekou, starrte mich aus nächster Nähe an. Ihre Augen funkelten. »Wir wissen, was du ihm angetan hast! Du hast ihm den Verstand vernebelt. Er ist versessen auf dich, vergisst seine Frauen, seine Kinder ...« Sie wandte sich an Nkenge und Thérèse, fragte sie in herausforderndem Ton: »Haben wir nicht in Frieden, in wohligem Einvernehmen mit ihm gelebt, hier in diesem Gehöft?« Ohne Zögern bekräftigten laut ihre beiden Mitehefrauen diese Ver-

träglichkeit, diese Eintracht, die da einst geherrscht hatte in der großen Familie, »bis du von irgendwo dahergelaufen kamst, um Unruhe zu stiften, Zwietracht zu säen«.
Ich stand da, beherrscht, ungerührt, hoffte, mit der Zeit würden sie sich verausgaben, würde es ihnen an Vorwürfen mangeln. Doch im Gegenteil, sie gerieten mehr und mehr in Wallung, und plötzlich ergriff Nkenge mein rechtes Ohrläppchen, zog unsanft daran. »Hör zu, du kokettes Weibchen, was ich dir in dein liebreizendes Öhrchen flüstern möchte: Verschwinde freiwillig, oder …« Sie suchte nach einer zweckmäßigen Drohung. Ihre wortgewandte Mitehefrau unterstützte sie hilfreich: »Oder du wirst deiner Schönheit eines Tages nachweinen.«
Zu viel! Selbst auferlegte Disziplin, Zurückhaltung abgeschrieben, vergessen. Meine zwei Backstreiche trafen sie unerwartet, rechts, links. »Was nimmst du dir heraus, he?«, schrie ich, die Welt vergessend vor Wut. »Bin ich ein Mädchen im Kindesalter, das die Mutter am Ohr packt, sie auf diese Weise zur Ordnung ruft? Ich bin eine erwachsene Frau und mache Jean glücklicher als ihr drei zusammen.« Schon trafen mich schmerzhafte Tritte gegen mein Schienbein, ein Handgemenge entstand. Wutschnaubend zogen und zerrten sie an allem, was sie von mir ergreifen konnten: meinem Kleid, meinem Hüfttuch, meinem Haar, meinem Kopftuch. Ich schlug und wehrte mich, rupfte und riss nicht minder.
Plötzlich ein Schrei. Eine harsche Männerstimme drang durch den Raum, befahl schroff, durchdringend: »Aufhören!« Unser aller Ehemann stand in der Tür. Sofort ließen die drei von mir ab, wandten Jean ihr trotzig entschlossenes Gesicht zu. Mein Atem ging stoßweise. Gerade noch einmal davongekommen! Die hätten mich böse zugerichtet. Oh, Jean, du Retter in der Not. Ich trat einen Schritt zurück, lehnte mich Halt suchend an die Wand. Beobachtete denselben Kampfplatz mit ausgewechselten Gegnern.
Eröffnung des Feuers: Ein Hagel von Vorwürfen prasselte auf

Jean nieder. Ihre schrillen Frauenstimmen hallten durch die zu dieser Stunde lautlose Nacht, lockten neugierige Nachbarn jeden Alters an, sie lauschten an der Tür. »Bist du nicht Vater einer stattlichen Anzahl Kinder? Und sag, in welchen Leibern wurden sie empfangen? In welchen Bäuchen entwickelten sie sich, nahmen menschliche Gestalt an? Und wer erlitt die Schmerzen, als die Kleinen nach außen, ans Licht der Welt drängten? Wir, Nkenge, Thérèse und ich, Bekou, deine Frauen.
»Hier, diese Brüste«, sie tätschelte zärtlich die ihren, »waren immer prall, voll von nahrhafter Muttermilch, um die Säuglinge zu stillen, sie gesund, lebensfähig zu machen. Zwar haben uns zwei wieder verlassen, aber fünf meiner Kinder leben, so viel, wie meine rechte Hand Finger zählt. Fünf von Nkenges Kinder leben, so viel, wie meine linke Hand Finger zählt. Sie hob beide Hände in die Höhe, streckte sie mit gespreizten Fingern Jean entgegen, versteckte dann die linke hinter ihrem Rücken, präsentierte die rechte mit eingezogenem Daumen: »… und Thérèse zählt vier. Ein Kindersegen, ein ansehnlicher Nachwuchs … Warst du nicht ein stolzer Vater, selbstzufrieden, bis zu jenem Tag, jener Stunde, als diese Frau«, mich traf kein Blick, nur ein Finger wies in meine Richtung, »ihren Fuß in unser Gehöft setzte? Seitdem sehen deine Augen nur noch sie, hören deine Ohren nur noch ihre Worte, gilt deine ganze Fürsorge ausschließlich ihr und ihrem einzigen Kind. Und deine eigenen Söhne und Töchter? Es interessiert dich nicht mehr, ob sie sich bester Gesundheit erfreuen, ob sie satt sind.«
»Genug, genug … Wunderbar stellt ihr euch da ins reine, ungetrübte Licht der Sonne. Doch sagt, meine Freunde«, er wandte sich an die stumm lauschenden Nachbarn, »stehen wir in der Sonne, zu welcher Stunde des Tages auch immer, können wir verhindern, dass unser Körper einen Schatten wirft?«
Kopfschütteln. Verneinende Handbewegungen.
»Selbst beim Höchststand des Feuerballs?«

»Nein, nein, nein …«
Jean schien mit seinen Mitspielern zufrieden.
»Liebe Frauen, ihr pflegt doch die Gewohnheit, euch morgens in die ersten Strahlen der Sonne zu stellen, um euch aufzuwärmen …«
»… und werft einen langen Schatten«, vervollständigte jemand von draußen.
Jean warf einen dankbaren Blick in dessen Richtung. »Jawohl, einen Schatten, weit länger als eure Körpergröße. Ihr habt euch vorzüglich dargestellt: untadelige Frauen, ohne Fehl, aufopferungsvoll. Aber euer Eifer ließ euch diesen langen Schatten vergessen. Ich aber sehe ihn jeden Morgen aufs Neue: Für mich versinnbildlicht er euer ungebührendes Verhalten. Ich habe Rosaline in unsere Familie aufgenommen. Na und? Erwartet ihr, dass ich jede Einzelne von euch flehentlich um eure Erlaubnis bitte, die ihr dann hoheitsvoll verweigert, he?« Jean lachte amüsiert. »Sagt selbst, was wäre ich für ein Mann? Würde mich der Lächerlichkeit preisgeben, mich zum Gespött des Dorfes machen. Rosaline ist da, sie bleibt da. Gefällt euch ihre Gegenwart nicht, könnt ihr euren Schatten woanders werfen.« Schlusswort. Er ging.
Ihm folgen war mein einziger Wunsch. Noch immer saß mir die Angst in den Gliedern. Da spürte ich einen Griff am Arm, fuhr erschrocken zusammen. Ah, eine Nachbarin. Sie zog mich drei Schritte in die Dunkelheit, tuschelte mir ins Ohr: »Giftige Weiber, die … Bist nicht die Erste, mit der sie dieses Spiel treiben. Sind schon einige vor denen ausgerissen. Haben sich von Jean nicht erweichen lassen zurückzukommen. Diesmal handelt er entschlossener. Sei kämpferisch, meine Tochter, er ist ein guter Mann.«
Welche Eröffnung: Jean hatte schon andere Frauen in die Familie gebracht, vor mir? Und diese drei Furien hatten stets einen Zermürbungskrieg gegen sie geführt und sie am Ende in die Flucht geschlagen? Aber auch Jean schürt Zwietracht,

Hass. Warum nur fesselt er mich an sich, hält mich in seinem Haus für so lange Zeit? Schenkt währenddessen seinen anderen Ehefrauen und Kindern kaum Beachtung?
Hat er sich immer so verhalten, auch bei meinen Vorgängerinnen? Wäre reine Provokation … Oder betrachtet er diesmal sein Auftreten als Strafmaßnahme? Auf meinem Rücken ausgetragen – werde stets der Zielpunkt ihrer Angriffe sein. Trotzdem … Meine Hände ballten sich zu Fäusten, ich schlug sie gegeneinander, sagte leise, aber entschlossen: Hier, in Jeans Gehöft, lasse ich mich häuslich nieder – und bleibe. Ich weiche nicht, bin kein Huhn, das man wegscheucht. Aber, lieber Jean, lass das vorgesehene Gebäude herrichten. Mich drängt es, bei dir auszuziehen, will meinen eigenen Hausstand gründen und mit diesem Akt den Frieden fördern. Mach schnell, ab morgen liege ich dir täglich in den Ohren.

Nur ein paar Tage später … Die Sonnenstrahlen fielen noch schräg durch das Laubwerk der Bäume. Ein Wäschebündel unter dem Arm, ein Stück Seife in der Hand, so verließ ich das Haus, war auf dem Weg zum Bach. Ich verlangsamte meinen Schritt, betrachtete voll Neugier vier Fremde auf dem schmalen Pfad zu unserem Gehöft. Augenfällig, drei von ihnen waren Wächter der Chefferie, erkennbar an ihrer Kleidung. Wächter der Chefferie? Bei uns? Der vierte Mann. O Schreck! Ich erkannte ihn, spürte Widerwillen, ja Abscheu bei seinem Anblick. Sofort erwachten wieder all die unliebsamen, leidvollen Erinnerungen in mir. Zweifellos, das war Paul. Jahrelang habe ich ihn nicht gesehen, was treibt ihn hierher? Ich ahnte Böses.
Die Gruppe blieb stehen, schaute in die Runde, verschaffte sich Überblick. Paul deutete auf Jeans Haus, unverkennbar der Wohnsitz des Familienoberhauptes. Dann sah er mich. Mit einem Fingerzeig in meine Richtung, seine Gestik ließ es erkennen, erklärte er den Wächtern: Dort steht diejenige …

Paul grüßte nicht, sagte kein Wort, sah mich nur an mit einem Gesicht ohne Regung. Ich zumindest hatte in meinen Blick die stumme Frage gelegt: Was soll das hier?
»Wo ist dein Mann?«, fragte mich ein Wächter, nicht unwirsch, nicht wohlwollend, eben ganz Amtsperson.
Jean, alarmiert durch was auch immer, erschien in der Tür seines Hauses.
»Lebt die in deinem Gehöft?«, raunzte Paul ihn an.
»Ja, mein Herr, darf ich sie Ihnen vorstellen: Rosaline, meine reizende Frau.«
Wusste er, wer da vor ihm stand?
»Was wünschen die Herren?«
Oh, Jean, du erstaunst mich. Dies ist kein Höflichkeitsbesuch, Unheilvolles liegt in der Luft. Ich schlottere vor Angst, und du ... ganz Gelassenheit.
»Wir haben Order, euch zur Chefferie zu bringen, euch beide«, vermeldete ein Wächter.
»Und die Gründe, bitte schön?«
Diese Liebenswürdigkeit ...
Paul stand der Ärger darüber ins Gesicht geschrieben, entsprechend der Ton, in dem er bellte: »Wirst du an Ort und Stelle erfahren.« »Nun gut!«
Aufstellung: Wächter, Jean, Wächter, ich, Wächter, Paul. In dieser Abfolge marschierten wir los, einer hinter dem anderen begaben wir uns auf den schmalen Fußweg in Richtung Chefferie. Trotz Furcht und Bangen, vor dem Verlassen des Gehöfts musste ich ein Auge riskieren, einen kurzen Blick hinüberwerfen zu den Häusern der Frauen. Ja – dort standen sie beieinander, sahen uns entgeistert nach, versuchten sicher angestrengt, eine einleuchtende Erklärung für diese unalltägliche Szenerie zu finden. Und wären sie mir geliebte Schwestern, ich hätte ihnen meine Situation nicht verständlich machen können. Welche Art Unrecht nur habe ich begangen? Welche Unrechtmäßigkeit, die eine solche Festnahme von Jean und mir

rechtfertigt? Noch dazu in Verbindung mit Paul, dem ich seit ewigen Zeiten nicht mehr begegnet bin?
Allgemein werden Fälle wie Vampirismus, Hexerei, Diebstahl, Landstreitigkeiten im traditionellen Gericht der Chefferie behandelt, doch keines dieser Vergehen kann er mir anhängen. Ist mir seine Unberechenbarkeit nicht wohlbekannt, aus leidvollster, bitterster Erfahrung? Für mich war Paul Vergangenheit, warum tritt er erneut in mein Leben?

Vor der Chefferie: Männer standen in Gruppen zusammen, wandten sich neugierig um, als sich unser ausgefallener Aufmarsch näherte. Ah, Bekannte, stellte ich fest, Pauls Freunde und Nachbarn. Seine Getreuen, ich weiß nur zu gut, mit ihrer Anwesenheit will er Sympathien für sich gewinnen.
Die Notabeln, die neun Berater, mit denen sich jeder Chef umgibt, nahmen uns in Empfang, begrüßten Jean ohne Ausnahme mit freudiger Geste. Wie alte Bekannte, die sich endlich wiedersehen. Sie führten uns in einen Raum, wo wahrscheinlich seit ewigen Zeiten traditionelles Recht gesprochen wurde. Paul durfte zwei Freunde, junge Männer aus seiner Nachbarschaft, mit hineinnehmen. Die anderen warteten auf dem moyo'h.
Meine Knie zitterten, es rumorte in meinem Bauch. Ich bin in keine Schuld verstrickt, aber offenkundig hat Paul sich etwas ausgedacht. Plötzlich ein Flüstern an meinem Ohr, Jeans Stimme: »Keine Angst ... Sie haben alle meinen Vater gekannt, ihn als großen Notabeln geschätzt.« »Aber Pauls Vater hatte ebenfalls einen Rang in der Chefferie, und zwar hier«, flüsterte ich. »So klein«, mit Daumen und Zeigefinger verdeutlichte er mir, wie geringfügig dessen Stellung, dessen Einfluss gewesen war. »Hat man längst vergessen.« Ich atmete auf. »Ja, wenn der Fall so liegt.« Lasten fielen von mir ab, mir wird nichts passieren.
Paul wurde aufgefordert, seine Anklage vorzubringen. »Sie ist meine Frau, vermischt aber ihr Blut mit einem anderen.« Aha,

das also ... »Nicht möglich«, hörte ich Jean neben mir murmeln, nunmehr ein Mitangeklagter. Ich schüttelte ungläubig den Kopf. Ein Ehepaar vermischt sein Blut, es fließt in den Adern ihrer Kinder. »Sie vermischt es mit einem anderen« heißt Anklage: Ehebruch.

Oh, Paul ... diese schmerzliche Geschichte! Warum wühlst du diese Erlebnisse wieder auf, bohrst erneut in schlecht verheilten Wunden? Für dich ist das doch längst Vergangenheit, erledigt. Widme dich deinen anderen Frauen. Ich trage noch immer Trauer, erinnere ich mich jener Zeit, Emmanuel, Dieudonné, das kleine Bündel ... Ja, wir haben unser Blut vermischt, es passte nicht zusammen, vertrug sich nicht, reagierte wie Feuer und Wasser. Und jetzt, nach so langer Zeit ... was hat dich zu dieser Anklage getrieben?

Ich sollte Stellung beziehen. Nein, nein, kein Wort der Verteidigung, der Erklärung hört ihr von mir. Ich weigere mich, mich erneut zu quälen. »Alles längst vorbei, vergessen«, sagte ich so leidenschaftslos, wie es mein innerer Aufruhr zuließ.

Jean erbat das Wort. Mit knappen Sätzen schilderte er, ich hätte Paul vor Jahren verlassen, danach lange Zeit im elterlichen Gehöft gelebt, bis er mich zur Frau genommen habe.

Fragende Blicke der Notabeln waren auf Paul gerichtet. »Tja, ich verstehe dich nicht«, begann einer von ihnen, schaute die anderen an. Auch sie schüttelten den Kopf, zuckten mit den Achseln. »Sag uns, warum behelligst du noch diese Frau, nach Jahren der Trennung?«

Pauls Miene spiegelte Verstimmung, Missfallen wider, sie drückte aus, diese Verhandlung lief gegen seinen Plan, gegen seine Erwartung. Bereute er in diesem Moment die »Motivation«, die er dem einen oder anderen der Notabeln zugesteckt hatte, um ihn auf seine Seite zu ziehen?

Mürrisch antwortete er: »Sie ist meine erste Frau. Ihr wisst, in unserer Tradition herrscht die ›Erste‹. Sie führt ihre Mitehefrauen, organisiert das allgemeine Familienleben, entsprechend ihrer Durchsetzungskraft, ihrer Willensstärke herrscht Frieden in einer Familie.«

Allgemeine Heiterkeit, Jean knuffte mich leicht in den Arm. Gegen meinen Willen musste ich lachen, Paul zwang mich dazu. Ungewollt hatte er durchblicken lassen, dass auf seinem Gehöft Zwietracht herrschte, dass er seinem Frauenvolk ohnmächtig gegenüberstand. Eine beherzte, tatkräftige Frau muss her, so offenbar seine Überlegung: Rosaline.

Die Notabeln zogen sich zurück: zur Absprache untereinander, zur anschließenden Beratung mit dem Chef, der wegen Unpässlichkeit nicht an der Verhandlung teilnahm. Wir standen wartend herum, eine Ewigkeit. Paul verweilte inmitten seiner Getreuen, diskutierte, gestikulierte nach allen Seiten. Jean strömte Zuversicht aus: »Dein früherer Ehemann hat kein gutes Bild geboten.«

Die Notabeln erschienen, einer begann zu sprechen: »Das Dorf und der Chef haben entschieden, dass Pauls Anklage auf Ehebruch ungerechtfertigt ist. Wir haben sie sorgfältig geprüft. Tatsache ist, dass Rosaline ihren derzeitigen Ehemann bereits vor vielen Jahren verließ. Aus welchen Gründen? Ganz offensichtlich nicht wegen eines anderen Mannes, denn sie zog zurück ins elterliche Gehöft, lebte dort für lange Zeit – bis Jean sie zur Frau nahm. Bei ihm hat sie ein neues Zuhause gefunden. Hat es Paul für nötig befunden, sich gelegentlich nach Rosalines Befinden zu erkundigen? Nicht ein einziges Mal. Überrascht sie plötzlich mit dem Vorwurf des Ehebruchs, äußert gleichzeitig den Wunsch, sie möge zurückkommen. Lieber Paul, haben dir deine getreuesten Freunde zu diesem Schritt geraten? Es ist förderlich, manchmal den eigenen Verstand einzusetzen, hättest einigen Menschen und dir selbst Ungemach erspart. Dem Chef solltest du dich natürlich erkenntlich zeigen, er hat Mühe aufgewendet: Einige Häuser der Frauen sind baufällig, geh mit deinen Freunden, schneide Bambus für die Neubauten. Erweise dich großzügig.«

Jean und ich schritten zügig aus, marschierten eilig dahin. Es zog mich nach Hause, zu Stella. Unsere gute Laune beflügelte uns. Ich hätte tanzen mögen. Oh, Paul, welche Gedanken haben dich geleitet, als du das traditionelle Gericht bemühtest? Und welch unfähige Berater haben dich zu diesem Schritt ermutigt? Hast du allen Ernstes geglaubt, ich werde je wieder einen Fuß in dein Haus setzen, je wieder mit dir leben?

Wir näherten uns dem Gehöft, blieben überrascht stehen. Was ist das? Gelächter, Schwatzen, ausgelassene Heiterkeit schallte zu uns herüber. »Hört sich an wie ein Freudenfest.« »Bei uns?«, fragte Jean erstaunt. »Ah ...!« Ich klopfte mir gegen die Stirn, begriff, erfasste die Situation. »Ja, Jean, bei uns, und sie hatten allen Anlass dazu, leider wird sie unser Anblick ernüchtern.« »Du meinst ...?«

Unbemerkt standen wir da, eine gute Weile, beobachteten die Szene: Nachbarn hatten sich eingefunden, angelockt durch Jubelrufe? Und mitten unter ihnen, in Hochstimmung, berauscht vor Glückseligkeit, meine drei Mitehefrauen. Sie wähnten mich im Gefängnis, sicher hinter Gittern. Dieses Schauspiel löste einen inneren Widerstreit in mir aus, ließ mich schwanken zwischen Missmut und Erheiterung. Doch dann blickte ich in ihre fassungslosen Gesichter, erloschen war der Ausdruck von Schadenfreude, verscheucht die gute Laune, die Fröhlichkeit. Ihre blitzartige Veränderung reizte mich zum Lachen. Es war entschieden, ich nahm ihr Spiel von der heiteren Seite.

Stella war nichts als ein Häufchen Elend. Zusammengekauert saß sie in der dunkelsten, hintersten Ecke des Hauses. »Mama, du ...?«, fragte sie zweifelnd mit zarter Stimme aus dem dämmrigen Winkel, als glaube sie, ein Trugbild zu sehen. »Ja, mein Kleines, ich bin es.« Nach dieser Zusicherung flog sie mir in die Arme, drückte ihren Kopf an meinen Hals und weinte sich die ganze durchlittene Pein des heutigen Tages von der Seele. Unter Schluchzen brachte sie hervor: »Die anderen

Mamas haben gesungen, getanzt, überhaupt, sie waren so glücklich, dabei sagten sie immer wieder, du kämst nie mehr zurück. Dein Mann hätte dich mitgenommen. Nichts von all dem habe ich verstanden: nicht dein Fortgehen, nicht deren Freude.« Es kostete mich Mühe, ihr aufgewühltes Gemüt zu beruhigen, ihre Tränen zu trocknen und sie von der Furcht zu befreien, dass ich wegginge, sie allein zurückließe.

»Rosaline, meinst du, Paul schluckt sein Scheitern so ohne weiteres?«, fragte Jean noch spät in der Nacht. »Hm, was bleibt ihm übrig, was sonst kann er tun?« »Ach, zeigt das Leben nicht, dass es Menschen gibt, die sich schwer tun … die nach Bösem sinnen, wenn ihnen etwas misslingt, selbst wenn sie selbst Schuld daran tragen? Wissen wir, warum Paul plötzlich wieder Anspruch auf dich erhebt? Vielleicht nur weil du jetzt hier wohnst, bei einem anderen Mann, allein diese Tatsache könnte genügen, seine Eifersucht zu wecken.« Ich zweifelte. »Doch nicht nach so langer Zeit.« »Wer weiß? Hatte er dich nicht des jahrelangen Ehebruchs beschuldigt? Sagte er nicht, von all deinen Kindern sei nicht er der Vater? Solche Behauptungen, Rosaline, ohne Nachweis, ohne Anhaltspunkt, entspringen krankhaften, eifersüchtigen Fantasien.«

»Oh, Jean, du beunruhigst mich, deine Gedanken machen mir Angst, zumal … zumal mir eine Geschichte in den Sinn kommt, die im Dorf vor einiger Zeit von Mund zu Mund ging: Ein Ehemann schlug fortwährend, wenn nicht täglich, seine Frau. Dieses Leben, wer konnte es ihr verdenken, hatte sie in kürzester Zeit leid. Ihre Eltern holten sie zurück. Hübsch, jung, wie sie war, begehrt von Männern jeden Alters, zog sie schon bald bei einem anderen ein. Und ihr erster Mann, der sonderbare Kauz, kochte vor Wut, niemand verstand ihn, die Leute spotteten, lachten hämisch, was sie vielleicht nicht hätten tun sollen, denn eines Nachts, so erzählt man, ging er hin, streute giftiges Puder vor ihre Tür. Unbemerkt trat sie darauf, leider … Krankheit befiel sie, es folgte ein allzu früher Tod.«

Immer wieder kursieren solche Schreckensmeldungen, sind Tagesgespräch. Auch Paul könnte sich so etwas ausdenken. »Hör meinen Vorschlag, Rosaline: Du verlässt mit Stella für einige Zeit dieses Gehöft, besuchst irgendeine Tante.« »So weit hast du schon gedacht? Bietest meinen Mitehefrauen ein erneutes Tanzvergnügen.« »Nein, nein, eben nicht!« Er hob abwehrend die Hände. »Deren Freude werde ich entgegenwirken. Gleich morgen beginne ich, das Gebäude dort herzurichten.« Der Gedanke gefiel mir, also willigte ich ein.

»Dein Haus ist fertig, komm zurück!« »Liebend gern…« Meine freudige Zustimmung kam von Herzen. Ich genoss das Leben mit Jean und Stella. Trotz der Widerwärtigkeit der Frauen verschwendete ich keinen Gedanken daran, das Feld freiwillig zu räumen, es ihnen aus freien Stücken zu überlassen. »Ich bleibe, weiche nicht«, schwor ich mir, »habe den Kampfgeist für weitere Machtproben.«
Ein Kümmernis jedoch trug ich mit mir herum, und es bedrückte mich zuweilen: Ich wurde nicht schwanger. Jean als Heiler blieb nicht untätig: »Rosaline, ich unterziehe dich einem Reinigungsritual«, tröstete er mich an einem Tag, an dem ich wieder einmal »den Mond sah«, ein Moment, in dem die gute Hoffnung erneut entschwand. »Vielleicht hängt dir ein niederträchtiger Fluch an. Dieser Paul …« Er hob warnend seinen Finger, wollte sagen, noch immer ist Vorsicht geboten.
Jean und ich stiegen den steilen Hang hinunter, nahmen aber nicht, wie ich sonst, den Weg zum allgemeinen Waschplatz. Wir folgten vielmehr dem schmalen Pfad, der uns etwas oberhalb zum Talgrund führte. Dort, hohe Raphiapalmen und widerständiges Buschwerk umfließend, sucht sich der Bach mehrarmig seine Bahn. An einer Stelle, von Sträuchern gut verdeckt, hat Jean einen schmalen Wasserlauf zu einem Tümpel gestaut, den Rand mit Steinen befestigt.

Ich setzte meinen Korb ab. In ihn hatte ich die erforderlichen sieben Eier gelegt, mit einem Tuch abgedeckt. Jean stellte eine Kalebasse daneben, begann mit seinen Darlegungen: »Schau, das Wasser reicht mir bis oberhalb der Knie, eine Tiefe, genau von mir bemessen. Und warum?« Schelmisch schaute er mich an. Natürlich blieb ich die Erklärung schuldig. »Du wirst schon sehen. Komm, leg deine Kleider ab. Vorsicht, der Grund ist schlammig.« Er legte seinen Finger auf den Mund: »Ab jetzt ist Schweigen von deiner Seite geboten, ich muss meine Gedanken sammeln, mich auf die Handlung konzentrieren.«
Er stand vor mir, die Augen geschlossen, seine Hände ruhten auf meinen Schultern. Auch ich spürte das Bedürfnis, mich zu sammeln, in mich zu gehen, mich in diesem Moment in meinen Herzenswunsch zu vertiefen. Unbewusst, ohne Nachdenken faltete ich die Hände, richtete nach langer Zeit ein Ersuchen an den himmlischen Vater, ganz so, wie es der kleinen Rosaline von den gestrengen Evangelisten beigebracht worden war, damals in der neu erbauten Dorfkirche.
Während dieser inneren Zwiesprache mit »Ihm« drang Jeans murmelnde Stimme an mein Ohr: »Ihr Götter, wir sind gekommen, um euch ein Opfer darzureichen: sieben Eier, sieben Keimzellen neuen Lebens. Wir bitten euch, nehmt diese Gabe an und lasst euch durch sie gütig stimmen, denn wir benötigen euren Beistand: Eine unbekannte, böswillige Person übt Macht über Rosaline aus, lähmt das Heiligste ihrer Fraulichkeit: ihre Fruchtbarkeit. Zerstöre diesen üblen Einfluss, lasst alsbald neues Leben in ihr wachsen.«
Er zerschlug die Eier auf meinem Kopf, eines nach dem anderen, verrieb Dotter und Eiweiß über meinen ganzen Körper. »Wird tief einziehen, dich durch und durch reinigen.«
Ich hielt noch immer meine Augen geschlossen, wollte mit keiner Gedankenlosigkeit, keiner Unüberlegtheit diesen Glück verheißenden Reinigungsprozess stören. Irgendwann nahm er mich bei der Hand, geleitete mich vorsichtig in den

Tümpel. »Setz dich, das Wasser wird die Boshaftigkeit des anderen abwaschen und davontragen.« Mich setzen? In dieses über kniehohe Nass? Das reicht mir bis zum Mund, ließ ich ihn durch einen vorwurfsvollen Blick und eine unterstreichende Handbewegung wissen. »Nicht doch! Es ist gut bemessen, vertraue mir. Es reicht nur bis zum Hals.« Zaghaft, mit klopfendem Herzen, ließ ich mich nieder. Er hatte Recht. Trotzdem, der hohe Stand verursachte mir Atemnot.

Jean schöpfte mit hohlen Händen Wasser, ließ es sachte durch seine Finger über mein Haar, mein Gesicht rieseln. Ich rieb meinen Körper, wusch mich rein, bis die letzte klebrige Spur gelöst war. »Komm, Rosaline, müssen noch Vorsorge treffen, Schutzmaßnahmen ergreifen, dich bewahren vor missgünstigen Menschen.« Er half mir hoch, bei dem lehmigen, glitschigen Untergrund benötigte ich seine Hilfe.

Jean griff nach der Kalebasse, schüttelte sie. »Der Sud gemahlener Gugubrekerne und seltene Kräuter. Bin weit gegangen, hatte Glück, sie zu finden – hab ich gern für dich getan. Mit dieser Flüssigkeit reibe ich dich ein, und wir werden sehen.« »Oh, Jean, danke.« Plötzlich erwachte in mir eine Lebendigkeit, ein Wohlgefühl, eine Willenskraft, wie ich sie lange nicht mehr gespürt hatte. Ihr streitsüchtigen Weiber, versicherte ich ihnen erneut mit allem Trotz, den meine Person aufbringen konnte, mein Platz ist an der Seite dieses Mannes.

Ich fand Gefallen an dem Haus, fühlte mich stolz als Besitzerin, es war mein Eigen. Mein Auszug sollte ein Zeichen setzen, sichtbar, augenfällig für meine Mitehefrauen: Die Lage hat sich entschärft, ich wohne nicht mehr bei ihm, lebe unter Bedingungen wie ihr. Also, kühlen wir unsere Gemüter ab, schließen Frieden. Rosaline, langsam, wie könnten sie? Ehrlich, noch hast du darauf keinen Anspruch, noch wären diese Schritte von ihnen zu viel erwartet, denn eine Gewohnheit dauert an: Jean bittet mich noch immer jeden Abend, die

Nacht mit ihm zu verbringen. Glückselig willige ich zwar stets ein, doch jedes Mal mit dem festen Vorsatz, morgen, ganz gewiss, bitte ich Jean um ein ernsthaftes Gespräch. Wie es manchmal so ist, aus unerklärbaren Gründen wird aus dem »Morgen« für gewisse Zeit ein weiteres »Morgen«, ein »Übermorgen« …
Doch dann, und ich sagte es ihm mit ehrlichem Herzen: »Jean, du solltest wieder Verbindung zu deinen Frauen aufnehmen. Wollen wir ewig in Zank und Hader leben?« Urplötzlich verzog sich sein freundlich lächelndes Gesicht zu einer mürrischen Grimasse. Unbeeindruckt trug ich meine zurechtgelegten Begründungen vor: »Gut, ich genieße die derzeitige Waffenruhe, doch wie lange wird sie anhalten? Ihre Angriffslust kann sich steigern. Diese Vorstellung macht mich bange.« Schon wollte er widersprechen, mich sicher besänftigen, meine Ängste mildern. Ich nahm mir viel heraus an jenem Tag, erdreistete mich, ihm, einem Mann, Einhalt zu gebieten, denn ich, eine Frau, hatte noch Weiteres vorzubringen: »Den Nachbarn haben deine Frauen schon einmal eine unterhaltsame Vorstellung vorgeführt: Wortwechsel mit Handgemenge. Diese öffentlich dargebotene Unversöhnlichkeit bewahren sie natürlich nicht still in ihrem Herzen, sondern tragen sie genüsslich in die Welt. Zugegeben, Zänkereien kommen vor, in jeder Familie, sie bleiben nicht aus, nirgendwo. Doch dringen noch einmal handgreifliche Streitigkeiten an die Öffentlichkeit, werden Klatschgeschichten deinen Ruf schädigen, die Leute werden dir übel nachreden, sich fragen, warum sich dieses Familienoberhaupt seinem Frauenvolk nicht entgegenstellt, ihnen keine Grenzen setzt oder, ganz einfach, es verabschiedet, davonjagt.
Und, letzter Grund, Jean: Ich sehne mich nach Ruhe, nach Versöhnung. Mach den ersten Schritt, besuche die Frauen, iss mit ihnen, fordere sie auf …« Er saß da wie ein geschlagenes Kind, schwieg, starrte auf einen fixen Punkt am Boden. Wel-

che Gedanken mögen sich drehen, vielleicht überschlagen in seinem Kopf? Ich wartete, ließ ihm Zeit. »Wahrscheinlich hast du Recht … Ein Schritt, der Überwindung kostet …« Mit diesen Worten erhob er sich, ging.

Mich hatte noch ein weiterer triftiger Grund zu diesem anspornenden, drängenden Gespräch getrieben. Den behielt ich freilich für mich. Ich wollte, dass er eine seiner Frauen schwängert. Bereits im elterlichen Gehöft hatte ich dieses Unerklärliche erlebt: Zuweilen begab es sich, dass über einen längeren Zeitraum keine Kinder zur Welt kamen, dann begann eine Frau, und wie angesteckt zogen andere nach, plötzlich ging die Freude der guten Hoffnung fast reihum. Ich träumte, von einer solchen Welle früher oder später erfasst zu werden.
Da lag ich nun in meinem Bett – nicht allein, Stella kuschelte sich an mich –, wusste Jean bei einer von denen, er muss wohl bei der »Ersten« beginnen. Er ging wider Willen, pflichtbewusst gewissermaßen, doch findet er nicht trotzdem seinen Genuss? Diese Vorstellung machte mich schwindlig, herzkrank. Warum nur habe ich ihn so gedrängt?, klagte ich vor mich hin, sollte doch eigentlich nicht mein Interesse sein.
Bereits am Abend hatte mich diese Wehmut überfallen, ausgelöst vielleicht durch Stellas verwunderte Frage: »Schläfst du heute nicht bei Papa?« »Nein, Kind.« Hatte ich zu unwirsch geantwortet? Stellas Augen weiteten sich, wurden groß und rund. Erschrocken hielt sie sich die Hand vor den Mund. »Mama, ihr habt euch gestritten, nicht wahr?« Ungehalten über mich selbst, schalt ich vor mich hin: Muss ich die Kinderseele nun auch noch verwirren mit meiner unbeherrschten Eifersüchtelei? »Nein, nein, Kleines. Hast du etwa harte, laute Worte gehört?« Sie schüttelte den Kopf. »Also!« Ich hob sie hoch, wirbelte sie im Kreis herum, lachte, wollte ihr zeigen: Bin bester Laune. Geglückt: Sie ließ ab von weiteren Fragen, etwa: Mit welcher Frau schläft er dann?

Ich haderte mit dem Schicksal, empfand das Leben als eine einzige Ungerechtigkeit. Wut und Ingrimm erfassten mich bereits beim Aufgang der Sonne, legten sich unglücklicherweise nicht mit ihrem Untergang, sondern gärten besonders ungestüm in den lautlosen Stunden der Dunkelheit bis zu dem Moment, in dem ich im Schlaf Vergessen fand.
Wer hat diese Situation heraufbeschworen? Ich selbst, niemand anders. Kann ich mich daher von Dummheit freisprechen? Nein! Gibt es eine größere Närrin als mich, die um des so genannten lieben Friedens willen unzählige Liebesnächte verschenkt, sie abtritt an drei ungehobelte Frauenzimmer und freiwillig nur noch jede vierte Nacht das Bett mit dem angebeteten Ehemann teilt? Ich wurde Sklavin meiner Eifersucht, unfrei, zwanghaft. Wider meinen Willen zog mich zu gegebener Stunde eine unsichtbare Hand ans Fenster. Dort verharrte ich, unbemerkt wegen der Düsternis des Raums. Wer bringt ihm das Essen, wer zündet seine Lampe an? Wer ist die Glückliche, die ihm heute seinen Liebeshunger stillt?
Und dann noch das Unverzeihlichste: Habe ich mir mit meinem Opferdienst, mit meiner selbst auferlegten Höllenpein den »lieben Frieden« eingehandelt? Nichts dergleichen. Die werten Damen tragen ihre Köpfe nur noch höher, schauen noch erhabener auf mich herab.

Ich ging zum Bach, balancierte einen Korb Schmutzwäsche auf dem Kopf. Wie immer in jüngster Zeit grübelte ich vor mich hin, ging gedankenverloren meines Weges, schenkte meiner Umgebung wenig Aufmerksamkeit. Angekommen am Waschplatz, fuhr ich erschrocken zusammen: Vor mir bearbeiteten Bekou und Thérèse mit übertriebenen Kräften ihre Wäschestücke, schauten nicht auf. Mit Sicherheit, sie haben mich kommen sehen. Zu spät, ein Rückzug ist unmöglich. Ich bleibe, wohl oder übel. Nein, ich nehme nicht vor ihnen Reißaus. Meinen Gruß erwiderten sie nicht. Ich machte mich an die Arbeit.

Es herrschte Schweigen. Nach einer Weile begannen die beiden ein Gespräch, in einer Lautstärke, die mich zwang zuzuhören: »Jean hat die Neue schon satt, er ist ihrer bereits überdrüssig, früher als erwartet. Hat sich betören lassen, unser Lüstling, dabei ist ihm entgangen, dass sein eingefangener Vogel die schönsten Federn schon anderorts gelassen hat.« »Kein Wunder, die zieht von Mann zu Mann«, wusste die andere beizusteuern. »Ich habe Jeans Drängen nicht nachgegeben, sagte ihm unmissverständlich: Nicht mit mir, solange du auch mit der ... Wie bist du seinem Verlangen begegnet?« »He, kennst du mich noch immer nicht? Glaubst du, ich schlafe mit einem Mann, der tags zuvor zwischen den Schenkeln dieser Verderblichkeit gelegen hat?«

Sie sind streitsüchtig, Rosaline, versperr deine Ohren, sie wollen dich reizen. Reagiere nicht, lass sie reden, sei erhaben. Gewaltsam versuchte ich die Wut zu unterdrücken, die in mir aufstieg, wollte um jeden Preis Beherrscherin der Lage bleiben. Doch dann ...

Ihre Unverschämtheiten überschritten das Maß des Erträglichen, ihre Anmaßungen raubten mir die Sinne ... Ich packte den Eimer, und mit ungeahnter Muskelkraft schüttete ich Thérèse, die mir am nächsten stand, das Wasser ins Gesicht. Sie glotzte mich mit weit aufgerissenen, fragenden Augen an, so, als begreife ihr Verstand nicht, was ihr widerfahren war. Ich musste über ihr dümmliches Mienenspiel lachen. Natürlich blieb mir kaum Zeit, meine Freude auszukosten, wie Panther stürzten sie sich auf mich, alle beide. Wir rauften, keilten, boxten uns, ich setzte mich zur Wehr. Mein Zorn machte mich kampfesmutig. Doch wie geschah es? Im Nachhinein konnte ich es nicht erklären. Plötzlich lagen wir am Boden, rangen miteinander, wälzten uns in der wasserdurchtränkten, schlammigen Erde wie Vaters Schweine.

Harte Griffe zerrten an uns. Zupackende Männerhände schafften es, uns Besessene auseinander zu bringen. Keuchend stan-

den wir da, starrten uns an. Wenn schon nicht mit der Wucht unserer Fäuste, so wollten wir uns doch wenigstens mit Blicken töten. Die Männer herrschten uns an, wütende Scheltworte prasselten auf uns nieder. Wir sollten uns schämen! Ob uns jegliche Würde abhanden gekommen sei, wollten sie wissen. Ob es eine so gewichtige Streitfrage gebe, dass sich Mütter von Söhnen und Töchtern wie Tiere im Dreck wälzen, vor aller Augen ein unrühmliches Schauspiel bieten müssten?
Ich sah auf, bemerkte erst jetzt den Kreis Schaulustiger, der uns umgab. Einige Frauen und unzählige Kinder. Woher waren die so schnell herbeigeeilt? Ah, von der nahe gelegenen Schule. Verschämt schaute ich in die Runde, in neugierige, erstaunte, amüsierte und spöttische Augen. Liebend gern wäre ich unsichtbar geworden. Aber, warum eigentlich stehe ich hier noch herum? Hastig sammelte ich meine Wäsche zusammen, warf die eingeweichten, halb gewaschenen und sauberen Stücke alle wild durcheinander in meinen Korb, ergriff mein Stück Seife, den Eimer und verließ, ohne mich umzuschauen, den unliebsamen Kampfplatz.
Wo ist Jean? Hoffentlich nicht auf dem Markt oder bei Freunden oder irgendwo, länger fort. Muss ihm doch alles erzählen, auf der Stelle, diese Geschichte duldet keinen Aufschub. Ich fand ihn im Patientenhaus, beschäftigt mit der Behandlung eines Kranken. Er nickte mir durch die offen stehende Tür zu. Was soll ich tun? Geduldig warten? Kann lange dauern. Ich blieb vor dem Haus, ging rastlos auf und ab. Fühlt er nicht, kann er mir nicht vom Gesicht ablesen, dass sich Ungeheuerliches, Niederträchtiges zugetragen hat? Doch, ja. Er kam heraus. Noch bevor er bei mir war, fing ich an, meiner Empörung freien Lauf zu lassen, wollte alles auf einmal sagen, die Worte überschlugen sich, kamen ungeordnet, gaben keinen Sinn. Jean verstand nichts, außer dass etwas geschehen war, was alle bisherigen Querelen übertraf. »Beruhige dich, Rosaline, versuche dich zu entspannen, ich komme, bin mitten in einer Behandlung.«

Zu Hause legte ich mich auf mein Bett, erhoffte Entspannung. Das Zittern ließ nach, der Herzschlag normalisierte sich, doch in meinem Kopf herrschte chaotisches Durcheinander. Besonders an einer Unklarheit biss ich mich fest, sie tauchte als unbeantwortete Frage immer wieder auf: Warum hat Jean nicht erwähnt, ja nicht einmal leise durchblicken lassen, dass er sich zu Hause drei freilaufende Raubkatzen hält? Und mitten in diese Gefahrenzone hat er mich Ahnungslose hineingestellt. Damals hätte ich gezögert, Für und Wider erwogen. Heute ist es zu spät – ich will nicht mehr leben ohne Jean.
Da waren Stimmen von Frauen, die sich näherten, unter meinem Fenster Halt machten. »Hier, werte Frau, das ist ihr Haus«, hörte ich eine deutlich vernehmbar sagen. Ich sprang von meinem Bett auf, stand mit einem Satz auf den Beinen. Unverwechselbar, ich täuschte mich nicht, das war Bekou, die da Auskunft gab. Doch welcher Schmelz lag in ihrer Stimme, welche überbetonte Höflichkeit. Das bedeutet Gefahr, flüsterte eine innere Stimme. Was nun schon wieder haben sie sich ausgedacht?
Meine Tante trat ein, Bekou entfernte sich. »Rosaline«, wir flogen uns in die Arme. Sie streichelte mir wie einem kleinen Mädchen Kopf und Rücken. »Du hast gehört …?«, fragte ich unter Schluchzen. »Ja, mein Nachbar war einer der Männer. Diese Frauenzimmer«, zischte sie, »heuchlerisch und herrschsüchtig. Die mich hierher gebracht hat – die Freundlichkeit in Person –, sie war doch eine der beiden?« Ich nickte. »Rosaline«, ich horchte auf, die Festigkeit ihrer Stimme kündigte an: Jetzt gibt sie mir eine Weisung, die ich zu befolgen habe, ob ich will oder nicht. »Ich nehme euch mit, dich und Stella, keine weitere Nacht mehr hier, verstanden?«
Jean kam hinzu, gespannt auf meinen Bericht. Nach Beendigung ließ Tante ihm nicht die Zeit für Stellungnahmen, erklärte auch ihm resolut: »Sie gehen mit mir, ob du einverstanden bist oder nicht.« Er nickte beipflichtend. Konnte er gegen diese

unbeirrbare Entschlossenheit ankämpfen? »Und außerdem«, ihre Stimme wurde noch strenger, »ich spreche stellvertretend für Rosalines Mutter: Ich dulde nicht, dass sie zurückkehrt, solange in dieser Familie die rüden, unmenschlichen Zustände fortdauern.«
»Gut, Tantchen, fein gesagt«, jubelte es in mir. Ja, die Mamas im Dorf behaupten sich, zeigen Willenskraft. Dies wird ihnen zugestanden, aufgrund ihres Alters. Sie hat erkannt, Jean ist entscheidungsschwach, äußert gestrenge Worte, aber handelt nicht, lässt dem Geschehen freien Lauf. Will nicht wissen, wie oft er den Frauen schon gedroht hat: Ich schicke euch weg, falls ihr nicht … Und, was hatten sie zu befürchten? Nichts! Die Erfahrung bewies es ihnen. Sie fühlten sich geborgener denn je auf ihrem Platz, bauten ihr Spiel leidenschaftlich aus, wurden immer dreister – ohne Auswirkungen.
Bevor wir aufbrachen, erntete ich noch zwei Büschel Kochbananen, einige Stauden standen nahe bei meinem Haus. Unser Beitrag zu den täglichen Mahlzeiten, können uns nicht mit leeren Händen für längere Zeit einnisten. Währenddessen bewachte Stella unsere Kleidertasche, hatte sich dicht neben sie gesetzt. Sorgte sie sich, ich würde sie vergessen? Oh, Kleines, weißt du nicht, wie lieb und teuer du mir bist, wie unersetzlich?
Beim Abschied sah ich Jean erwartungsvoll an. Wann begegnen wir uns wieder?, fragte mein Blick. »Ich schaue vorbei«, versprach er, eine Aussage, zu vage, zu unklar, um mich glücklich zu stimmen. »Und, Rosaline, während deiner Abwesenheit schlafe ich nicht in meinem Haus.«
Nach einem prüfenden Blick auf den Stand der Sonne drängte Tante zum Aufbruch. »Die Nacht …«, mahnte sie. Unterwegs beherrschte sie das Gespräch. Unermüdlich erzählte sie Geschichten – was Nachbarn, Freunden, Unbekannten widerfahren war, was diese und jene durchlitten hatten. Ich tat so, als hörte ich zu, doch in Wirklichkeit war ich versunken in Grübelei, zerbrach mir den Kopf über Jeans Äußerung. »Nicht zu

Hause – aber wo sonst will er seine Nächte verbringen? Bei Freunden? Das wäre, als ob er einen Überfall seiner Raubkatzen fürchte. Unwahrscheinlich! Bleibt die bittere Frage: Pflegt er Umgang mit noch anderen Frauen? Bieten ihm die drei und ich nicht ausreichend Unterhaltung, Zerstreuung, Sex?

Zeit der Feldarbeit, in absehbaren Tagen wird Regen fallen. Tante begrüßte es freudig, mich als unerwartete Hilfe an ihrer Seite zu haben. Noch in dunkler Nacht brachen wir auf, um gleich beim ersten Dämmerlicht, die angenehme Morgenkühle nutzend, mit der beschwerlichen, schweißtreibenden Hackerei in der harten, ausgedorrten Erde zu beginnen.
Tante und ich waren nicht allein, ihre Mitehefrauen begleiteten uns. »Wir arbeiten gut zusammen, gemeinsam auf dem Feld der einen, dann alle auf den Feldern der anderen«, erklärten sie mir. »Kommen auf diese Weise zügig voran!« »Und ohne Disput und Debatten«, verkündete voll Stolz die Älteste unter ihnen. »Ja«, versicherte ich ihnen, »ihr könnt zu Recht zufrieden mit euch sein. Diese Arbeitsweise, in wie vielen Familien wurde sie schon erprobt und wieder verworfen! Immer findet sich eine, die sich ausgenutzt fühlt, und schon ist der Frieden, der Anreiz zur Gemeinsamkeit zerstört.«
Tante genoss es, mein Schicksal vor ihren Mitehefrauen auszubreiten, in allen ihr bekannten Einzelheiten. Sie erwiesen sich als gute Zuhörerinnen, wünschten weitere Ausführungen, nunmehr von mir, bestürmten mich mit Fragen. Unser Ringen am Bach belustigte sie einerseits und schockierte sie zugleich. Sie kürten mich zu ihrer Gefährtin, erklärten Jeans drei Frauen zu unser aller Feindinnen, zogen gehässig über sie her, lästerten, ließen kein gutes Haar an ihnen.
Ich fühlte mich wohl, hatte mich schon lange nicht mehr in einer anerkannten Frauengemeinschaft aufgehalten. Ihre Parteinahme für mich war Balsam für meine wunde Seele. Leider hatten auch sie kein Rezept zur Hand, dienlich, diese Raub-

katzen zu zähmen. Dann kam Jean an die Reihe, ihm schoben sie viel Schuld zu, »weil er ihrer Herrschsucht stattgibt, ihr nicht mannhaft Einhalt gebietet«. Berechtigte Kritik, trotzdem suchte ich nach Worten, hob an, ihn zu verteidigen, stotterte herum. »Och, lass nur«, unterbrachen sie mich, fast einstimmig, »warum eigentlich?« Wusste ich es? Ach ja, da war noch Jeans Bemerkung von gestern, die mir Kopfzerbrechen verursachte, die hatte ich während dieses abwechslungsreichen Tages ganz vergessen.
Stella und zwei ihrer Freundinnen hopsten uns fröhlich entgegen. »Wusstest du«, fragte ich, »dass uns der Hunger um diese Zeit nach Hause treibt?« »Ja … und, Mama«, sie tat geheimnisvoll, also beugte ich mich zu ihr hinab. »Papa erwartet dich«, flüsterte sie mir ins Ohr. »Gute Nachricht, Stella«, tuschelte ich ebenso vertraulich zurück. Freudige Überraschung! Doch sogleich überfiel mich wieder der verletzende Gedanke: Befindet er sich auf dem Weg zu seinem Nachtquartier, kommt bei mir nur auf einen Sprung vorbei?
Dann sah ich ihn auf einem Hocker sitzen. Er erhob sich, kam mir glückstrahlend entgegen. Mit unbegründeten, abwegigen Bedenken hatte ich mich gequält, denn mein lieber Jean suchte sein Nachtlager an meiner Seite.

Ich verbrachte eine angenehme Zeit bei meiner Tante, atmete regelrecht auf. Tagsüber arbeitete ich in der munteren Gesellschaft der Frauen, Jean kam jeden Abend, verbrachte die Nacht mit uns. Als er sah, wie ich in dieser Gemeinschaft auflebte, versprach er: »Rosaline, ehrlich, bei nächster Gelegenheit werden meine Frauen ein Machtwort hören, meine ganze Strenge erleben. Ich stelle sie endgültig vor die Entscheidung, du wirst sehen.« Konnte ich noch hoffen?
Am nächsten Abend wartete ich vergebens auf Jean. Beunruhigt legte ich mich zu später Stunde allein in mein Bett, schloss auch dann noch kein Auge, überlegte: Was hat sein Fernblei-

ben zu bedeuten? Ich sorgte mich, berechtigterweise, wie ich fand. Dann tadelte ich mich wieder: Rosaline, du übertreibst, muss der Mann wirklich jeden Tag dastehen, folgsam wie ein Kind? Zu viel erwartet. Aber bis jetzt ist er eben tagtäglich erschienen, fügte ich halsstarrig hinzu. Und noch eine leise Beunruhigung schlich sich bei mir ein. Sein Machtwort zu den Frauen. Erkennt Jean ihre List, ihre Gerissenheit bei ihrem Betreiben, ihn zu der Einsicht zu bringen, dass ich in dieser Familie am falschen Platz bin? Eigentlich sollte er … Doch wer weiß? Das Leben hat mir schon seltsam mitgespielt.

Am folgenden Abend kam er früher, ich hatte noch nicht mit dem entnervenden Warten begonnen. Zuerst einmal war ich erleichtert, ihn in bestem Wohlbefinden vor mir zu sehen, überlegte dann: Bezeugt seine freudige Miene, er hat mir nichts Leidiges, nichts Unheilvolles zu berichten? »Alle bei bester Gesundheit?« Ich nickte. »Gestern Abend sprach ich mit den Frauen, es wurde spät«, begann er das Gespräch. »Setzen wir uns.« Er schaute sich suchend um. Ich brannte vor Ungeduld. »Dort, unter den großen Baum«, er deutete auf das grobe Wurzelwerk, das sich über der Erde zu Sitzgelegenheiten geformt hatte, bequem wie Hocker.

»Ja, Rosaline, ich habe dir mein Wort gegeben. Mir ist aufgefallen, wie sehr du das Leben hier genießt. Befürchtete schon, du läufst mir davon. Diese Besorgnis hat mich zur Eile gemahnt. Gestern also rief ich sie herbei. Sie kamen mit erhobenen Köpfen, trotzigen Gesichtern. Alles Maske, Schein, denn ganz sicher zitterten sie vor Angst, fürchteten ein Nachspiel wegen der Szene am Bach, bangten nicht unberechtigt um ihre Zukunft.

›Was ist am Waschplatz geschehen?‹, fragte ich sie, wollte mit dem schlimmsten Vorfall beginnen. Wie erwartet, hatten sich Bekou und Thérèse ihre eigene, wohlgefällige Geschichte ausgedacht: Sie hätten friedlich ihre Wäsche gewaschen, jede für

sich. Dann seist du aufgetaucht, hättest sie sofort in gehässigem Ton angesprochen, dazu hämisch gelacht: ›Na, euer Ehemann erbarmt sich wieder. Will euch nicht austrocknen lassen.‹«
Empört sprang ich auf. »Oh, Jean, alles Lügen!«
Er zog mich am Arm auf meinen Platz zurück. »Rosaline, ich weiß es ja. Hör doch zu. Mir ging es wie dir, ich fiel ihnen ins Wort, sagte, ihre Unwahrheiten seien mir zuwider, missfielen mir, reine Zeitverschwendung, auch sei ich nicht geneigt, ihnen in mühevoller Kleinarbeit die Wahrheit zu entlocken.
›Was eigentlich lastet ihr Rosaline an?‹, fragte ich ohne Umschweife, ›welche Schuld weist ihr ihr zu?‹ Schweigen. Ich ließ ihnen Zeit, weit über meine Geduld hinaus. Kein Ton kam über ihre Lippen. Dann entschied ich, erteilte der Ersten das Wort, nahm sie bei ihrer Ehre: ›Bekou, als erste Frau dieses Gehöfts trägst du Verantwortung, giltst herkömmlich als bevorrechtigte Sprecherin, also nimm Stellung zu meiner Frage.‹ Sie schaute zu der einen, zu der anderen, als holte sie sich das Einverständnis ihrer Mitverschworenen. Die nickten aufmunternd, beide erleichtert, dass nicht sie Rede und Antwort stehen mussten. Bekou befeuchtete die Lippen, strich ihr Tuch glatt, als träte sie gleich vor eine größere Zuhörerschaft. Sie begann zu sprechen, nein, sie hauchte ihre Worte. Diese Bekou, stell dir vor, Rosaline, deren Stimme, deren Gelächter von früh bis spät in jedem Winkel des Gehöfts zu hören ist, flüsterte. Ich hatte Mühe, sie zu verstehen.
›Sie hat dir wie keine vorher den Kopf verdreht, noch nie hast du uns und unsere Kinder derart vernachlässigt.‹ ›Unberechtigter Vorwurf‹, warf ich aufgebracht ein. ›Habt ihr nicht selbst mit eurem Starrsinn und Widerstand diese Situation heraufbeschworen? Und das nicht zum ersten Mal! Aber diesmal ist es anders: Rosaline ist eine stolze Frau, sie weiß, was sie will, sie trotzt euch beharrlich. Offen gesagt, die Person Rosaline ist nicht der wahre Grund. Ihr habt Verrat an euch selbst geübt: seid herzlich zu einer vermeintlichen Patientin gewesen und

bissig gegenüber einer zukünftigen Mitehefrau. Dazwischen lag eine einzige Nacht, keine längere Zeit des Sichkennenlernens, keine Gelegenheiten für schwesterliche Unterhaltungen, für das Erkennen von gegenseitiger Neigung oder Abneigung, nur eine geheime Abmachung hattet ihr im Sinn: Die ekeln wir hinaus. Nein, was ihr wollt, ist herrschen, gebieten, besitzen. Zufälligerweise versteht ihr euch gut, vermutlich, weil ihr alle drei gleich habsüchtig, berechnend, unersättlich seid. Keine Ackerfurche wollt ihr abtreten, wollt alles für euch behalten. Aber wenn ihr euch nicht besinnt, besitzt ihr bald kein hüfttuchbreites Stück Land mehr.‹
›Oh, Jean‹, jammerten sie los, gleichstimmig, alle drei, ›urteile nicht so unbarmherzig, wir sind liebevolle Mütter, denken an unsere Kinder, deren hungrige Mägen wir füllen müssen.‹
›Wie viele Frauen wolltest du schon aufnehmen? Wären die alle geblieben, bestünde für niemanden mehr genügend Lebensraum.‹ ›Schweig‹, schnauzte ich. Es war Thérèse, die sich nach all meinen gestrengen Anschuldigungen noch erdreistete, eine solche Bemerkung fallen zu lassen. ›Eines noch sei euch gesagt: Rosaline ist sicher nicht die letzte Frau, die ich heimbringe. Es gibt viele Junge, Hübsche, Gehorsame. Nun, falls ihr eure Starrköpfigkeit nicht ablegt, werde ich mich, ohne viel Gejammer und Tränen, von euch trennen.‹ Ich machte eine kurze Pause, fragte dann abschließend: ›War ich deutlich, unmissverständlich?‹ ›Hmm‹, brummten sie, standen auf, gingen. Nun, Rosaline?« Jean sah mich herausfordernd an. Offensichtlich mit sich zufrieden, erhoffte er nunmehr auch ein Lob von meiner Seite. Doch meine Gedanken waren anderweitig beschäftigt. Wird sich das Verhältnis unter uns Frauen wirklich ändern? Wenn nicht, bringt er jemals die Entschlossenheit auf, seine Drohung wahr zu machen? Zu Jean sagte ich: »Meinst du, sie haben diesmal deine Botschaft verstanden?« »Bin mir ganz sicher – wann kommst zu zurück?« »Obwohl mich eine gespannte Erwartung nach Hause treibt, möchte ich mich

doch noch ein paar Tage in Geduld üben, hier bleiben, mitarbeiten, bis die Äcker aller Frauen für die Einsaat hergerichtet sind. Mein Dank, sozusagen, an Tante. – Auch dein hiesiges Nachtlager, Jean, war nicht unbedingt selbstverständlich.«

Tag des Aufbruchs für Stella und mich. Tante und ihren Mitehefrauen gelang eine Überraschung, sie wollten uns alle begleiten, ausnahmslos. »Ach, Tochter«, so erklärten sie ihren Beschluss, »hast du nicht täglich von der morgendlichen Dämmerung bis über die Mittagshitze hinaus mit uns zusammen auf den Feldern gearbeitet? Und jetzt … Meinst du, wir lassen dich allein ziehen? Wäre undankbar, eigennützig von uns.« Zudem schleppte jede noch ein beachtliches Geschenk herbei: ein Körbchen Erdnüsse, ein Bündel Kochbananen, einen Sack Mais, Makabo … »Damit du noch ein Weilchen an uns denkst.« Ich wusste diese Gaben zu würdigen, sie stellten einen Wert dar, gerade zu dieser Jahreszeit. Die gelagerten Vorräte müssen bis zur neuen Ernte für die Familie ausreichen. Noch fiel kein Regen, noch ist nicht eingesät. Jeder Tag Verzug verlängert die karge Zeit vor der neuen Ernte.

DIE FÜNFTE FRAU

Angekommen auf unserem Gehöft, ließ ich forschend meinen Blick schweifen. Nein, keine von ihnen war zu sehen. Arbeiten sie auf den Feldern, tätigen Einkäufe auf dem Markt, machen Krankenbesuche? Oder haben sie sich verkrochen, außer Sichtweite gebracht, als sie uns, eine fröhlich schwatzende Gruppe, nahen hörten?

Nach dem Abschied von den Frauen, dem allgemeinen »Ohoho«, setzte ich mich in meine Küche, legte den Kopf in die Hände, durchdachte die gegenwärtige Situation. Wer von uns leistet den ersten Schritt? Gedulde ich mich hier, in meinem Hause, bis die eine, die andere mir durch ihren Besuch bezeugt: ein Stimmungswandel hat sich vollzogen? Warum nicht, sie leben seit langer Zeit mit Jean, sind daheim in diesem Gehöft. Wäre es nicht an ihnen, mich zu begrüßen, aufzunehmen? Wiederum, ich bin die Jüngste, ist es daher meine Pflicht …? Doch gehe ich zu ihnen, könnten sie mich entweder freundlich willkommen heißen oder mir erneut ihre Kratzbürstigkeit zeigen. Diesem Frieden, den Jean mir prophezeite, vertraue ich nicht, noch nicht. Letzten Endes entschied meine Ungeduld. Die Neugier, die Erwartung trieb mich aus dem Haus, ließ mich das Wagnis eingehen.

Ich klopfte bei Bekou, der »Ersten«. »Mutter besucht ihre Schwester, die hat nämlich ein Kind geboren, ein Mädchen«, erklärte ihre kleinste Tochter. Ihre Augen glänzten vor Stolz, die Vermittlerin einer solch gewichtigen Botschaft zu sein.

Vielleicht sind alle drei außer Hause, hoffte ich insgeheim. Sie würden von meinem Besuch, meiner Friedensbereitschaft erfahren. Wären dann nicht sie an der Reihe? Ich könnte geduldig zu Hause warten, aber … verlängerte damit die Zeit der Ungewissheit – eine weitere Nervenprobe. Nein, bitte nicht. Ich will endlich Gewissheit, also klopfte ich beherzt bei Nkenge. Ihr Gesicht zeigte Überraschung, einen kurzen Moment nur, dann schenkte sie mir ein schüchternes, verlegenes Lächeln, öffnete weit die Tür, machte eine einladende Handbewegung. Oh, allein diese wunderbare Geste machte mich glücklich, dieses Zeichen reichte mir aus zu verstehen: Ihr Widerstand ist gebrochen, es besteht Bereitwilligkeit, Entgegenkommen. Durchgestanden, ausgestanden, geschafft, jubelte es in mir.

Sie röstete Bananen über der Glut des Feuers. Ihr Jüngster starrte voller Verlangen auf den köstlichen Leckerbissen, wartete ungeduldig auf seinen Teil. Ich setzte mich zu ihr. Schweigen. Und nun? Worüber sprechen? Es liegt an mir, das Gespräch zu eröffnen. Ich bin gekommen, muss erklären, warum. »Sind die Kinder wohlauf?« »Ja, im Moment«, war ihre kurze Antwort. »Ich habe bei Bekou vorbeigeschaut, sie war nicht zu Hause, besucht ihre Schwester.« »Ja, die hat ein Kind bekommen.« Bestürzt stellte ich fest, sie ist verschlossen, unnahbar – nun doch abweisend? Habe ich ihr Lächeln, ihre einladende Geste falsch ausgelegt? Lehnt sie mich noch immer ab? Nein, noch gab ich die Hoffnung nicht auf, fragte interessiert: »Wie geht es Thérèse?« »Ach, die Ärmste, die hat es erwischt, liegt krank im Bett, Fieber, Gliederschmerzen, eindeutig Malaria. Jean hat sie untersucht, ihr Medizin verabreicht, sie fühlt sich schon besser … Besuchen wir sie, willst du?«, fragte sie plötzlich ganz lebhaft, wie verwandelt. »Die Bananen sind fertig, vielleicht hat sie Appetit.« Oh, Nkenge … Erleichtert atmete ich auf, hoffentlich nicht hörbar. Ich fühlte, wie die Anspannung wich. Nein, nicht Abweisung, Befangenheit lähmte ihre Zunge, es war Unsicherheit gegenüber der neuen Situation.

Thérèse hütete noch immer das Bett, sie war von Krankheit gezeichnet. Ihr Gesicht glänzte von der Hitze des Fiebers. »Du?«, hauchte sie überrascht, als sie mich sah. »Nett von dir.« Für ein Lächeln schien sie zu müde. Ich setzte mich an ihr Bett, hielt ein Weilchen ihre heiße Hand, sie ließ es geschehen. Essen wollte sie nichts, auch keine gerösteten Bananen, »nur schlafen«. Wir ließen sie in der Obhut ihrer ältesten Tochter.

Beschwingt, in Hochstimmung ging ich nach Hause, beflügelt von einer unbeschwerten Freude am Leben, der Aussicht auf eine friedvolle Zukunft. Dass die entscheidende Begegnung noch ausstand, die mit Bekou, der »Ersten«, dieser vorherrschenden, entschlossenen Person, minderte meine Zuversicht nicht im Geringsten. Nein, diesen augenblicklichen, wohligen Moment wollte ich ausleben und den Gedanken verdrängen, dass sie die Macht hatte, die Bereitschaft der beiden anderen jederzeit zu zerschlagen.
Ich hackte gerade hinter dem Haus Feuerholz klein. Plötzlich stand sie neben mir, sagte: »Ah, da bist du!« Bekous unerwartete Stimme überraschte mich. Ich zuckte zusammen, hatte niemanden kommen hören. Als sie mein Erschrecken wahrnahm, ergriff sie meinen Arm, sagte bedauernd: »Tut mir Leid.« Einen Augenblick des Zögerns nur, dann eröffnete sie das Gespräch: »Meine Kleine ist mir entgegengestürmt, hat schon von weitem gerufen: Stellas Mama war da … hab ihr auch gleich erzählt, dass Tante ein Mädchen geboren hat.« Der kindliche Eifer belustigte uns, wir lachten, als wäre nie ein harsches Wort zwischen uns gefallen. »Thérèse ist krank. Ich hab gehört, du hast sie schon aufgesucht. Diesmal liegt sie schwer darnieder. Braucht noch lange Bettruhe, muss sich richtig auskurieren. Sie ist eine, die stets zu früh aufsteht. Ja, wer kann es ihr verdenken, Mutter von kleinen Kindern, die Unruhe treibt sie heraus.«

Bekou gönnte sich keine Pause, sprach hastig, ununterbrochen. Das war anscheinend ihre Art und Weise, die neue Situation zu bewältigen, die Befangenheit zu überwinden. »Ich habe mit Nkenge und Thérèse das Gelände beschritten, überlegt, wo du dein Feld anlegen kannst. Jean hat unseren Vorschlag gebilligt. Morgen früh beginnen wir mit der Vorbereitung für die Einsaat, wir helfen dir, denn der erste Regen kann jeden Tag fallen.«
Ich war wie vor den Kopf geschlagen. Nein, dieser Vorschlag war nicht ernsthaft, nicht aufrichtig. Ohne Zweifel, sie macht sich lustig über mich, hält mich zum Narren. Ich sah sie an, brachte keinen Ton hervor. Niedergeschlagenheit raubte mir die Sprache, lähmte meine Kräfte. Enttäuschung schien mir ins Gesicht geschrieben. Sie runzelte die Stirn, sah mich verdutzt an. »Was ist? Ah, du zweifelst an meiner Aufrichtigkeit?« Ich blieb stumm. »Rosaline, wir beginnen neu, lass die Vergangenheit ... und jetzt muss ich kochen, meine Kinder haben Hunger.« Weg war sie.
Besonnen schaute ich ihr nach, bis sie in ihrem Haus verschwand. Hm, nicht zu glauben ... wäre hocherfreulich, dachte ich. Werde mir trotzdem meinen Teil Misstrauen bewahren. Und der peinigte mich die ganze lange Nacht, nahm mir den Schlaf. Was tue ich, wenn sie ihr Versprechen nicht halten, mich im Stich lassen?, fragte ich mich immer und immer wieder. Sie werden kommen, Bekou hat zu ernsthaft gesprochen, als dass ... Nein, die Posse wäre zu ungehörig.

Umsonst eine durchwachte Nacht, unnötig der verlorene Schlaf, sie fanden sich zu früher Stunde ein. Wir arbeiteten zusammen, mühten uns ab, drei Tage lang. Und an jenem Nachmittag grollte plötzlich bedrohliches Donnern, zeigte sich nach langer Zeit ein schwarzer, düsterer Wolkenhimmel. Wind kam auf, wirbelte herum, hüllte uns ein in dichte Wolken feinen Staubs. Unsere Köpfe mit Tüchern geschützt, warteten wir ab. Schon hörten wir ein nahendes Brausen, der Regen. Wir standen da, warteten, bis endlich die dicken Tropfen auf uns niederprasselten. Oh, wie wunderbar, welch ein Ereignis! Wie belebend diese Kühle, dieses Nass, das die Gewitterwolken auf uns Menschen, auf die ausgetrocknete Natur im Übermaß herunterschütteten. Ah, reine, frische Luft! Wir sogen sie gierig ein, fühlten uns glücklich wie Kinder. »Morgen säen wir, alle helfen, Jung und Alt!«, befahl Bekou.

Konnte ich einen wahrhaftigeren Beweis ihres guten Willens erwarten als diese Hilfeleistung, diesen Beistand bei der Feldarbeit? Nicht den geringsten Zweifel hegte ich mehr an ihrer Aufrichtigkeit. Die Zeit wird offenbaren, wie dauerhaft unser aller Verträglichkeit ist … Mein Vorsatz steht fest: Als Jüngste und als zuletzt Hinzugekommene werde ich bescheiden den letzten Platz der Rangordnung einnehmen, mich folgsam und hilfsbereit zeigen.

In diesem Sinne bot ich der noch immer kränklichen Thérèse meine Unterstützung an: half beim Kochen, wusch Wäsche, verrichtete so manchen Dienst. Nach erledigter Arbeit blieb ich noch ein Weilchen, wir erzählten uns, boten einander allmählich Einblick in unser bisheriges Leben. Auch ich verlor mehr und mehr die Scheu, sie in meine traurige Vergangenheit einzuweihen. Unsere Verbundenheit vertiefte sich, und eines Tages vertraute sie mir an, sie sei schwanger. Ich tanzte vor Freude, war beglückter als Thérèse, denn meine geheime Hoffnung hatte ich ihr noch nicht anvertraut: dass auch ich von einer Geburtenwelle meiner Mitehefrauen erfasst werde.

Die Marter meiner Eifersucht hat sich gemäßigt, wenn sie auch zuweilen noch immer in mir nagt. Ich muss lernen, sie zu beherrschen, habe als »Vierte« ja gesagt – oder ich muss gehen, das Feld räumen. Seit dieser Erkenntnis zwinge ich mich abends weg vom Fenster, will nicht mehr wissen, wer ist heute Nacht die Begünstigte.

Thérèse war hochschwanger, schon überanstrengten, erschöpften sie die leichtesten Arbeiten. »Rosaline, wenn es so weit ist, begleitest du mich?« »Ich?« Ihr Vorschlag brachte mich aus der Fassung. Es ist Ehrensache, eine werdende Mutter in die Krankenstation zu begleiten, eine Frage völligen Vertrauens – und ich wäre die Auserwählte? Welche Auszeichnung für mich! Welcher Beweis unserer Freundschaft! Doch plötzlich wurde ich unschlüssig, Bedenken meldeten sich. »Hm ... hast du deine Wahl sorgsam bedacht?« »Ja, warum? Was hast du gegen meine Bitte einzuwenden?« »Sie könnte Unruhe stiften. Hast du nicht an Bekou gedacht, an Nkenge?« »Sorg dich nicht, beide sind einverstanden.«
In der nächsten mir gebührenden Nacht berichtete ich Jean von Thérèses Vorschlag. »Na, also«, lachte er. »Erinnerst du dich, du nanntest sie meine drei Raubkatzen? Ha, und ich«, rief er, »ich habe sie ein für alle Mal gezähmt, sie schnurren.«
»Wer hat Thérèse bei der Geburt ihrer anderen Kinder begleitet, Bekou oder Nkenge?« »Na ja, da war so eine Geschichte ...«, sagte Jean zögernd. »Welche?« Ich wurde hellhörig. »Bekou hat sie bei ihrem ersten Kind begleitet, so erbat es sich Thérèse. Die Geburt verlief problemlos, aber leider ... das Neugeborene, ein kräftiger Junge, starb nach einigen Tagen, ohne Anzeichen von Krankheit. Nun kamen sie alle herbeigehastet: die Mutter, die Tante, die Schwestern, beschimpften Bekou als Hexe. Ich musste mich schützend vor sie stellen. Der Schock saß tief bei ihr, diese Verletzung verheilte lange nicht ... Für die späteren Geburten reisten ihre Schwestern an.«
»Oh, Jean, die sollen auch diesmal kommen, warum fragt sie mich? Nein, ich will Thérèse nicht begleiten«, rief ich. »Ich habe drei Kinder begraben!« Plötzlich sah ich wieder mein eigenes unvergessliches Trauerspiel vor mir ablaufen. Nein! Fest steht, mir fehlt der Mut für ein solches Wagnis.
Und letzten Endes sagte ich zu. Mit welcher Begründung hätte

ich Thérèse eine Ablehnung darlegen sollen, mit welchen Worten erklären, ohne die mir so wertvolle Verbundenheit, Vertrautheit zu gefährden?

Meine Ängste waren unbegründet, die Aufregung umsonst. Thérèse brachte einen kräftigen Jungen zur Welt. Am Tag nach der Geburt kam ihre Mutter. »Welche Mama lässt es sich entgehen, für ihre Tochter den Nkwi zuzubereiten?«, sagte sie. »Schon meine Mutter hat diesen Brauch gepflegt, als Thérèse, meine Älteste, geboren wurde.«

Ist Nkenge auch schwanger?, fragte ich mich eines Morgens bei ihrem Anblick. Sie kam vom Bach, trug einen vollen Wassereimer auf dem Kopfe. Diese aufrechte Haltung straffte ihr Kleid, und die Konturen ihres Körpers zeichneten sich deutlich ab. Meine Vermutung bewahrheitete sich, und ich verfiel in tiefe Niedergeschlagenheit. Eine neidvolle Feststellung: Die hat doch schon fünf. Kann ich nicht geduldig genug warten? Wann endlich zeigt sich die Wirksamkeit von Jeans Medizin? Der Reigen geht reihum, muss ich auch Bekous »gute Hoffnung« noch abwarten?
Ich jätete Unkraut auf meinem Feld, es wucherte, drohte die noch zarten Maispflänzchen zu erdrücken. Für diese Art Arbeit bevorzuge ich den frühen Tagesbeginn. »Mama!« Stellas Stimme? »Papa verlangt nach dir.« »Sofort?« »Ja, sie haben eine Kranke gebracht.« »Dann ist es dringend!« Ich ließ die Hacke fallen, hetzte zum Patientenhaus.
Da lag sie auf dem Bett, zusammengekrümmt, hielt sich den Bauch, stöhnte vor Schmerzen. Ein Mädchen – oder schon eine junge Frau? Drei Personen, anscheinend Vater, Bruder und Schwester, standen ratlos herum, sahen sorgenvoll auf sie hinab. »Such mir die Pflanze mit den gezahnten Blättern, die mit dem gallebitteren Geschmack. Sie wächst hinter Bekous Haus, nahe dem Mangobaum.« Ich wusste Bescheid. »Bring

eine gute Hand voll, zermahle sie mit dem Stein, wir brauchen den Saft«, rief er mir noch nach. Ich befolgte seine Anweisungen rasch, denn der Zustand der Kranken erschreckte mich. Das Kraut, das ich suchte, verursacht Erbrechen. Also glaubte Jean, etwas musste aus ihrem Körper heraus.
Die Behandlung zeigte die erste Wirkung, die Schmerzen klangen ab. Erschöpft, sichtbar krank, lag sie auf ihrem Lager. »Sie ist noch nicht außer Gefahr, bedarf noch meiner Aufsicht, für längere Zeit«, offenbarte Jean dem Vater. Jetzt zeichneten noch tiefere Sorgenfalten dessen Gesicht, er überlegte einen Moment, zog dann Jean einen Schritt zur Seite, redete auf ihn ein. Ich wusste, nun werden die Geldgeschäfte verhandelt.
Die junge Frau hieß Flora. Aus eigenem Willen ging ich Jean bei ihrer Behandlung und Pflege zur Hand, wie schon zuvor bei anderen Patienten. Ein Interesse, das meine Mutter in mir geweckt hatte. Sie kennt die Wirksamkeit zahlreicher Kräuter, beherrscht ihre Anwendung, teilte ihr Wissen mit mir. Auch von Jeans Kenntnissen möchte ich profitieren, bin eine wache Beobachterin.
Floras Genesung währte, nur langsam kam sie zu Kräften. Sie übte sich in Geduld, war zu jedermanns Erstaunen stets guten Mutes. »Ich habe geglaubt, Gott ruft mich, so früh schon«, vertraute sie mir an. »Jetzt genieße ich das geschenkte Leben.« Das bewies sie bei ihren ersten Spaziergängen. Nur für ein paar Schritte auf und ab vor dem Haus reichte anfangs ihre Kraft. Sie erfreute sich an den wärmenden Sonnenstrahlen, der würzigen Luft, dem kräftigen Grün der Maispflanzen. Später besuchte sie uns Frauen abwechselnd, freundete sich an, wurde vertraut mit jeder von uns und der gesamten Kinderschar.
»Flora ist wieder bei Kräften, wohlauf«, sagte ich eines Tages zu Jean. »Ja«, bestätigte er, »sie ist geheilt.« »Und?«, fragte ich, hoffte, den Grund ihres Verweilens zu erfahren. »Arme Leute! Ihr Vater versucht noch Geld bei Verwandten aufzutreiben. Bevor nicht die Rechnung beglichen ist, kann ich sie

nicht entlassen. Meine Frauen erheben ihre Ansprüche, denen muss ich gerecht werden, oder?«, fragte er mich augenzwinkernd.
Tage später schaute Floras Vater erneut vorbei. Jean zog sich mit ihm zurück, erst nach Stunden traten sie wieder aus dem Haus. Der Vater rief nach seiner Tochter, legte seinen Arm um ihre Schulter, begann auf sie einzureden, unentwegt, während sie mit langsamen Schritten durch das Gelände spazierten, stehen blieben, weitergingen. Er verließ sie. Regungslos stand die da, mit hängenden Schultern, starr auf den Boden blickend, bis Jean sie zu sich ins Haus rief. Was mag wohl verhandelt, beschlossen worden sein? Irgendetwas ist im Gange. Meine Neugier war geweckt.
Ich kehrte den Vorplatz, entfernte Spinnweben, zupfte Gräser heraus. Ungeduldig wartete ich, wann endlich ...? Als sie herauskam, schaute ich wie zufällig auf, rief ihr zu: »Komm für ein Weilchen. Ich knabbere gerade frisch geröstete Maiskörner.« »Nein, danke«, wehrte sie ab. »Später. Muss zu Bekou.« Zu Bekou, der »Ersten«? Also doch – irgendein Ereignis, eine Veränderung steht bevor.
Bekou rief uns zusammen, befahl uns ins Haus des Familienoberhauptes. Jean räusperte sich, bevor er zu sprechen begann. Aha, etwas nervös, der Mann, stellte ich fest. »Warum ich euch hierher bat, ist schnell gesagt: Flora, die als Schwerkranke zu uns gebracht wurde, könnte als geheilt entlassen werden.« Wir spendeten Beifall, wohl beiden, der Gesundeten und dem großen Heiler, obwohl uns das Wörtchen »könnte« unmelodisch im Ohr klang. »Seit sie das Bett verlassen konnte, hat sie ihre Zeit mit euch und den Kindern verbracht. Übertreibe ich, wenn ich sage: sie hat sich gut eingelebt?« Kopfschütteln. Schweigen. Gewiss, die anderen ahnten wie ich ... »Es gefällt Flora bei uns, sie hat sich entschieden zu bleiben. Kurz: Ihr könnt sie als eure Mitehefrau willkommen heißen.«
Unbewegte Gesichter. Keine wollte sich hervortun, sich offen-

baren, weder durch Begeisterung noch durch Missfallen. Diese Eröffnung kam zu unvorbereitet. Wäre je einer von uns ein solcher Gedanke gekommen, sie hätte ihn uns anderen nicht vorenthalten. Bekou erkannte ihre Pflicht, ergriff das Wort, äußerte sich erfreut über das neue Mitglied in unserer Runde. Jean entließ uns.
Jede ging zu sich nach Hause, vorerst. Am Abend, gewiss, werden wir uns da oder dort zusammenfinden, um zu enträtseln, wie dieser Handel zustande kam. Eigentlich hatte ich ja die Zusammenhänge schon erkannt, den Ablauf klar vor Augen gesehen: die Miene des Vaters, sorgenvoller bei jedem Besuch, und Jeans Bemerkung über die zu erfüllende Bedingung. Das Betteln in der Verwandtschaft war also erfolglos gewesen. Wer besitzt schon Geld? Hier im Dorf ernähren sich die Familien von den Ernten der eigenen Felder, verkaufen ein wenig davon, gerade genug, um Salz, Öl, Seife, Streichhölzer zu erstehen. Ja, Flora, nun ist die Rechnung beglichen.
Sie fügte sich leicht in unsere Familie, klagte nie, verriet mit keinem Wort, ob ihr Wunschtraum für ihr »geschenktes Leben« der Wirklichkeit entsprach: fünfte Ehefrau eines alternden Mannes. »Sei ehrlich, war es tatsächlich dein eigener Entschluss zu bleiben?«, fragte ich sie einmal. »Nein.« Der harte Ton ihrer Stimme warnte mich: keine weiteren Fragen. Nicht nötig, Flora, ich weiß Bescheid.
Flora zog vom Patientenhaus zu Jean. Bekou, Nkenge, Thérèse setzten der »Neuen« keinen Widerstand entgegen, ließen ihre Raubkatzenkrallen eingezogen. Flora war da, das Leben ging weiter. Jean, diesmal besonnener, vernachlässigte uns nicht. Trotzdem fühlte ich den bohrenden Schmerz der Eifersucht. War es die Erinnerung an eine vergangene, glückliche Zeit, an diese stete Zweisamkeit?

Oh, ihr allmächtigen Götter, warum nur seid ihr so unerbittlich? Wie oft schon habe ich ihnen diese Frage gestellt. Werde ich je müde, sie zu wiederholen, streichle ich über meinen flachen Bauch, in dem nichts entstehen will? Seit ich hier bin, haben Nkenge und Thérèse Mutterfreuden entgegengesehen. Mit Bekou, bereits gealtert, kann ich mich nicht gleichsetzen. Flora bleibt flach wie ich.

Ohne Kinder sind wir rechtlos. Noch beschützt uns Jean. Er könnte sterben. Wer sorgt dann für mich? Auch im Alter, wenn ich nicht mehr die Kraft aufbringe, mit meiner Hacke das Feld zu bestellen?

Ich ließ die Soße noch einmal aufkochen, nahm dann den Topf vom Feuer. Das Couscous aus Maismehl war schon zubereitet, dampfte noch, es hält lange die Hitze. Jean saß auf einem Hocker mir gegenüber, hatte schon vor geraumer Weile Appetit verkündet, Hunger angemeldet. Gemeinsame Mahlzeit, geteiltes Bett. Jean gehört mir in dieser Nacht, dachte ich.

DIE »GÖTTLICHE«

Es klopfte an der Vordertür. Niemand von der Familie, überlegte ich, die hätten uns alle direkt in der Küche aufgesucht. Wer? Jetzt, zu später Stunde? Ich nahm die Petroleumleuchte, schaute nach. Eine Frau stand im Schein von Mathieus Lampe. Bekous Sohn hatte ihr den Weg geleuchtet. »Ist Jean hier?« Ich nickte, wollte gerade rufen: »Jean, eine Patientin«, kam jedoch nicht dazu. Noch ehe ich den Mund aufmachte, huschte er an mir vorbei, fiel dieser mir Fremden wie einer vertrauten Freundin mit großer Wiedersehensfreude um den Hals. »Herzlich willkommen, meine Tochter«, rief er. »Endlich bist du da. Aber so spät in der Nacht? Ist gefährlich für Frauen.« Er drohte ihr schelmisch mit dem Finger. »Darf ich dir mein Haus zeigen?« Mit diesen Worten dirigierte er sie in die Nacht, ohne mich noch eines Blickes zu würdigen.

Entgeistert schaute ich den beiden nach. Langsam ging ich in meine Küche, sank auf einen Hocker, starrte auf das noch immer dampfende Couscous, die Soße. »Den bekomme ich heute nicht mehr zu Gesicht«, murmelte ich vor mich hin. Ihr Anblick hat ihn kopflos, närrisch gemacht. Wo hat er die aufgelesen? Eine Städterin, dem Aufputz nach. Will er sie aufnehmen als Frau, einquartieren hier im Dorf? Die? Oder ist sie wie ein Schmetterling, der nascht, dann weiterfliegt? Soll ich die anderen wecken? Dieser Besuch betrifft sie, wird sie aufrühren, ganz sicher nicht gleichgültig lassen. Aber jetzt in der Nacht? Was ändert es?

Die Hähne kündigten den Morgen an, schon streckten die Frauen ihre Nasen zur Tür herein, berstend vor Neugier: »Rosaline, schon auf?« »Kein Auge zugetan.« Bekou, bei der die Fremde als Erste angeklopft hatte, spät am gestrigen Abend, hatte bereits allen die Kunde ins Haus getragen. Ich erzählte – viel gab es nicht zu sagen: »Er strahlte sie an wie eine göttliche Erscheinung.«

Sie blieben unsichtbar, alle beide. Den ganzen Vormittag harrten wir aus, belauerten Jeans Eingangstür, wollten unbedingt einen Blick auf diese »Göttliche« werfen, ihre verführerischen Reize begutachten, die unserem ergrauenden Jean die Sinne rauben, ihn zum Lustknaben verjüngen.

Endlich öffnete sich die Tür, sie traten heraus. »Ah, *die*, die kenne ich«, entfuhr es Nkenge, »die ist aus meinem Dorf.« »… und schwanger«, stellte ich fest. »Wahrscheinlich von Jean. Wissen wir, wie lange die beiden schon miteinander turteln!« »Nein, nein«, wehrte Nkenge ab, »das ist eine andere Geschichte …« Wir starrten ihnen nach, bis sie auf dem Pfad zum Markt verschwanden.

»Welche andere Geschichte?«, bestürmten wir Nkenge. »Überhaupt, was ist das für ein Frauenzimmer?« »Den Bauch hat sie schon lange, schob ihn schon in der letzten Regenzeit vor sich her. Also, ganz offensichtlich länger als die normale Zeit, die das Werden eines Kindes braucht.« Übereinstimmendes Brummen. »Die Leute im Dorf erzählen, das sei das Geschenk von einem Mann, der mit einem Fluch belegt war.« »Tchiè?«, fragten wir wie aus einem Mund. Nkenge nickte. »Wee, wee, wee …«, klagten wir, wohl wissend, dass nun ihr diese Verwünschung anhaftete. In ihrem Bauch wächst kein Kind. Eines Tages wird sie sterben, beleibt, unförmig aufgedunsen. Zwei Männer werden sie vergraben, irgendwo, jedenfalls nicht im elterlichen Gehöft.

»Ihr Verhalten ist ungewöhnlich, schwer verständlich. Sie hätte diese Verfluchung weitergeben können.« »Vielleicht will

sie das, jagt deshalb Jean nach«, meinte Thérèse. Ihre Vermutung überzeugt. Doch bevor wir sie näher prüfen konnten, meldete sich Flora zu Wort: »Tchiè, Tchiè? Weiß nicht, wovon ihr sprecht.« »Ah, Bekou, kläre sie auf, unsere Jüngste!«
»Also«, begann Bekou, »stirbt eine Frau während der Schwangerschaft, lastet ein Fluch, Tchiè, auf dem Ehemann. Selbstverständlich will er sich dessen entledigen, schnellstens, indem er die Gelegenheit sucht, mit einer Frau zu schlafen. Auf diese Ahnungslose überträgt sich der Tchiè. Der Mann jedoch ergreift schleunigst die Flucht, lässt seine Kleider zurück. Draußen wartet ein Freund mit einer Hose, einem Hemd – nichts wie fort. Sie, noch erstaunt über das plötzliche Verschwinden ihres Liebhabers, sieht das Kleiderbündel, begreift. Nun liegt es an ihr, den Fluch weiterzugeben, auf die gleiche Weise, auch sie lässt ihre Kleider zurück. So geht es immer weiter, verstehst du?« »Ja, nur ... warum hat diese ›Göttliche‹ nicht entsprechend gehandelt? Aus Unwissenheit?« Bekou zuckte mit den Schultern. »Wissen wir's?«
»Vielleicht ist Jean ihr auserwähltes Opfer?«, begann Thérèse erneut. »Ha, dann betrifft es uns, eine von uns könnte danach die Leidtragende sein.« Unsere Blicke kreuzten sich. Ich sah in Gesichter, die wenig Begeisterung für diesen Gedanken ausdrückten. »Offen gesagt, mir wird unbehaglich bei der Vorstellung, es könnte mich treffen«, flüsterte Flora. »Mir auch«, bekräftigten wir. »Also ...« Bekou schaute fragend in die Runde. »Wie halten wir das Übel von uns fern, wie schützen wir uns?« »Lässt uns das Schicksal eine Wahl? Wir verweigern uns, vorerst.« Allseitiges Einverständnis. »Schon gut, aber hört, Frauen ...«, der hämische Ton in Nkenges Stimme ließ uns aufhorchen. »Vielleicht sind unsere Ängste unbegründet. Warum sind wir uns so sicher, dass es unseren Ehemann noch nach unseren Leibern verlangt? Vielleicht hat er mit der ›Göttlichen‹ sein Glück für immer gefunden.«
Mir war miserabel zumute. Zählen nicht die Stunden, in trau-

ter Zweisamkeit verbracht mit Jean, zu den schönsten meines Lebens? Nun hat er uns alle ins Abseits gestellt, auch mich. Das tut weh, das kränkt. Auch schmerzt der Gedanke, dass er tölpelhaft in eine Falle hineinrennt, in eine Gefahr, die er anscheinend nicht erkennt. Ich verspürte den Wunsch, ihn zu warnen, aber wie? Unsere Wege kreuzten sich nicht mehr. Würde er mir überhaupt Gehör und Glauben schenken? Oder meine Geschichte als Gespinst meiner Eifersucht abtun?

Eines Abends, die Nacht lag schon schwarz über Gottes Schöpfung, stand er plötzlich in meinem Haus. Ich erschrak, hatte ihn nicht kommen hören. Was treibt ihn zu mir? Seit Wochen hat er keine seiner Frauen mehr mit einem Besuch beehrt. Hat diese ›Göttliche‹ das Weite gesucht und ein Bündel Kleider zurückgelassen? Ist sie abgeschwirrt – doch ein Schmetterling? Oder verlangt es ihn nur nach Abwechslung, einer Lustbarkeit von anderer Art, will mit mir die Nacht verbringen? Aber ich werde mich seinem Verlangen widersetzen und mich nicht von diesem Vorsatz abbringen lassen. Ich fürchte mich mehr vor diesem verdammten Fluch als vor seinem Zorn.

Meine Einschätzung seines Begehrs war falsch, nicht Liebeshunger trieb ihn zu mir, den schien noch immer verlässlich die »Göttliche« zu stillen. Mich mit Vorwürfen, mit Drohworten zu überhäufen, sah er als Anlass eines Besuches: »Plagt dich kein schlechtes Gewissen, he? Du bist eine ehrwürdige Mitwirkende geworden, hast getreulich deren Spiel übernommen: sich gefühllos, kalt, abweisend gegenüber einer Neuen zu zeigen, um sie hinauszuekeln. Weibliche Eifersucht kennt keine Grenzen, hast du doch am eigenen Leib erfahren. Schon vergessen, wie ich zu jener Zeit für dich gestritten habe? Wo wärst du geblieben, ohne mich? Nun verpasst du die Gelegenheit, dich dankbar zu erweisen. Euer Verhalten wird sich ungünstig auswirken, auf dich wie auf die anderen.«

Tadel und Versuch, mich, uns Frauen einzuschüchtern? Oh,

Jean, wo steht dir der Kopf? Helle Empörung stieg in mir auf. Er hatte sie ins Gehöft gelockt. Warum? Woher? Hatte er die mindeste Höflichkeit aufgebracht, sie uns vorzustellen? Wer ist sie? Wir kennen nicht einmal ihren Namen, und er erwartet, dass wir … Nein, zu viel verlangt. Trotz aller Verachtung haben wir ihr nicht übel mitgespielt, sie nicht befehdet – allerdings nur geduldet. Soll ich ihn ziehen lassen, ohne ihn mit einer Gehässigkeit für seine Anmaßung zu bedenken? Nein, der Zeitpunkt gebietet es. »Brütet deine Auserkorene drei Kinder gleichzeitig aus?«, fragte ich scheinheilig, Schmelz in die Stimme legend. »Ich meine, weil ihre Mutterschaft die dreifache Zeit in Anspruch nimmt. Die Leute erzählen, schon in der letzten Regenzeit konnte sie kein Feld bestellen wegen ihres dicken Bauches.«
Verdutzt schaute er mich an, legte die Stirn in Falten, fragte, sichtlich erschrocken: »Das ist Gerede, nicht wahr?«, besann sich jedoch erneut, polterte los: »Ihr niederträchtigen Weiber, ich warne euch. Falls ihr ein Teufelswerk im Sinn habt, wird euch Schlimmes widerfahren.« Wutschnaubend verließ er das Haus, die Tür flog krachend ins Schloss.

»Stella, komm, bring Papa das Essen«, rief ich auf den Hof. Dort stand sie inmitten anderer Mädchen, die wie junge Gänse durcheinander schnatterten. Heute war mir die Frauenpflicht aufgebürdet, für Jean zu kochen und – konnte ich es verhindern? – auch für die »Göttliche«. Gemeinschaftlich trugen wir Frauen dieses Muss, wechselten uns gegenseitig ab. Weigerung? Nein – ein solches Verhalten bringt nur üblen Leumund ein. Erhebt doch ein Gebot, festgelegt einerlei wann, die Zubereitung der Mahlzeiten für den Mann zur Ehrensache der Frau, egal, welche Behandlung sie erfährt. Eine Schuldigkeit, fest eingeprägt in den Köpfen beiderlei Geschlechts, denn bereits ein Freier versäumt es nicht, sich diese Zusicherung bei der Familie seiner Braut einzuholen.

Stella brachte den vollen Topf mit Couscous und roten Bohnenkernen unberührt zurück. »Die Göttliche«, berichtete sie, außer sich vor Empörung, »empfing mich an der Tür mit den Worten: ›Nimm dein Essen wieder mit, ihr wollt uns nur vergiften.‹« Wortlos nahm ich ihr den Topf vom Kopf. »Geh zu den anderen, hör ihren amüsanten Geschichten zu.« Sie sollte nicht sehen, wie sich mein Gesicht vor Wut verzog, wie sich meine Augen mit Tränen füllten. Vor Zorn bebend, stand ich da. Muss zu Bekou! Nein, nicht in dieser Erregung, dieser Hochspannung. Stellas Freundinnen würden mir nachschauen, das böte ihnen Anlass zum Klatsch. Ich spaltete grobe Äste für Feuerholz, reagierte mich ab.

Bekou hörte mir zu, ganz gelassen, sie ließ sich nicht irremachen. »Rosaline, diese Verdächtigung ist Teil ihres böswilligen Plans: Hass zu säen zwischen Jean und uns Frauen. Leider ist er ihr verfallen … Ach«, sie machte eine wegwerfende Handbewegung, »lass sie doch selbst kochen.«

»Ho li li, ho li li, ho li li …« Ein Schauer durchlief mich, Erzittern, Erstarren: Wer, allmächtiger Gott, bringt eine Schreckensbotschaft, eine Todesnachricht? Ich stürzte auf den Hof, ebenso meine Mitehefrauen und Jean. Das Klagelied erklang vor seinem Haus. Wer? Zwei bereits erwachsene Töchter seines älteren Bruders Bernard weinten und jammerten: »Papa Jean, unser Papa ist tot, unser Papa ist tot, ein Autounfall, er ist tot, er ist tot.« Von Schmerz überwältigt, von Trauer bewegt, fielen wir ein in das Wehklagen der beiden, umarmten sie, weinten. Jean hielt es nicht lange bei uns, er eilte davon, zum Gehöft seines verunglückten Bruders. Rasch erledigten wir Frauen die dringendste Hausarbeit, begaben uns dann ebenfalls auf den Weg zum Ort der Trauer. Die Kinder ließen wir zu Hause, die Kleinen in der Obhut der Großen.
»Die erzwungene Nachfolge seines Vaters hat ihm kein Glück

gebracht«, eröffnete Bekou unterwegs das Gespräch. »Gab es nicht Warnungen genug?« »Der Vater war ein geachteter Berater des Chefs«, erklärten sie uns, Flora und mir. Wir zwei gehörten zu dieser Zeit noch nicht zur Familie. »Als kluger, voraussehender Mann bestimmte er vor seinem Tod den Nachfolger, jedoch nicht diesen Sohn. Den Namen hat er den anderen Beratern anvertraut. Die hätte Bernard aufsuchen müssen, aber er ahnte wohl, dass er vielleicht doch nicht der Auserwählte ist ... und über das Erbe – Land, Häuser, Geld – zu verfügen, es so zu verteilen, wie er es für richtig hält, schien ihm zu verlockend.« »... und seines Vaters Frauen zu besitzen.« Trotz Trauer konnten wir ein Lachen nicht unterdrücken. War nicht allgemein bekannt, welches Ungemach sie ihm bescherten? »Zwei, nicht einmal die Jüngsten, hat er geheiratet. Für die anderen musste er Sorge tragen. Eine Bürde, denn die zeigten sich stets unzufrieden, was auch immer er ihnen bot.«
Wir blieben neun Tage, beweinten den Toten, trösteten die Hinterbliebenen, unterstützten die Witwen bei der Befolgung der streng einzuhaltenden Rituale. Ausgiebig boten sich Gelegenheiten, Gespräche zu führen, Geplauder zu lauschen. Der Tod Bernards verwunderte niemanden, einstimmige Beurteilung: In diesem Gehöft herrscht der Geist des Vaters, und dessen Wille wurde übergangen, missachtet.

Meine liebe Mutter! In den letzten Jahren ist sie sichtbar gealtert. Das Haar wurde grau, der Rücken schmerzt, die Kräfte lassen nach. Unvermindert nimmt sie ihre Hacke, geht aufs Feld. Selbstverständlich, jüngere Frauen und ich helfen, leisten den größten Teil. Ich sähe es am liebsten, sie würde sich Ruhe gönnen, die Hände in den Schoß legen. Doch hartnäckig behauptet sie: »Fällt mir eines Tages die Hacke aus der kraftlosen Hand, soll mich der Tod holen.«
Ich besuchte sie oft, verwöhnte sie stets mit einer nahrhaften Mahlzeit. Diesmal wollte ich mich länger bei ihr aufhalten,

drei, vier Tage, Unkraut jäten. Von tagelanger Abwesenheit vom Gehöft muss der Ehemann unterrichtet werden. Ich näherte mich Jeans Haus. Plötzlich hörte ich die »Göttliche« mit ungewöhnlich lauter, eindringlicher Stimme sagen: »Ach, entscheide dich endlich, warum zögerst du immer noch? Als Berater des Chefs wärst du ein hoch geschätzter Mann und ich eine angesehene Frau, und reich könnten wir werden …« Die Schlange will Jean zur Nachfolge seines Vaters überreden, dachte ich. Aber du wirst vergebens schönreden oder drohen. Hat der gekränkte Geist des Vaters nicht seinen Unwillen gezeigt? Jean ist gewarnt. Der Tod seines Bruders wird ihm Belehrung sein.

Auffällig, wie oft die »Göttliche« und Jean das Haus verlassen, stets sind sie unterwegs, zu zweit oder allein und immer in feinstem Aufzug. Wohin nur gehen sie? Wen besuchen sie? Aus welchem Grund? Unsere Neugier war geweckt, sie ließ uns keine Ruhe.

Langsam, langsam sickerte der Anlass ihrer Geschäftigkeit durch, die Nachbarn wussten mehr als wir, die Ehefrauen: Jean will nicht nur Nachfolger seines Vaters werden, sondern auch wie dieser als Notabel, Berater, in die Chefferie eintreten. »Sie hat ihn also beredet, mürbe gemacht, diese Schlange«, zischten wir und waren uns einig. Doch eine Sorge trieb mich um: »Und dieses Vorhaben entspricht dem Wunsch seines Vaters?« »Muss es wohl«, meinten die anderen zögernd. Entsann sich Bekou ihres Pflichtgebots als »Erste«? Partei ergreifende Worte für Jean bekamen wir zu hören: »Er war immer ein überlegt handelnder Mann. Hat ihm auch die ›Göttliche‹ den Kopf verdreht, seinen Verstand hat er deshalb noch nicht verloren.«

Warum diese Heimlichtuerei uns, seinen Ehefrauen, gegenüber? Dabei bot das bevorstehende Ereignis Gesprächsstoff, wo immer man hinhörte. Viele Dörfler zeigten ihre Vorfreude,

wenn sie uns begegneten: »Das wird ein Fest«, »sie werden den Tsoo tanzen«. Jung und Alt begrüßte die Abwechslung im Gleichklang des Alltags.
Die Einsetzung eines Notabeln aus den eigenen Reihen: Stolz und Würde spiegeln üblicherweise die Gesichter der vom Glück begünstigten Familie. Verändert nicht dieses Ereignis ihr Leben? Hebt es nicht das Ansehen eines jeden Mitglieds? Die Erwartungen sind hochtrabend, Wunschträume sind erlaubt. »Das ist die Frau eines Notabeln«, »der Sohn eines Notabeln«, »sein Vater ist ein großer Notabel ...«, dergestalt, hoffen sie, werden die Dörfler von diesem Tag an hinter ihren Rücken ehrfürchtig tuscheln.
Auch die Ärmlichkeit, die Entbehrung wünscht man beendet, keine misslichen Zwangslagen mehr, sonst erwiese er sich als ungeschickt, unfähig. Dorfbewohner werden sich einstellen mit Klagen, Bittgesuchen, etwa: »Zwischen meinem Nachbarn und mir herrscht Wortkrieg. Die Grenzlinie unserer Grundstücke ist strittig. Du, mein Freund! Dir wäre es ein Leichtes, ich meine ... du kannst die Notabeln doch bereden, auf sie Einfluss nehmen, dass der Chef zu meinen Gunsten urteilt.« »Wohl, wohl, werter Freund, doch Worte allein bewirken wenig ...« »Versteht sich.« Schon wechselt ein Beutelchen den Besitzer.
Ist es ausgeschlossen, dass er den Vertreter der Gegenpartei nicht auch empfängt? »Kamerad, mich belastet ein Problem. Mein Nachbar sucht Streit wegen der Grenzlinie unserer Grundstücke. Welch Glück, dass ich dich kenne. Bitte, beeinflusse die Notabeln, versuche sie zu bewegen, dass der Chef in meinem Sinne entscheidet.« »Wohl, wohl, Kamerad, doch Worte allein bewirken wenig ...« »Ist doch normal.« Schon wandert ein Päckchen von einer Hand in die andere.
»Wann gedenkt Jean mit uns zu sprechen, uns zu informieren?«, fragte Nkenge in die Runde. »Spätestens wenn er uns braucht für die Zubereitung des Festmahls.« »Ha, bist du si-

cher – wir, die Giftmischerinnen?«, riefen Thérèse und ich wie aus einem Munde. »Vielleicht hat er Angst, wir bringen ihn vor der versammelten Festgemeinde um.« »Gut, soll sich die ›Göttliche‹ plagen, erschöpfen.« »Aber einladen muss er uns, dazu ist er genötigt. Nicht, weil er diese ehrenvollen Stunden mit uns teilen will, nein, die Dorfgemeinschaft zwingt ihn. Das wären genüsslich erzählte Klatschgeschichten für lange Zeit.«
Jean suchte Bekou auf, immerhin eine Woche vor dem Festakt. Mit knappen Worten setzte er sie in Kenntnis. »Arbeitsreiche Tage stehen euch bevor. Wir erwarten zahllose Gäste, die wollen verköstigt sein.« Er gab ihr Geld.
Wir zeigten uns widerwillig. Starrsinnig, aufsässig reagierten wir auf Bekous Bericht. »Zum Arbeiten kommen wir gelegen.« Es gärte in uns, eine ganze Nacht lang, am Morgen nahmen wir Vernunft an. »Ihn verärgern, in Rage bringen an diesem Ehrentag wäre unbesonnen. In rasender Wut könnte er abträgliche Entscheidungen treffen, und wir müssten hinterher unseren Ungehorsam bereuen.« Es war die bedachte Bekou, die sprach.
Wir kauften ein, schleppten gewichtige Säcke auf unseren Köpfen, beluden auch die Kinder bis hin zum Kleinsten mit einer entsprechenden Last und stellten uns immer wieder die gleiche Frage: »Diese Ausgaben – bei wem nur hat er sich derart verschulden können?« Wir kochten, brieten, garten, dünsteten, dämpften, beluden dann erneut sämtliche Köpfe der Familie mit Schüsseln und Töpfen, um sie in Jeans elterliches Gehöft zu tragen. Dort wollte er am Abend vor dem großen Fest die benachbarte Bevölkerung freizügig bewirten. Wir Köchinnen allerdings wollten keine Menschen mehr sehen, keine Speise mehr riechen. Übermüdung, Schläfrigkeit, Schwäche ließ uns nur eines ersehnen: unsere Betten.

»Komm, beeil dich«, ermahnte mich Stella. »Komm, mach schnell«, trieben die anderen Kinder ihre Mütter zur Eile. Wer

wollte schon den Tsoo, den Tanz der Notabeln, versäumen? Zumal er zu Jeans Ehren, ihrer aller Papa, auf dem moyo'h, dem Platz vor der Chefferie, getanzt wurde. Die Hast wäre nicht vonnöten gewesen. Die Zeit verging, die Beine wurden schwer, die Sonne trieb den Schweiß aus den Poren. Bekou und Nkenge, die Verzögerung wohl ahnend, hatten sich längst im Schatten eines Baums niedergelassen, befanden sich dort, mit anderen Frauen ihres Alters, in bester Gesellschaft. »Tam, tam, tam ...« Mit dem ersten Trommelschlag war unser aller Unbehagen vergessen, Köpfe drehten sich ruckartig, Blicke hefteten sich an die Eingangspforte der Chefferie. Sie traten heraus. Mit kurzen Tanzschritten, sich im Rhythmus wiegend, bewegten sie sich langsam auf den großen Platz zu, den Zuschauer dicht an dicht umstanden. »Der Chef persönlich führt die Gruppe an«, erklärte jemand neben mir. »Welcher ist Papa, der Dritte?« »Nein, Papa ist größer, der Fünfte.« Die Kinder schrien laut durcheinander, in hellster Aufregung. »Ja, welcher davon ist Jean?«, fragte auch ich mich.
Sie boten ein prächtiges Bild, das die Menge begeisterte. Der Rhythmus, das »Tam, tam, tam« der Trommeln, tat sein Übriges. Der Chef und seine neun Berater trugen knöchellange Kleider, genäht aus dem blau-weiß gemusterten, traditionellen Stoff der Chefferie. Über die Köpfe hatten sie spitze Mützen gestülpt, die über das Gesicht bis auf die Schultern reichten. Ein herausgeschnittenes Loch in Augenhöhe wurde durch ein durchsichtiges, locker gewobenes Stück Stoff ersetzt. So fanden die Tänzer ihren Weg, konnten jedoch ihr Antlitz verbergen. Sie umrundeten zweimal den großen Platz. Dicht vor uns hob der Letzte, für einen Augenblick nur, seine Maske an, legte gleichzeitig den Finger auf den Mund. Trotz dieser Mahnung brüllten die Kinder los, lachten und tanzten vor Begeisterung.

Nach diesem Festakt vergingen Tage, ja Wochen ... Jean und die »Göttliche« blieben uns fern, keine Nachricht von ihm, kein ins Ohr geflüstertes Gerücht erreichte uns, nichts. Offene Fragen quälten unsere Köpfe, Ungewissheit trieb uns um, erhitzte unsere Gemüter. Leben die beiden fortan auf dem Gehöft von Jeans Vater, wollen sich dort für immer niederlassen? Oder kommen sie zurück? Wir warteten. »Soll er bleiben«, entschied Nkenge eines Tages. »Was liegt mir noch an ihm? Wird er je von dieser ›Göttlichen‹ ablassen?« »Noch weniger sie von ihm«, warf Bekou ein, »jetzt, da er sie in den ehrenwerten Stand ›Frau eines Notabeln‹ erhoben hat.« »Wollen wir ein Leben lang die gleiche Luft einatmen wie die, in einem Gehöft?« »Kein erfreulicher Gedanke.« Ich musste ihr beipflichten.

Flora stürmte in meine Küche, sie hatte den Weg hinter den Häusern gewählt. »Rosaline, hast du gesehen? Sie kommen.« Aufgeregtheit lag in ihrem Gesicht, ihre Haut glänzte. »Wer? Sag, Flora?« »Na, wer schon? Jean und die ›Göttliche‹.« Sie zog mich auf die andere Seite des Hauses. Getarnt von Zweigen eines Busches, kauerten wir da, sahen den Ankömmlingen entgegen. »Hm, Jean …?« Verwundert schüttelte ich den Kopf. »Was ist mit ihm? Seine Körperhaltung ist ungewöhnlich, vornübergebeugt, sein Gang schwerfällig.« »Vielleicht ist er nur übermüdet, ruhebedürftig.« Seinetwegen machte sich Flora keine Sorgen.
»Komm zu den anderen«, forderte ich Flora auf, packte ihren Arm, zog sie ungeduldig fort. Das Ereignis hatte uns zusammengetrieben. Nkenge und Bekou saßen auf Hockern, Thérèse stand vor den beiden und schilderte sichtlich aufgewühlt ihre Beobachtung: »Ich sah ihn nur von fern, aber er schien mir sehr verändert, auffallend gealtert.« »Also doch.« Meine Wahrnehmung wurde bestätigt.

Wir brannten vor Neugier, lagen ständig auf der Lauer, wollten ihn sehen, Näheres wissen, aber er zeigte sich nicht, verließ nie das Haus. Die »Göttliche« wies Kranke ab, die von Jean, dem Heiler, behandelt werden wollten. »Sollen wir ihn aufsuchen?«, fragte ich Nkenge vorsichtig, hegte selbst Zweifel an meinem Vorschlag. »Nein, nein.« Entrüstet wehrte sie ab. »Ist er nicht grußlos zurückgekommen? Und seither hat er uns nicht herbeigerufen, nicht einmal Bekou, seine erste Frau. Eindeutig, er benötigt uns nicht.« Also ließen wir trotzig die Zeit verstreichen.

Doch eines Tages ließ er mich rufen. Die »Göttliche« überbrachte mir die Botschaft: »Er verlangt nach dir.« »Nach *mir*, bist du sicher?«, fragte ich ungläubig. »Ja«, bestätigte sie, also folgte ich seinem Ruf. Traurigkeit überfiel mich, als ich das Haus betrat, Sehnsucht nach einer glücklichen Zeit. Es blieb mir nur ein kurzer Moment, vergangenen Träumen nachzuhängen. O Gott … Ein Schreck durchfuhr mich. Da saß er in seinem Armstuhl aus Bambus: zusammengefallen, schwach, elend. Was war geschehen, seit er den Tsoo getanzt hatte? Bei diesem – seinem – Fest hatte ich ihn zum letzten Mal gesehen: als stolzen Tänzer.

»Rosaline.« Seine Stimme war leise, kaum zu verstehen. »Such mir das Hexenkraut. Es ist rar, aber wir fanden eine Stelle, erinnerst du dich?« »Ja, in dem Wäldchen nahe dem Gehöft meiner Tante.« Er nickte, versuchte zu lächeln. »Du gabst ihm den Namen. Suche es, koche die Wurzeln, bring mir täglich von dem Sud.«

Benommen, verstört verließ ich sein Haus, konnte nicht fassen, dass es so schlimm um ihn stand. Nicht die geringste Ahnung hatten meine Mitehefrauen von dieser Ernsthaftigkeit. Schon beschleunigte ich meine Schritte, lenkte sie in Richtung von Bekous Haus. Nein, plötzlich fühlte ich inneren Widerstreit. Nein, nicht jetzt, will in dieser Gemütslage mit niemandem sprechen. Tränen rannen mir übers Gesicht.

Ein Blick zur Sonne. Ja, es ist zu schaffen, ich kann vor Einbruch der Nacht zurück sein, nicht nötig, bis morgen zu warten. Er verlangt nach dem Hexenkraut, ist also überzeugt, jemand will ihm Böses, hängt ihm diese Krankheit an. »Äußerst wirksam, diese Pflanze, verjagt alles Verwünschte«, hatte er mir damals, als er sie, halb verdeckt von Gestrüpp, entdeckte, erklärt. »Ein Heiler hat sie mir gezeigt, aber mir nicht verraten, wo ich nach ihr suchen kann. Ha, jetzt bin ich selbst fündig geworden«, hatte er strahlend verkündet. Bei all dem Wissen verstehe ich nicht: Warum hat er gezögert, kostbare Zeit verstreichen lassen, mich nicht längst nach diesen Wurzeln geschickt? Ich atmete schwer, fragte mich zweifelnd: Ob sie ihm jetzt noch helfen?

Schweigend, die Gesichter unbewegt, hörten sie mir zu. Mit knappen Worten schilderte ich meinen Mitehefrauen, was ich erlebt hatte. »Sein Befinden ist Besorgnis erregend.« Auch verheimlichte ich ihnen nicht, dass er nach dem Hexenkraut verlangte. Diese Mitteilung versetzte sie in Aufruhr, erbost begannen sie durcheinander zu reden: »Also hat er doch eigenmächtig gehandelt?« Bekou schlug sich empört mit der flachen Hand auf den Schenkel. »Unglaublich!« »Ja, hat sich nicht demütig bei den Notabeln nach dem Willen seines Vaters erkundigt, hat sich einfach als Nachfolger der Familie eingesetzt.« »Und das, obwohl ihm der Tod seines Bruders eine Warnung hätte sein müssen.« »Machtwille, Hochmut, das hat ihm die ›Göttliche‹ eingeimpft.«
Gewissenhaft bereitete ich Tag für Tag den Sud zu, brachte ihn zu Jeans Haus. An der Tür schon empfing mich die »Göttliche«, griff wortlos nach dem Topf, gewährte mir keinen Blick auf den Patienten. Ist Besserung eingetreten? Für mich eine brennende Frage, aber ihr wollte ich sie nicht stellen. Also schwieg ich, betete für Jeans Genesung und hoffte auf eine Gelegenheit. Diese bot sich unversehens eines Morgens. »Dok, dok, dok …« Die »Göttliche« stand vor meiner Tür, zum ersten Mal. Schreck fuhr mir in alle Glieder, ich dachte: Oh, Jean.

»Meine Mutter hat mich rufen lassen, schau nach ihm. Bin am Abend zurück.« Schon eilte sie den abfallenden Weg hinab.
Ich kochte Wurzeln des Hexenkrauts. Erst am Vortag hatte ich erneut das Wäldchen aufgesucht, um den Vorrat für einige Tage zu sichern. Klopfenden Herzens trat ich in Jeans Haus. Ein kurzer Blick: keine Besserung. Bleischwere Traurigkeit legte sich auf mein Gemüt, dennoch zwang ich mich zu einem Lächeln. »Zu spät, Rosaline, die Mühe, die du aufwendest, ist vergebens«, flüsterte er mit tonloser Stimme. »Jean, rede nicht unbedacht.« Mit gespielter Strenge wies ich ihn zurecht. »Es ist gewiss, glaube mir.« Tränen füllten seine Augen. Schweigend saßen wir uns gegenüber, ich wusste ihm nichts Tröstliches zu sagen.
Er schaute an mir vorbei, starrte unverwandt auf einen Punkt am Boden, ließ mich warten. Ringt er noch mit sich, ob er mir gewisse Geheimnisse anvertrauen soll? »Rosaline, diese Frau hat einen teuflischen Ehrgeiz in mir geweckt, hat Wesenszüge zutage gekehrt, die mir neu waren. Sie wünschte sich Wohlstand, Luxus, Ansehen – gut, erlaubte Sehnsüchte, wer hegt sie nicht? Dann Bernards Tod … ›Vaters Nachfolge, die Gelegenheit‹, versicherte sie mir, beschwatzte mich von früh bis spät, blies alle meine Einwände in den Wind, und plötzlich hatte auch ich nur noch ein Ziel, ein Verlangen, um jeden Preis. Ich machte Schulden, überhäufte den Chef mit Geld und Geschenken, überging die Notabeln.« Sein Atem ging stoßweise, er hielt inne, schüttelte leicht den Kopf. Schien es ihm unbegreiflich, dass er es gewesen war, der so gehandelt hatte?
»Ich habe den Tsoo getanzt, wähnte mich am Ziel meines Verlangens und meiner Bestimmung. Ein Freudentaumel, Überschwang von kurzer Dauer, nur Augenblicke später kam eine grausame Ernüchterung. Ein Notabel, ein getreuer Weggefährte meines Vaters, bat mich beiseite. Oh, Rosaline …« Jean hielt sich die Hände vors Gesicht, schluchzte. »Wie ein Speerstoß in die Brust schmerzten seine Worte, ein paar Sätze

nur: ›Jean, Sohn meines Intimus, Friede seiner Seele … Du bist zu Werke gegangen, unbedacht wie ein Mann ohne Verstand, wie ein Narr, ja, ein Dummkopf. Hast es deinem Bruder wie abgesprochen gleichgetan. War sein Fall nicht für dich ein drastisches, unmissverständliches Warnzeichen? Beide habt ihr euch unrechtmäßig als Nachfolger eures Vaters ausgegeben, habt den Kontakt mit uns, seinen engsten Freunden, in weiser Voraussicht vermieden. Ihm und dir hätten wir seinen Willen mitgeteilt. Selbstherrlich habt ihr uns übergangen, habt dem Chef eure Machtgelüste aufgezwungen. Notabeln sind nur Berater, die Entscheidungen des Chefs gelten, müssen befolgt werden.‹« Jean rang erneut nach Luft, sein Bericht kostete ihn Kraft. »Ich dachte, mir schwinden die Sinne. Alle meine Interessen wurden plötzlich unerheblich, reizlos. Ich klammerte mich nur noch an einen Gedanken: leben, und sei es in Anspruchslosigkeit, ja Armseligkeit. ›Ich will leben, leiste Verzicht, gebe alles auf. Was kann ich tun? Sag mir, was ist zu tun?‹, beschwor ich den Mann in panischer Angst. ›Eine Familienkonferenz einberufen, wir setzen Vaters Wunschnachfolger ein … Sag, ist das möglich?‹ Traurig schüttelte er den Kopf. ›Du hast bereits auf dem Stuhl deines Vaters gesessen, deshalb nennen wir dich bei seinem Namen. Du hast den Tsoo getanzt. Keine andere Person kann die traditionellen Riten vollziehen, solange du noch lebst.‹«

»Mama liegt in der Krankenstation.« Suzanne, Tantes Tochter, überbrachte mir diese Mitteilung, schon vor drei Tagen. Zu gewöhnlichen Zeiten wäre ich sofort losgeeilt. Meine liebe Tante leidend! Heute ließ mir dieses Wissen keine Ruhe mehr. Früh stand ich auf, bereitete eine Mahlzeit, die ich ihr bringen wollte. Zu meiner Freude fand ich sie zu Hause, noch müde, noch schwach, aber auf dem Weg der Besserung. Ihre Miene war düster, als ich von Jeans kritischem Zustand berichtete.

»Lebe wohl und gute Besserung, Tantchen.« Bei diesen Worten klopfte jemand an die Tür. Mathieu, Bekous Sohn, stand, um Atem ringend, davor. Ich wusste Bescheid: Jean hat seine Pfeife zerbrochen. Die Aufforderung des Jungen – »Du sollst sofort nach Hause kommen« – wäre nicht nötig gewesen.

Das Haus eines Notabeln fällt ins Auge, ist unübersehbar. Sein Einfluss in der Rangordnung der Chefferie entscheidet, ob er es mit vier, sechs oder neun hohen Spitzdächern zieren darf. Jean hatte nicht die Zeit gehabt, sich ein standesgemäßes Gebäude zu bauen. Deshalb wird er heute in seinem bescheidenen Wohnhaus beerdigt. Amtspflicht für die acht Notabeln, eine Zeremonie im Verborgenen. Niemand sonst hat Zugang oder Einblick, dafür sorgt eine von jungen Männern errichtete Barriere aus geflochtenen Matten. Aufgehängte Tücher, blau bedruckt mit dem traditionellen Muster der Chefferie, zeugen ebenfalls von dem hohen Stand des Verstorbenen.
Meine Mitehefrauen saßen versammelt etwas abseits des Eingangs, hatten ihr Klagelied angestimmt. Ich übergab Stella meine Tasche, und ohne vorher in mein Haus einzutreten, lief ich ihnen weinend entgegen, meine Hände hinter dem Kopf verschränkt, ein Zeichen des Leids. Sie warfen sich vor mir auf die Erde, umklammerten meine Beine. Auch die »Göttliche« klagte bitterlich. Bedurfte es einer Absprache, eines Übereinkommens? Gewiss nicht, jede von uns kannte die Schuldigkeit, die diese Witwenschaft mit sich brachte: Sie muss tränenreich beweint werden, wir müssen unseren Schmerz glaubhaft hinausschreien, die kultischen Bräuche sorgsam befolgen, wollen wir Gerüchten entgegenwirken, wir, seine Ehefrauen, hätten diesen Toten auf dem Gewissen.
Jean war mir mit der Zeit ein Fremder geworden. Oh, jener verhängnisvolle Abend, der das Ende einer Familiengemeinschaft eingeleitet hatte … Seither waren wir weit voneinander abgerückt. Trotzdem weinte ich auch ehrliche Tränen. Insge-

heim glaubte ich allezeit beharrlich, verlor nie die Hoffnung, die »Göttliche« würde wieder verschwinden, so plötzlich, wie sie aufgetaucht war. Ich wäre willens gewesen, all die Demütigungen und Kränkungen zu vergessen, zählen doch die Stunden mit ihm in trauter Zweisamkeit zu den schönsten Momenten meines Lebens. Im Geiste ließ ich Szenen passieren. Nun ist er tot, und heute treten wir die neunwöchige Witwenschaft an.

Die Notabeln erschienen, einer hinter dem anderen hielten sie Einzug. Die Trauernden wichen zurück, machten ihnen respektvoll den Weg frei. Das Wehklagen der Frauen verstummte, Schweigen legte sich über das Gehöft, nur die Vögel verhielten sich gebotswidrig, sie zwitscherten, mir schien, lauter und freudiger als gewohnt. Doch wir Menschen wussten, drinnen im Haus haben die Notabeln mit der Zeremonie begonnen. Bald werden sie Jean tief in die Erde seines Wohnraums einbetten.

In einiger Entfernung zum Eingang, einer Distanz, die die Achtung gebot, bevölkerten unzählige Trauergäste den Hof. Wir, seine Ehefrauen, saßen zusammengekauert beieinander, nur die »Göttliche« hielt sich abseits von uns, und jede war in ihre eigenen Gedanken versunken. Gedenken an den Toten? In welcher Weise? Nachsichtig, verzeihend? Oder noch immer nachtragend, unversöhnt?

Ein Raunen zog durch die Menge, Bewegung kam auf. »Sie kommen«, flüsterte Thérèse neben mir. Ich schaute zum Eingang. Mit gesenkten Häuptern traten die Notabeln langsamen Schrittes hinter der Barriere hervor, die Gesichter sichtlich gezeichnet von Betroffenheit. Ein Wehklagen hob an, vielstimmig. Alle erhoben sich, schon ertönten die Schläge der Tamtam, forderten zum traditionellen Trauertanz auf.

»Zum Glück kein ›verbotener Tag‹ heute«, raunte mir Bekou zu. Ich nickte. Wer weiß, vor wie vielen Generationen eingeführt – trotzdem achten wir noch immer den Wochentag, an

dem einst der erste Chef des Dorfes gestorben ist: Die Männer schlagen keine Tam-tam, die Frauen lassen die Hacke ruhen … aus Respekt.
Um die Trommelschläger im Zentrum formte sich der Kreis der Männer, anschließend der Kreis der Frauen. Die äußerste Runde bildeten wir, die Witwen des Verstorbenen. »Oh oho oho, oh oho oho, oh oho oho …« Diesen monotonen Rhythmus singend, drehten wir mit kurzen Schritten die Runden, ließen unseren Tränen freien Lauf, jeder weinte, zeigte seine Trauer über den Verlust.
Jeans Söhne und Töchter fielen ins Auge, sie hatten sich seine Hemden, Jacken und Hosen übergezogen. Wir Witwen trugen die Kleider, die wir im Moment des Hinscheidens unseres Ehemanns getragen hatten, die Tradition untersagt es uns, sie zu wechseln, erst am siebten Tag. Ohrringe, Armreifen und Halsketten mussten wir ablegen. Die Schwiegertöchter balancierten einen Teller auf dem Kopf, als Zeichen, dass sie dem Verstorbenen des Öfteren Mahlzeiten zubereitet hatten. Thérèses Mutter war gekommen, sie trug ein Holzscheit und eine leere Flasche. Jedermann wusste Bescheid, Jean hatte ihr dereinst Öl und Feuerholz gebracht, als Brautpreis für die Tochter.
Die Notabeln tanzten eine halbe Runde, kehrten um, drehten wieder eine halbe Runde, kehrten um … neunmal. Einer umfasste mit beiden Händen die Pfoten eines Huhns, das, in seiner Bewegungsfreiheit eingeschränkt, unentwegt flatterte, während des ganzen Tanzes. Wir Witwen drehten und wendeten die Köpfe, unsere Blicke sollten stets auf die Notabeln gerichtet sein. Danach zogen sich die ehrenwerten Herren hinter die Barriere zurück, ein Zeichen ihrer Bereitschaft, nun gut zu essen und reichlich dem Palmwein zuzusprechen.
Gäste werden verköstigt, so ist es Brauch. Hohe Erwartungen hegen sie nach der Beisetzung und während der siebentägigen Trauer um einen Notabeln. Die Zwangslage unserer Familie

ist misslich: Großzügigkeit wird erwartet. Jeans Zeit in der Chefferie war jedoch kurz gewesen, er hat keine vermögenden Witwen, keine wohlhabenden Söhne und Töchter zurückgelassen. Armut wird als Geiz ausgelegt und bietet lasterhaften Zungen ergiebig Gesprächsstoff, gerade in unserem Fall. Bin ich die Einzige, die sich am heutigen Tag um den erdrückenden Schuldenberg sorgt?, fragte ich mich beschämt. Nein, gewiss nicht. Zum Glück gibt es auch den ausgeprägten Brauch der Hilfsbereitschaft: Benachbarte und befreundete Frauen schleppten volle Töpfe herbei, ihre Männer Behälter mit Palmwein, Kästen mit Bier und Limonade. Allen dankten wir mit einem Säckchen Salz.

Der große Baum spendete Schatten. Unter seinen weit ausladenden Zweigen saßen wir nebeneinander, Jeans sechs Witwen, wie an eine unsichtbare Kette gelegt: Bekou, die Erste, neben Nkenge, der Zweiten. Thérèse, die Dritte, neben mir. Flora, die Fünfte, neben der »Göttlichen«, der Letzten. In dieser Abfolge, in dieser Nähe und Unzertrennlichkeit werden wir sieben Tage, sieben Nächte verbringen.

Selbst der Gang zur Latrine … Drängte es mich, dieses intime Örtchen aufzusuchen, setzte ich Bekou, die Erste, von meinem Begehren in Kenntnis. Gemeinsam erhoben wir uns, doch allein Flora, die Fünfte, hatte die Pflicht, mich zu begleiten. Bekou, Nkenge, Thérèse und die »Göttliche« nahmen Platz, um sich bei unserer Rückkehr erneut zu erheben. Der Gang zur Latrine war uns nicht lästig, kam uns oft gelegen, wurde manchmal sogar vorgetäuscht. Das unbequeme Sitzen machte die Glieder steif, ließ das Hinterteil schmerzen.

Ich sehnte den Sonnenuntergang herbei. Müdigkeit lag bleischwer auf meinen geschwollenen, verweinten Lidern, aber noch immer fanden sich Beileidsbesucher ein, die wir Witwen mit fließenden Tränen begrüßen mussten. Ich sah, wie Bekou und Nkenge, beide um Jahre älter als ich, in kurzen Momenten der Ruhe die Augen zufielen, wie ihre Köpfe sich senkten.

»Kommt, Mamas.« Zärtlich strich Bernadette Bekou über den Kopf. Der Erstgeborenen, Jeans ältester Tochter, oblag unsere Fürsorge. Sie ging uns voraus zum Haus ihrer Mutter, der Ersten, wir folgten ihr der Reihe nach. Der Wohnraum war ausgelegt mit mehreren Schichten Bananenblättern, unser Witwenlager für sieben Nächte. Ich seufzte, natürlich nur im Stillen, für niemanden hörbar. Ahnte schon, wie kreuzlahm ich mich morgen früh erheben würde. Doch halt! War da ein guter Geist am Werk? Es stach ins Auge, vier Schlafstätten waren erkennbar höher, schienen bequemer. Schauten dort, an der einen Stelle, nicht ein paar Strohhalme unter den Blättern hervor? Aha, ich erriet das Material der Polsterung und warf Bernadette einen dankbaren Blick zu. Sie zwinkerte zurück. Schien ihr Flora noch jung genug, ein hartes Lager zu ertragen? Und die »Göttliche«? Aus welchem Grund auch immer …

Wir traten in die noch stockfinstere Nacht. Bernadette ging uns voraus, ein Zug übermüdeter, fröstelnder Frauen folgte dem Schein ihrer Petroleumlampe. Unser Weg führte zum Bach, an dem wir uns Gesicht, Arme und Hände mit dem kühlen Wasser benetzen durften. Ich erschauderte noch mehr unter der Kälte, trotzdem, ich genoss diese Lockerung der Tradition, die Großzügigkeit unserer Familie. Gilt doch noch in vielen Dörfern der Brauch, dass die Witwen während der sieben Tage der strengen Trauer kein Wasser berühren dürfen. Ein hartes Los. Schon die paar Hände voll belebten meinen ganzen Körper.

Danach setzten wir uns vor Bekous Haus, wieder der Reihe nach, warteten auf die wärmende Morgensonne. Wenn sie erscheint, werden sich die ersten Beileidsbesucher einstellen, die in Tränen aufgelöste Witwen erwarten. »Wo bleibt er nur?«, fragte mich Flora hinter vorgehaltener Hand. Ich zuckte mit den Achseln, stellte mir insgeheim die gleiche Frage, hielt längst sehnsüchtig Ausschau nach ihm. Als er sich einfand, ging ein Seufzer der Erleichterung durch die Reihe. »Aha«, dachte ich, »die anderen auch.« Der Notabel der Chefferie begrüßte uns, zerbrach eine Kolanuss, reichte jedem von uns ein Stück davon. Als hätten wir es abgesprochen, schauten wir zu Bernadette, die verstand und in die Küche eilte. Endlich dürfen wir unseren Hunger stillen, unseren Durst löschen.

Bernadette verteilte Bananenblätter, servierte darauf Couscous und Njap, grünes Blattgemüse. Unsere Portionen waren reichlich, doch für die »Göttliche« blieb nur ein kleiner Rest. Absicht? Hatte Bernadette auf Geheiß ihrer Mutter dafür gesorgt? Stillschweigend erduldete die »Göttliche« ihre Behandlung. Konnte sie sich wehren – wie auch? Hatte ich Mitleid mit ihr? Nein! Hat sie uns gegenüber Menschlichkeit gezeigt? Sie hat Jean, und damit uns alle, ins Verhängnis getrieben. Nach allem – sollen wir ihr gegenüber noch freundschaftliche Gefühle hegen?

Keine von uns wagte es, zu klagen, zu jammern, doch jede kannte die alleinigen Sehnsüchte der anderen: das Nahen des Abends des siebten Tages, des Moments am Bach. Den Körper eintauchen in fließendes Wasser, ihn einseifen, ihn reinigen vom Staub, von den widerwärtigen Gerüchen der Ausdünstung, dem getrockneten Schweiß, der die Haut irritiert, Juckreiz ausgelöst hat, und danach in ein sauberes, frisches Kleid schlüpfen, sich zurückziehen dürfen, ausruhen, nicht mehr laut weinen müssen.

Auch diese Stunde wurde Gegenwart. Ah, welche Erquickung, welche Belebung! Nach dem ausgiebigen Bad reichte uns Bernadette Tücher, die wir umbanden. Unsere Kleiderbündel unter dem Arm, gingen wir, natürlich in gebotener Reihenfolge, das kurze Stück Weg bis zum Feld, steuerten geradewegs unserem Ziel entgegen: einer aus geflochtenen Matten zusammengenagelten Hütte. Am liebsten wäre ich hineingestürmt. »Wo ist der Notabel?« Wir schauten uns suchend um.

»Ach, die ehrenwerten Herren, lassen sich stets ihre Zeit.« »Wird er wegen sechs Witwen ein viel versprechendes, geschäftsträchtiges Gespräch abbrechen?« »Er kommt, hält eine Kalebasse in der Hand. Wir haben ihm Unrecht getan.«
Er waltete seines Amtes, kam seiner Pflicht nach: Er schüttelte die Kalebasse, mischte so die Flüssigkeit, die sie enthielt, gut durcheinander, goss ein wenig in seine hohle Hand. Mit Bekou beginnend, rieb er uns ein, den Hals, die Brust, die Arme, die Beine, einer nach der anderen. Ein »Hmm« ging durch die Reihe. Welch angenehm würziger Duft, wir sogen ihn tief ein, spürten, wie er das Atmen leicht machte. Die Haut prickelte wohlig, belebend. Endlich durften wir frische Wäsche, ein sauberes Kleid anziehen, genäht aus weißem Stoff, für alle im gleichen traditionellen Schnitt.
Ein Wink des Notabeln, schon eilten Halbwüchsige herbei. Im Nu war die Hütte abgerissen, das Baumaterial zu einem Stapel aufgeschichtet und angezündet. Gierige Flammen verschlangen die Matten, die Pflöcke, die Latten und unsere sechs Wäschebündel mit all dem Staub, Schweiß und Übelgeruch von sieben Tagen beschwerlicher, erschöpfender Witwenschaft in lüsterner, ungehemmter Hast.
Ein Häufchen glimmender Hölzer blieb zurück. Wir wussten, was uns nun bevorstand, kannten die Forderung der Tradition: neun Sprünge über die verbleibende Glut. Keine besondere Herausforderung für Flora und die »Göttliche«, doch Bekou und Nkenge schauten ängstlich drein. Die Härte des Lebens, zahlreiche Geburten und schwere Feldarbeit von Kind an hatten an ihren Kräften gezehrt, ihre Körper frühzeitig altern lassen. Der Notabel fing ihren Blick auf, wusste Bescheid. Sein Handzeichen bedeutete Warten. Er suchte nach einem Stock, stocherte in der Glut, arrangierte sie so, dass es für die Frauen nur eines großen Schrittes bedurfte, sie zu überqueren.
Leichter Wind kam auf, wehte Rauchschwaden von zwei eher schwelenden als brennenden Feuern zu uns herüber. Jungen

ließen die Bananenblätter, auf denen Jeans Söhne und Töchter und wir, seine Witwen, die sieben Nächte strenger Trauer verbracht hatten, zu Asche werden. Sie wird abschließend über die Felder verstreut.
Eine ranggleiche Witwe wurde gefunden. Ihr verstorbener Mann, ein Notabel, hatte einst das gleiche Ansehen wie Jean genossen. Nur eine Frau dieses Standes ist berechtigt, die großen und kleinen, alten und jungen Köpfe unserer Familie zu rasieren als äußeres Zeichen unserer Trauer, so wie es die Tradition verlangt. Kein leichtes Unterfangen – junge Mädchen, bereits auf Schick bedacht, schluchzten lautlos, kämpften beim Verlust ihrer Haare gegen aufsteigende Tränen. Einige Kleine schrien ungehemmt, für andere war die Rasur Gewohnheit.

Erst vor sieben Tagen? Ja, gerade mal sieben Tage ist es her, da verschloss ich morgens die Tür meines Hauses, machte mich auf zur kranken Tante. Mir schien es, eine Ewigkeit sei währenddessen vergangen. Sieben Tage lang habe ich mich auf diese Momente gefreut: Ich trete ein in meine Küche, richte die Feuerstelle, koche, hantiere, bin rege, arbeitsam. Ich genieße jeden Augenblick, jede Bewegung, spüre aufkommende Tatkraft in mir, das Leben. Ausgestreckt im weichen Bett, schickte ich ein Gebet an den himmlischen Vater: »Gott sei Dank, die quälendsten Momente sind überstanden …«

Noch acht Wochen Witwenschaft, ein Alltag mit Einschränkungen – Angst vor möglicher späterer Verwünschung ließ uns auch diese Anweisungen strikt befolgen, klaglos ertragen: »Kein Gang zum Markt. Keine Arbeit auf dem Feld, berührt keine Hacke. Tragt nichts auf dem Kopf. Schneidet keine Bananenblätter. Überquert keine Beete, in die Mais und Bohnen eingesät werden.«
Wie es uns geboten ist, setzten wir keinen Fuß außerhalb des Gehöfts, doch fühlten wir uns nicht einsam, nicht ohne An-

sprache. Besucher kamen, Anwohner leisteten uns gute Gesellschaft, brachten uns den neuesten Dorfklatsch ins Haus. Nur die »Göttliche« verkroch sich in ihrer Behausung oder saß, wagte sie sich heraus, abseits. Keine Tradition zwang ihr mehr unsere Nähe auf. Sie konnte uns nicht verlassen, sich nicht einfach davonstehlen, war genötigt wie wir, die Witwenschaft zu Ende zu führen, der gefürchteten Verfluchung wegen.

Gesang näherte sich, ein christliches Trauerlied. Unwillkürlich, ohne Nachdenken summte ich mit. »Wer besucht uns heute, früh am Morgen?« Eine Gruppe Männer und Frauen bog ein in den schmalen Pfad zu unserem Gehöft. »Der Pfarrer?«, fragte Thérèse zweifelnd, als traue sie ihren Augen nicht. »Was will der bei Ungläubigen?« Bekous Erstaunen war berechtigt, noch nie hatte sie oder Nkenge einen Fuß in ein Gotteshaus gesetzt. Und wir Getauften: Thérèse, Flora, ich? Wir hatten unseren Glauben nicht durch regelmäßigen Kirchgang gestärkt. »Stellt euch ein auf eine Strafpredigt, eine Gewissenspauke. Sicher wettert er gegen die Tradition der Witwenschaft, ein Machwerk des Teufels.« Ich wusste, wovon ich sprach, sah sie vor mir, die Pfarrer, die Evangelisten … unvergesslich, höre noch ihre Stimmen, die wie Donner grollten: »Markus 7, Vers 8: Ihr verlasset Gottes Gebot und haltet der Menschen Satzungen.«
Nichts dergleichen geschah. Dieser Pfarrer war friedfertig, sanftmütig. Er wählte eine besinnliche Art der Überzeugung: Worte des Trostes, sprach uns sein Beileid aus, erkundigte sich nach unserem Wohlergehen. Die Brüder und Schwestern, Mitglieder des Kirchenchors »Zion«, sangen, wir tanzten im Kreis. Eigentlich in Trauer, lebte ich auf, ließ mir nichts anmerken. Da war sie wieder, die einstige Begeisterung. Der Entschluss musste nicht reifen, er war präsent in meinem Kopf, urplötzlich. Ich will in diesem Chor singen,

werde um Aufnahme bitten, ohne Verzögerung, gleich nach Beendigung der Witwenschaft.

»Glaubt mir, kein Weg wäre mir zu weit«, versichert uns Bekou, was hieß: Nehmt keine Rücksicht auf mein Alter, meine Gebrechen. Wach warteten wir auf die Gelegenheit, auf die unser ganzes Denken ausgerichtet war: Wo ist ein Mann, ein Notabel der Chefferie, der einen ähnlichen Rang innehatte wie Jean, gestorben? Eilends würden wir uns, in gewohnter Reihenfolge, auf den Weg machen, in der rechten Hand den Bambusstock, in der linken das aus Fasern gewobene Täschchen, beides Symbole der Witwenschaft. Angekommen, würden wir im Hintergrund den Moment des Trauertanzes abwarten, uns in die Runde der Witwen einreihen, mittanzen, mitweinen, dann uns grußlos davonstehlen und beim Verlassen des Gehöfts, des Ortes der Trauer, unsere Stöcke ins Feld werfen. Erst eine solche Zeremonie berechtigt uns gemäß dem Brauchtum, unsere Witwenschaft nach insgesamt neun Wochen abzuschließen. Hat sich keine Gelegenheit geboten, muss sie fortdauern.
In der sechsten Woche unserer Witwenschaft: Ich schreckte auf. Hörte ich da nicht Stimmen? Mitten in tiefster Nacht? Ja, ganz deutlich, die von Bekou, die von Nkenge, eine Männerstimme. Aufgeregt redeten alle durcheinander. Was ist vorgefallen? Banditen? Will man uns ausrauben, uns Witwen, eine mittelloser als die andere? Ich stürzte zur Tür, lief zu der Stelle, wo der Lichtschein zweier Petroleumlampen hin und her pendelte. Stella war mir auf den Fersen. Thérèse und Flora hetzten ebenfalls herbei. Nur die »Göttliche« ließ sich nicht blicken.
War das auch Bernadettes Stimme? Ja! Beim Näherkommen erkannte ich sie, und neben ihr stand ihr Mann. Erleichtert atmete ich auf, kein Überfall. Auch kein Todesfall, sonst hätten sie längst ihr »Ho li li« ausgerufen. Was war dann Wichtiges,

Drängendes geschehen, das sie mitten in dunkler Nacht zum Aufbruch getrieben hatte? Ich brannte vor Ungeduld. In der Tat, sie brachten eine Botschaft, die keinen Aufschub zuließ: An einem fernen Ende von uns hatte ein Notabel seine Pfeife zerbrochen.

»Rasch, rasch.« Bekou mahnte zum Aufbruch. »Sie werden keine Zeit verlieren, den Toten schon am frühen Vormittag bestatten. Wir müssen vor Ort sein, wenn der Trauertanz beginnt, uns wenigstens für eine Runde den Witwen anschließen, sonst war der Weg umsonst.« Jede wollte davonstieben, sich anziehen, richten für den Abmarsch. »Die ›Göttliche‹?« »Ich wecke sie, erkläre ihr die Dringlichkeit«, bot sich Flora an.

Der Abend dämmerte bereits. Gestützt auf Tochter und Schwiegersohn, schleppte sich Bekou zu ihrem Haus. Schwach, aber mit strahlendem Lächeln sank sie auf ihr Bett. »Endlich, endlich – geschafft!«, jubelte sie. Todmüde auch wir anderen, in Schweigen hatten wir die letzte Wegstrecke zurückgelegt, ein wahrer Trauerzug. Doch jetzt brach es aus uns heraus: »Der frühe Abmarsch war wohl bedacht, du hast uns angetrieben.« Unser lauter Beifall galt Bekou. Sie sonnte sich in dieser Anerkennung, vergaß Erschöpfung und Kraftlosigkeit. »Und gerade rechtzeitig. Ein wenig Trödelei auf dem Hinweg, und die Schinderei, dieser Tagesmarsch, wäre vergebens gewesen.« »Nicht auszudenken ... noch zwei Wochen. Wäre ein ungewöhnlicher Zufall, hätte sich uns nochmals eine Gelegenheit geboten.«

»Was zählen schon zwei Wochen?«, sagte Thérèse am nächsten Morgen gelassen zu mir. »Bedenke, welche Bürde wir hätten tragen müssen, diese Einschränkungen: keine Feldarbeit, kein Gang zum Markt ... und das auf unbestimmte Zeit. Mitunter warten Witwen von Notabeln monatelang«, ereiferte sie sich, »über ein Jahr und mehr, bis ein ranggleicher Mann stirbt.« – »Thérèse, wir können uns nun ruhig und gelassen geben.« »Ja«, bestätigte sie, bedachte mich aus Übermut mit einem freundschaftlichen Klaps.

Der letzte Tag unserer Witwenschaft, nochmals reich an traditionellen Handlungen. Schon vor dem Morgengrauen regte sich Leben. Betriebsamkeit überall: Frauen klapperten mit Kochtöpfen, schnatterten unentwegt, Lachen war zu hören. Jemand hackte Holz. Die Luft war geschwängert von Rauch, vermischt mit dem würzigen Geruch zermahlenen Knoblauchs. Es gibt viel zu tun: einkaufen, kochen, organisieren … zahlreiche Gäste werden herbeiströmen, wollen alle verköstigt sein. Deswegen sind die Söhne und Töchter mit ihrer Nachkommenschaft bereits am Vortag angereist. Nochmals stehen Jeans Kinder unter dem Zwang zu bezahlen, sind genötigt, ihre Schuldenlast zu erhöhen.
Sie überreichten uns neue Kleider, hatten Dunkelblau statt Schwarz gewählt. Zusätzlich erhielt jede von uns einen neuen Korb, einen Pflanzstock. Der Gang zum Bach. In angemessenem Nacheinander folgten wir dem schmalen Pfad hinunter, bogen seitlich ab, erreichten Jeans ehemals gestautes Wasserbecken. Der Damm war gebrochen. Wehmut überfiel mich, diese Vergänglichkeit raubte mir die Fassung, stimmte mich todtraurig, und als wir uns aufstellten, um einige Runden zu tanzen, zu trauern, zu klagen, füllten sich meine Augen mit echten Tränen, ich weinte bitterlich. Gerade hier, an diesem Ort, hatten wir uns einst eng verbunden gefühlt und gemeinsam gehofft, sein Reinigungsritual könnte eine Verwünschung von mir nehmen, das Schicksal würde mir fortan Kinder bescheren, Söhne und Töchter von ihm.

»Rosaline, wir gehen auf den Markt«, flüsterte mir Flora zu und zwickte mich übermütig in den Arm. Sie sprühte vor wiedergewonnener Lebensfreude. »Oh, endlich! Andere Menschen sehen, das bunte Treiben erleben …« »Ja, Flora, und ab

morgen«, ich kniff zurück, »sind wir frei, entscheiden selbst.« Bernadette, bekleidet mit einem traditionellem Gewand ihres Vaters, schritt uns voraus, wir folgten zügig, angetrieben von ungeduldiger Lust auf das normale Leben. Unterwegs blieben die Leute stehen, grüßten winkend, riefen uns freundliche, aufmunternde Worte zu. Auf dem Markt sorgten wir für Aufsehen. Gejohle, Lachen erklang, boten wir doch den Marktfrauen ebenfalls eine willkommene Abwechslung. Sich dafür erkenntlich zeigend, erhob sich so manche Mama von ihrem Hocker, warf mit gönnerhafter Miene eine kleine Münze in eines unserer Täschchen. Wir dankten herzlich. Vielleicht hat sie ihre heutige Tageseinnahme gegeben.
Auch Freunde und Verwandte bedachten uns mit klingenden Münzen. Zurück auf dem Gehöft, drängten wir Bernadette sofort zum Zählen. Sie stapelte Häufchen, verteilte. Jede bekam den gleichen Anteil. »Da, bring das der ›Göttlichen‹, sagte Bekou zu Flora, auf das restliche Geld deutend. »Die ist abgezogen, hat bereits das Feld geräumt.« Mathieu gab uns diese Information, so ruhig, so gelassen, als handle es sich um eine Alltäglichkeit. »Was?«, riefen wir wie aus einem Munde, mehr wussten wir nicht zu sagen. »Ja, begleitet von zwei jungen Männern, Brüder oder Freunde, die trugen ihre Körbe.« »Bernadette, verteil ihr Geld«, befahl Bekou.
Sollten wir dieser Frau nachweinen, ihretwegen viele Worte verlieren? Wir sahen keinen Anlass, also wendeten wir uns unseren Belangen zu. »Gleich morgen früh brechen wir auf, besuchen Bekous Gehöft.« Schon die Vorfreude beglückte sie, ließ sie umhertanzen: »Dort werde ich mein Täschchen leeren, die Hand voll Münzen der Ältesten der Familie übergeben und mich an ihren überraschten, seligen Blicken erfreuen.« Reihum werden wir das Gehöft einer jeden von uns besuchen, oh, auch mich versetzte die Vorstellung, meine Lieben in wenigen Tagen wiederzusehen, in Aufregung, in Hochspannung. Danach begann das gewohnte Alltagsleben, nach dem wir uns

so lange gesehnt hatten. Die Familie hat sich noch nicht über Jeans Nachfolger geeinigt. Er wird hier einziehen, vielleicht Flora als Frau nehmen, es uns »Alten« gut gehen lassen – oder uns nur erdulden? Unser aller Wohlergehen liegt in seiner Hand.

NACHWORT

Lebt ein Entwicklungshelfer fernab der Hauptstadt des Landes, werden Begegnungen mit Menschen des eigenen Kulturkreises zur Seltenheit. Welch günstige Notwendigkeit, nun wirklich zu den Menschen vor Ort zu finden, ihre Denkweise, ihre Beweggründe für Handlungen zu erfahren, ihre Probleme kennen zu lernen und ihre Methoden, sie zu bewältigen. Im Übrigen bietet sich auch eine spannende Selbsterfahrung: Wie verhalte ich mich unter ungewohnten, fremden Lebensbedingungen?
Meine Arbeit bot mir reichlich Gelegenheit zu vielfältigen Kontakten: Begegnungen mit Frauen und Männern, die sich zu Gruppen formierten, um eine Entwicklung, eine Verbesserung ihrer Lebenssituation zu erzielen. Ein gegenseitiges Befragen, denn für viele war ich die erste »Weiße«, die sich ihnen als Ansprechpartnerin bot. Für mich eröffnete sich mit jedem Gespräch ein Stück weit mehr eine ungeahnte Welt: eine vorherrschende Tradition im Konflikt mit der Moderne, Mystik im Widerspruch zum Christentum. Besonders berührte mich das Schicksal der Frauen: Ihr Dasein ist bestimmt von unermüdlicher, beschwerlicher Arbeit, von zahlreichen Geburten, von der täglichen Bürde, den Hunger einer großen Kinderschar zu stillen, und nicht zuletzt von Demut und Gehorsam gegenüber einem oft allmächtigen Ehemann. Schicksalsergeben nehmen sie ihre Rolle an – »Unsere Welt ist so und nicht anders« – und versuchen in bewunderungswürdiger Weise,

trotz auferlegter Zwänge dem Leben möglichst viele freudvolle Seiten abzugewinnen.
In internationalen Hilfsprogrammen blieben die Frauen jahrzehntelang weitgehend unberücksichtigt, »Entwicklung« hieß, Männern Techniken zu vermitteln, doch oftmals nur mit leidlichem Erfolg. Aber irgendwann wurde sie entdeckt, die afrikanische Landfrau, und als förderungswürdig eingestuft. Programme wurden für sie erarbeitet, Bildungsmöglichkeiten jeglicher Art in den verschiedensten Bereichen geschaffen. Vielleicht, so hoffte man, lässt sich durch die Förderung der Frauen der ersehnte Entwicklungsschub vollbringen?
Frauen, die mir begegnen, erscheinen mir nicht unbedarfter, ungelehriger als ihre Männer, wie könnten sie sonst ihre Lebensaufgabe meistern? Es ist das Verhältnis zwischen Mann und Frau, das die Frauen einengt, ihre Wertschätzung mindert, sie aus Entscheidungsprozessen ausgrenzt, ihre Rechte beschneidet, ihnen strengere traditionelle Riten auferlegt als den Männern und sie daran hindert, ihr Talent und ihre Leistungsfähigkeit für eine Fortentwicklung zu nutzen.
Das Problem wurde erkannt. In den achtziger Jahren wurde der Ansatz »Gender« entwickelt. Er fordert: Bei jeder Erstellung eines Entwicklungshilfeprogramms müssen die Interessen von Frauen und Männern als fundamentaler Bestandteil gleichermaßen berücksichtigt werden. Kein leichtes Unterfangen, kratzt »Gender« doch an jahrhundertealten, festgefahrenen Verhaltensmustern von Mann und Frau. Doch wie hoch ist der Prozentsatz der Bevölkerung, die durch Entwicklungsprogramme erreicht wird? Verschwindend gering, zum Beispiel gemessen an der Gesamtbevölkerung Kameruns, von der siebzig Prozent im dörflichen Milieu lebt, ausgegrenzt, oft also weitab und weiterhin unberührt von emanzipatorischen Gedanken.
Doch die Frauen des ländlichen Bereichs sollten nicht stumm bleiben. »Dorfklatsch« hat etwas Anrüchiges, dennoch: Dörf-

ler kennen einander, wissen, ihr/ihm ist dieses widerfahren, ihr/ihm jenes … Information bietet die Möglichkeit, sich solidarisch zusammenzutun, sich zu stärken, einen Zusammenhalt zu schaffen, der ja auch das Ziel des Weltfrauentages und internationaler Frauenkonferenzen ist.

Nun, nach all diesen Ausführungen, die Frage: Warum dieses Buch? Es soll in bescheidenem Maße dazu beitragen, die Spannungen zwischen unterschiedlichen Wertvorstellungen einer anderen Kultur transparent zu machen. Es handelt sich um die authentische Geschichte einer afrikanischen Frau, die ich gemäß ihrem Wunsch Rosaline nannte. Sie und ich, wir sind uns begegnet, sie war bereit, mir ihre Lebenswelt zu eröffnen. Ihr gab ich eine Stimme, sie sprach für unzählige, denn ihre Biografie ist im hiesigen Kontext nicht außergewöhnlich.

Wie erwähnt, ist »Rosaline Massado« ein Pseudonym. Die Geschichte der Namensgebung hat mir eine Frau erzählt, die tatsächlich diesen Vornamen hat. Catherines Bericht über die erzwungene Verheiratung und das ernsthafte Wortspiel zwischen Ruths Großvater und dem Onkel ihres Verlobten anlässlich ihrer Hochzeit habe ich nicht von Rosaline, sondern von anderen Frauen erzählt bekommen. Ich habe die zwei Geschichten in den Text eingebaut, um ein vielfältigeres Bild zu präsentieren.

In ihrem Leben musste Rosaline noch weitere harte Schicksalsschläge erleiden. Um ihre Geschichte nicht zu weitschweifig werden zu lassen, und auch, um dem Leser nicht zu viel Tristesse zuzumuten, ließ ich manche Ereignisse unerwähnt und stellte Rosaline stattdessen Stella zur Seite. Es ist durchaus alltäglich, dass Kinder bei Verwandten aufwachsen, aus Gründen, wie ich sie im Buch geschildert habe, oder wegen mangelnder Mittel, weil die Familie zu groß geworden ist.

Ich möchte mich bei all den Kamerunerinnen und Kamerunern bedanken, die mir im Laufe vieler Jahre geholfen haben, Einblick in ihre Kultur, ihre Lebensweise, in die traditionellen

Vorstellungen und die mit ihnen verbundenen Praktiken zu gewähren. Mein besonderer Dank gilt Christine Chegné, Solange Soffo, Roger Wafo, Mitherausgeber der Schriftenreihe »Le chrétien face à la tradition«, und Dr. Emmanuel Tchumtchoua, Dozent für Geschichte und Politik an der Universität Douala, für die Prüfung des historischen Hintergrunds sowie Dr. Solange Nzimegne-Gölz, die, in der gleichen Gegend aufgewachsen wie »Rosaline«, das Manuskript mit kritischem Blick las und das Vorwort schrieb.

Bafoussam, September 2003
Ursula Krebs